O GRANDE MEDO DE 1789

Dados Internacionais de Catalogação na Publicação (CIP)
(Câmara Brasileira do Livro, SP, Brasil)

Lefebvre, Georges
   O Grande Medo de 1789 : seguido de as multidões revolucionárias / Georges Lefebvre ; tradução Eduardo Henrik Aubert ; Apresentação de Michel Biard e Hervé Leuwers. – Petrópolis, RJ : Vozes, 2019.

   Título original: La Grande Peur de 1789 : Suivi de Les Foules révolutionnaires.
   ISBN 978-85-326-6275-0

   1. Camponeses – Revoltas 2. França – História – Revolução, 1789-1799 3. França – História – Revolução, 1789-1799 – Causas 4. Revoltas – França – Paris I. Aubert, Eduardo Henrik. II. Leuwers, Apresentação de Michel Biard e Hervé. III. Título.

19-29005   CDD-944.04

Índices para catálogo sistemático:
1. França : Revolução : 1789-1799 : História   944.04

Iolanda Rodrigues Biode – Bibliotecária – CRB-8/10014

Georges Lefebvre

O GRANDE MEDO DE 1789

Seguido de *As multidões revolucionárias*

Apresentação de Michel Biard e Hervé Leuwers
Tradução de Eduardo Henrik Aubert

EDITORA VOZES

Petrópolis

© Armand Colin, 2014 para a 3a. edição, Paris
Armand Colin é um selo da DUNOD Editeur – 11, rue Paul Bert -92240 MALAKOFF

Originalmente publicado na França como: *La Grande Peur de 1789,* by Georges Lefebvre

Direitos de publicação em língua portuguesa – Brasil:
2019, Editora Vozes Ltda.
Rua Frei Luís, 100
25689-900 Petrópolis, RJ
www.vozes.com.br
Brasil

Todos os direitos reservados. Nenhuma parte desta obra poderá ser reproduzida ou transmitida por qualquer forma e/ou quaisquer meios (eletrônico ou mecânico, incluindo fotocópia e gravação) ou arquivada em qualquer sistema ou banco de dados sem permissão escrita da editora.

CONSELHO EDITORIAL

Diretor
Gilberto Gonçalves Garcia

Editores
Aline dos Santos Carneiro
Edrian Josué Pasini
Marilac Loraine Oleniki
Welder Lancieri Marchini

Conselheiros
Francisco Morás
Ludovico Garmus
Teobaldo Heidemann
Volney J. Berkenbrock

Secretário executivo
João Batista Kreuch

Editoração: Fernando Sergio Olivetti da Rocha
Diagramação: Sheilandre Desenv. Gráfico
Revisão gráfica: Nilton Braz da Rocha / Nivaldo S. Menezes
Capa: Ygor Moretti
Ilustração de capa: A Tomada da Bastilha, Jean-Pierre Hoüel (1789).

ISBN 978-85-326-6275-0 (Brasil)
ISBN 978-2-200-29304-8 (França)

Editado conforme o novo acordo ortográfico.

Este livro foi composto e impresso pela Editora Vozes Ltda.

As correntes do Grande Medo

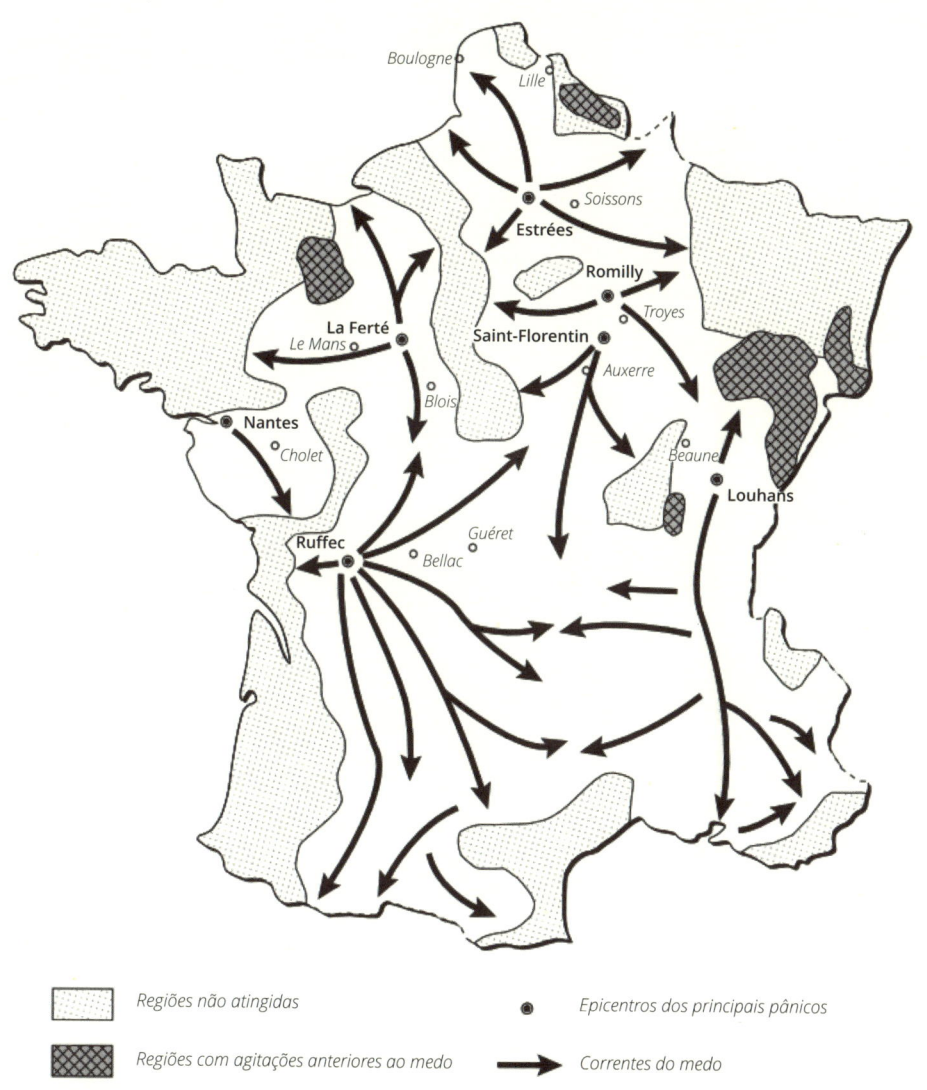

- Regiões não atingidas
- Regiões com agitações anteriores ao medo
- Epicentros dos principais pânicos
- Correntes do medo

Fonte: VOVELLE, M. *La Chute de la monarchie*. Éd. du Seuil, 1972.

Sumário

Apresentação, 9

Prefácio, 17

Primeira parte – Os campos em 1789, 19

1 A fome, 21

2 Os vagabundos, 27

3 Os motins, 36

4 O início da Revolução e as primeiras revoltas camponesas, 45

5 O início do armamento do povo e os primeiros "medos", 56

Segunda parte – O "complô da aristocracia", 65

1 Paris e a ideia de complô, 67

2 A propagação das notícias, 74

3 A reação do interior contra o "complô" – As cidades, 81

4 A reação do interior contra o "complô" – O campo, 95

5 As revoltas camponesas, 103

6 O temor dos bandidos, 121

Terceira parte – O Grande Medo, 131

1 Características do Grande Medo, 133

2 Os pânicos originais, 138

3 A propagação dos pânicos, 143

4 Os pânicos de anúncio, 150

5 Os retransmissores, 156

6 As correntes do Grande Medo, 161

7 Os medos posteriores, 184

8 As consequências do Grande Medo, 187

Conclusão, 195

Apêndice, 197

Notas bibliográficas, 199

As multidões revolucionárias, 209

Índice dos nomes de lugares, 231

Apresentação

Quando publicou seu estudo sobre o Grande Medo, em 1932, Georges Lefebvre (1874-1959) tinha 58 anos. Tendo entrado tardiamente na universidade, no ano de sua esplêndida tese sobre os *Camponeses do Norte* (1924), ele deu aulas por alguns anos na Faculdade de Estrasburgo, ao lado de seus amigos Marc Bloch e Lucien Febvre, a quem ele acompanhou na fundação dos *Annales d'histoire économique et sociale*. Um mesmo tipo de história os aproximava, de forma que seus contemporâneos os associavam, por vezes, a um trio de historiadores: "dos três, ele era o mais velho", escreveu Ernest Labrousse. Ele, porém, tinha as suas especificidades. Em seus livros, artigos e relatórios, ele se mostrou como um dos fundadores de uma história social vista de baixo, em parte inspirada pela *Histoire socialiste de la Révolution française* de Jaurès. Ele se pôs também como um dos principais historiadores da Revolução. Em 1932, logo após a morte de Albert Mathiez, ele foi posto à frente da *Société des études robespierristes* e da revista *Annales historiques de la Révolution française*. Alguns anos depois, ele ingressou na Sorbonne (1935), tendo depois conquistado a cadeira de história da Revolução (1937), substituindo Philippe Sagnac, que ele conhecera bem em Lille e com quem trabalhara outrora na *Revue du Nord*.

Tendo se tornado um clássico, *O Grande Medo de 1789* ocupa um lugar à parte nas obras de Georges Lefebvre. Em razão de sua importância e de sua repercussão decerto, mas também por seus objetivos, seu método e sua forma. De certa maneira, o livro é híbrido. Pela amplitude da apuração dos fatos, pela abundância destes ("não há história sem erudição", costumava ele afirmar) e pela força das análises, ele se relaciona com os *Camponeses do Norte*. Ele perpetua não apenas o seu espírito, mantendo-se longe das escolhas problemáticas de Alphonse Aulard, mas também a ambição histórica daquela obra. Trata-se de uma grande obra. De Aulard, severo por ocasião da defesa de sua tese, o historiador, não obstante, reteve a crítica da sua escrita austera. Mas, dessa vez, pela simplicidade, clareza e precisão linguísticas, a divisão em capítulos curtos e a ausência de notas – de que ele, porém, assegura arrepender-se –, ele se dirige a um público mais amplo, como já fizera anteriormente em sua contribuição à Revolução Francesa, organizada com

Raymond Guyot e Philippe Sagnac para a famosa coleção *Peuples et Civilisations* (1930). Não se pode duvidar de que este duplo caráter do livro contribuiu para o seu sucesso e para as suas múltiplas reedições em 1956, 1970, 1988 e, mais uma vez, agora.

No início dos anos de 1930, a obra se destacava por três contribuições principais. A primeira está no esforço de identificação do Grande Medo propriamente dito, que Georges Lefebvre distingue do receio dos salteadores, da conspiração, da guerra e, ainda, das agitações ligadas à escassez de alimentos e ao questionamento do poder senhorial que se desenvolveram desde a primavera, antes de serem reanimados pelo Grande Medo. Este último é apenas um dos eventos do verão de 1789. Enquanto as colheitas ainda estavam no pé, o medo não nasce apenas de um receio, mas da certeza da chegada iminente de salteadores e de tropas estrangeiras. Esta convicção provoca um pânico que mobiliza, um pavor que se propaga em alguns dias a uma grande parte do interior e das cidades do país. Georges Lefebvre, entretanto, expõe com nuanças a área de extensão deste temor e realça que ele poupa algumas regiões periféricas, que já haviam sido frequentemente sacudidas pelas revoltas camponesas. Cuidadosamente, ele desmonta a mecânica do pavor: o nascimento de seis ou sete temores originais entre os dias 20 (Nantes) e 28 de julho (Ruffec), sua amplificação pelos pânicos "do anúncio" e, depois, sua difusão pelos medos que serviam de retransmissores. Para melhor identificar as etapas de cada temor, ele se interessa pela circulação da informação, reflete a respeito dos seus possíveis entraves naturais, como montanhas e rios, e põe em evidência os lugares e os temores distintos que se uniam. Ele também sublinha as mudanças e a diversidade regional dos temores, que são explicados com base na geografia, na política e em situações econômicas e sociais.

Desde logo, contudo, são os motivos e o significado do Grande Medo que ele deseja pôr no centro de sua reflexão. São sobretudo suas "causas" que ele pesquisa por meio de uma imersão no imaginário popular. Diferentemente dos homens de 1789, ele descarta a tese do complô e, contrariamente a Taine, por exemplo, a cegueira e a violência das multidões. Partindo de relatos judiciários, de correspondências e de outros escritos pessoais, ele lembra as ansiedades da população confrontada com a figura do vagabundo, da insegurança alimentar, com a pressão fiscal e senhorial, com a imprecisão das informações oriundas da capital e com a desconfiança dos "aristocratas", frequentemente suspeitos de realizar complôs contra o Terceiro Estado e a Assembleia Nacional. Ele procura aquilo que tornou os rumores verossímeis. É na síntese dos múltiplos temores das populações e na certeza de um "complô da aristocracia", depois fortemente relativizado (TACKETT, 2004), que ele vê a origem do Grande Medo. Para ele, apenas o clima social e mental explica a dimensão das reações e o seu caráter desproporcional.

Entre causa e efeito, ele insere a interpretação da "mentalidade coletiva". Levando a sério o pânico, o historiador demonstra os seus significados mais profundos, identifica o mal-estar, as expectativas, mas também a consciência coletiva e a força de ação das populações, já atuantes nas revoltas alimentares e antissenhoriais.

Além disso, e trata-se da terceira contribuição do livro, está Georges Lefebvre a sublinhar a importância desse fenômeno coletivo na história da Revolução. Longe de ser anedótico, o pânico pode ser elencado "entre os episódios mais importantes da história da nossa nação", escreveu ele. Aqui, o seu foco se une àquele de Michelet e de Jaurès. Menos lírico do que o primeiro, ele não afirma que, com as agitações do verão, "a França é um soldado", mas insiste nas múltiplas manifestações de solidariedade entre os povoados, e entre as cidades e os povoados, por ocasião do medo. Ele enxerga aí as premissas de um movimento federativo e, mais ainda, uma "primeira mobilização geral", um entusiasmo nacional, um ingresso coletivo na política, que força a mão da Assembleia e a leva a abolir os seus privilégios. Ele aproveita para relembrar a especificidade da revolução rural ("O povo do campo tomou nas mãos a sua própria causa"), mas também a comedida violência que a acompanha. Ao enumerar as três execuções, em Ballon (Sarthe) e Le Pouzin (Ardèche), ele descreve um povo bastante distanciado do "populacho" introduzido por Taine.

Curiosamente, o Grande Medo de 1789 quase nunca desenvolve a análise dos comportamentos coletivos. A palavra multidão aparece pouco na obra, e os mecanismos que conduzem os homens a agir conjuntamente, a fixar seus objetivos, a formular palavras de ordem não são estudados como tais. A questão, porém, atravessa o livro. Afinal, é no ano de sua publicação que Georges Lefebvre realiza sua conferência a respeito das multidões revolucionárias que, 2 anos mais tarde, aparecerá nas *Publications du centre international de synthèse*. De certa maneira, ela surge como um contraponto ou continuação de seu livro. Ao se interessar por uma palavra (multidão) e por um fenômeno coletivo, Georges Lefebvre atravessa uma etapa a mais na análise da "mentalidade revolucionária" (é ele quem emprega essa expressão). Ele mede a importância do debate.

Desde antes da Revolução, a palavra "multidão" pode remeter à noção de desordem e, assim, à de perigo. Até mesmo transeuntes reunidos para assistir a um espetáculo podem se transformar em uma multidão difícil de controlar, como por ocasião dos fogos de artifício de 1770, realizados em homenagem ao casamento do Delfim, em que uma eclosão de pânico causou 130 mortes. Louis-Sébastien Mercier se refere à "grande afluência do povo que se dirigia em massa à triste iluminação", fala da "multidão horrenda" e de um "horrível tumulto". Sujeita a excessos, uma tal multidão se tornava mais inquietante quando ela se juntava de forma tumultuosa, sobretudo durante a Revolução. Essas multidões revolucionárias são mais frequentemente descritas pelos historiadores do século XIX como um bando de violentos, uma multidão infantil de fácil manipulação pelos seus "líderes", mas também uma multidão inocente, capaz de bondade quando ela não se encontra mais "irada, cega, ébria do seu próprio perigo" (Michelet). Desde 1790, Burke os estigmatizou como "um bando de criminosos e de assassinos que fediam a sangue". Menos de um século depois, Taine expõe como da multidão nasce "o bárbaro, muito pior do que o animal primitivo, o macaco cheio de caretas, sanguinário e lascivo, que mata rindo". Matar se tornaria, agora, uma "ideia fixa", assunto retomado pelo doutor Le Bon em 1895 (*Psicologia das Multidões*), depois em 1912 (*A Revolução Francesa e a Psicologia das Revoluções*). Ligado ao desenvolvimento da psicologia e da sociologia, sua versão, que se pretende científica, retoma as ideias de Taine: uma multidão "no estado animalesco", os efeitos de "contágio mental", a presença de "elementos criminosos", de "indivíduos degenerados" que retornam ao "estado selvagem".

Georges Lefebvre é o primeiro a combater essas ideias. Retomando as pistas deixadas em seu *O Grande Medo de 1789* e em seus escritos sobre os camponeses, e apoiando-se em reflexões sobre os trabalhos dos sociólogos, psicólogos ou filósofos (George Dumas, Henri Delacroix, Maurice Halbwachs), ele demonstra que a multidão revolucionária não existe no estado de um "agregado animalesco", pois seus participantes sempre obedecem, em maior ou menor grau, a uma mentalidade coletiva. Basta um evento para fazer agir tais elementos e ver nascer uma consciência de grupo, um "estado de multidão". Por conseguinte, uma multidão revolucionária implica necessariamente a existência de uma "mentalidade coletiva apropriada", o que, por sua vez, provoca outras questões em série: qual o papel da politização? Quais as relações da multidão com a Revolução? Qual o papel exercido pela violência? Qual a composição social das multidões? Conviria, ainda, adicionar a existência de multidões contrarrevolucionárias... Provando, com esse texto fundamental, que os livros, por si sós, não marcam viragens historiográficas, Georges Lefebvre oferece uma grande novidade: a noção de "multidão revolucionária". Ele abre o caminho para diversos trabalhos posteriores, cujo melhor exemplo ainda é a obra do historiador britânico George Rudé a respeito da *Multidão na Revolução Francesa* (1959, traduzido em 1982).

É sobretudo pelas pistas oferecidas que seu texto chama a atenção, na medida em que a crítica se concentra mais nos livros do que nos artigos e nas conferências. Mesmo assim, *O Grande Medo de 1789* não suscitou, por si só, uma recepção à altura de sua importância. No número de julho-dezembro de 1932 da *Revue historique*, duas resenhas foram apresentadas. Uma, de Henri Sée, consagra apenas uma página ao *Grande Medo*. A outra, de Henri Calvet, consagra quatro às *Questões agrárias ao tempo do medo*. Pior: Henri Sée abre sua resenha afirmando que se trata de "um bom estudo do conjunto dos eventos mais curiosos da Revolução Francesa" e a fecha mencionando o caso de Dauphiné, onde se produziram "as agitações mais graves, como tem mostrado, desde 1904, a excelente monografia de P. Conard". Em relação ao resto, ele pouco menciona os aspectos originais, senão a descrição dos eventos comuns do Grande Medo. Henri Calvet redige também uma resenha sobre o livro – em pouco mais de duas páginas –, que ele envia aos *Annales historiques de la Révolution française*. Mas ele se limita a destacar que este livro "recheado de fatos e de ideias [...] constitui o quadro mais vigoroso e mais complexo do início da Revolução no interior". A obra recebeu igualmente certa ressonância no mundo anglo-saxão, com duas resenhas breves, mas favoráveis: uma na *American Historical Review* (abril de 1933, Garrett) e outra no *Journal of Modern History* (dezembro de 1933, Gottschalk).

Mas apenas duas resenhas sublinham a originalidade profunda da obra e suas relações com a sociologia; isto é, o fato de não se tratar de mais um livro sobre o início da Revolução, mas de permitir ao leitor mergulhar no coração da sociedade daquele tempo graças à exposição de elementos psicológicos decisivos para a compreensão das multidões. Na *Revue de synthèse historique*, em fevereiro de 1933, uma longa resenha (p. 7-15) de Lucien Febvre começa destacando a originalidade deste livro em relação aos trabalhos históricos anteriores, especialmente o de Aulard, sobretudo por homenagear as intuições da *História socialista da Revolução Francesa* ("Mais uma vez, Jaurès se mostra um historiador dotado de um senso especialmente perspicaz das realidades humanas"). Mas ele, então, enfoca outro ponto: "É aqui que o livro de Lefebvre, tão importante para o bom conhecimento e para a boa compreensão do início da nossa Revolução, mostra-se, ao mesmo tempo, um dos mais interessantes para o historiador preocupado com a psicologia coletiva. É neste ponto que ele traz uma contribuição de primeira ordem ao estudo das falsas notícias e dos mitos que a consciência coletiva de uma sociedade em agitação adota para se alimentar, para enriquecê-los com toda a sua substância e propagá-los poderosamente".

Aos seus olhos, o aspecto inovador das pesquisas de Lefebvre reside no seu estudo a respeito do "trabalho deformador das imaginações", suscetível de servir de exemplo metodológico para outras investigações. Por fim, Lucien Febvre invoca um texto intitulado "Reflexões de um historiador sobre as falsas notícias da guerra", publicado em 1921 no primeiro número da *Revue de synthèse historique*, dedicado à Primeira Guerra Mundial, de maneira a aproximar os dois ensaios. É Marc Bloch o autor deste artigo, que traçou linhas fundamentais para o futuro trabalho de Lefebvre: "As multidões se levantaram por causa de falsas notícias. Estas, em toda a sua multiplicidade de formas – meros boatos, fraudes e mitos – encheram a vida da humanidade. Como nascem? De que elementos elas retiram sua substância? Como elas se propagam, ganhando amplitude à medida que passam de boca em boca, ou de texto em texto? Além destas questões, não há outras que tanto mereçam a paixão de qualquer um que ame refletir a respeito da história".

Doze anos mais tarde, o mesmo Marc Bloch publicou, ele também, uma resenha elogiosa de *O Grande Medo de 1789* nos *Annales d'histoire économique et sociale*. Olivier Dumoulin (apud SERNA, 2012) sugeriu recentemente a existência de um "exemplo flagrante de leitura espelhada: Bloch se reconhece na abordagem de Georges Lefebvre". A proposição vale também em caso de inversão dos papéis, considerando-se as próprias pesquisas de Bloch e seu artigo de 1921. Longe de insistir nas novidades trazidas por Lefebvre quanto à compreensão do Grande Medo, Marc Bloch ressalta sua inserção no novo campo que, à época, ainda não costumava ser chamado de história das mentalidades: "Entretanto, não está aí, ao que parece, o interesse mais flagrante do fenômeno. Seu significado, em termos de historiografia, reside sobretudo no valor do sintoma, de forma a desmascarar o estado do corpo social. Com efeito, ter estudado sob esse viés é que dá ao método de Lefebvre sua originalidade mais marcante. Partindo deste conjunto de pequenos fatos, imediatamente perceptíveis, e cujo caráter pitoresco havia sido frequentemente mascarado pelo seu sentido profundo, o autor, analisando pouco a pouco sua explicação, faz-nos penetrar no coração da sociedade francesa daquele tempo, na sua estrutura íntima e na rede das múltiplas correntes. Não é apenas na patologia mental que a alucinação – supondo-se que esta exista – se revela. Mas apenas aos grandes observadores é dado arrancar os seus segredos".

O destino desses três historiadores deveria se cruzar novamente antes da Segunda Guerra Mundial, como testemunhado pela revista *L'Humanité*, que, em seu número de 24 de outubro de 1938, anuncia o programa de um "curso popular sobre a história da Revolução Francesa" organizado pelo movimento Paz e Liberdade por ocasião do sesquicentenário de 1789. A "aula de abertura" foi ministrada por Lucien Febvre, ao passo que, das doze aulas previstas entre novembro de 1938 a fevereiro de 1939, a de 28 de novembro foi dada por Georges Lefebvre a respeito da "Revolução e os camponeses". Depois de 1945, Bloch, fuzilado pelos alemães, não pôde testemunhar o desenvolvimento do sucesso daquilo que se designa como "Escola dos *Annales*". Lefebvre, por sua vez, perdeu um irmão, que fora executado na Alemanha, e permaneceu para sempre marcado por isso.

O que sobra desses dois escritos de 1932-1934 nestes primeiros decênios do século XXI? A historiografia da Revolução Francesa foi, por vezes, apresentada como incompatível com a "Escola dos *Annales*". No entanto, os estudos revolucionários contribuíram fortemente para a "história das mentalidades", especialmente com Michel Vovelle, que, mais de uma vez, homenageou os trabalhos pioneiros de Georges Lefebvre. Tendo se tornado um clássico, a obra sobre o Grande Medo não permitiu que outros ensaios sobre este tema vissem a luz do dia. Entre 1933 e 1936, diversos documentos sobre o Grande Medo foram publicados nos *Annales historiques de la Révolution française*, inclusive alguns pelo próprio Lefebvre, bem como um artigo de Louis Jacob sobre a situação no Artois (1936). Encontra-se ainda algo novo em 1949, depois nos anos de 1950 a 1970 (novamente com alguns documentos publicados por Lefebvre em 1960, pouco após sua morte no ano anterior). Essa tendência desapareceu atualmente, caso se excetuem os artigos de Yoichi Uriu (1990) e de Timothy Tackett (2004), bem como o livro de Clay Ramsay dedicado ao Soissonnais (1992). Quanto às pesquisas sobre a multidão e as agitações, George Rudé, mais do que qualquer outro, apropriou-se delas, ainda que diversos outros historiadores anglo-saxões (Eric J. Hobsbawm, Richard Cobb, Edward P. Thompson, Colin Lucas) e outras gerações de pesquisadores, sondando junto de Jean Nicolas a "rebelião francesa", tenham continuado a garimpar essa área. Outros historiadores perseguiram, da mesma forma, as pistas de Lefebvre. Uns estudaram a importância das emoções na efervescência política e social de 1791 no episódio de Varennes (*Le roi s'enfuit*. In: TACKETT, 2004). Outros passaram a considerar períodos diversos, como "O Grande Medo de 1610" (CASSAN, 2010) ou a propagação de rumores na França do século XIX (PLOUX, 2003). Há, ainda, a "mentalidade revolucionária" (VOVELLE, 1985), que suscitou e ainda suscita numerosas pesquisas (Albert Soboul não ignorou isso em sua tese a respeito dos *sans culottes* parisienses). A sociabilidade política e a propagação de palavras de ordem, os espetáculos e as festas, a religião e a descristianização, a linguagem e as representações, a violência e a morte fornecerão numerosos campos de estudo, que continuam a prosperar no caminho aberto outrora por Georges Lefebvre. No momento de concluir esta apresentação, é sem dúvida melhor franquear-lhe a palavra. Em carta de 10 de setembro de 1946, endereçada ao historiador Gordon McNeil (publicada em 2009 por James Friguglietti), ele relembrou sua obra de 1932: "Eu lhe enviarei *O Grande Medo de 1789*, obra da qual eu mais me orgulho de ter escrito".

Michael Biard
Professor da Universidade de Rouen

Hervé Leuwers
Professor da Universidade de Lille 3

Orientação bibliográfica

BOURDIN, P. (org.). "Un siècle d'études révolutionnaires: 1907-2007". *Annales historiques de la Révolution française*, n. 353, 2008 [n. esp.].

BUZZI, S. "Georges Lefebvre (1874-1959), ou une histoire sociale possible". *Le mouvement social*, 3, 2002, p. 177-195.

FRIGUGLIETTI, J. "Georges Lefebvre, pour le vingtième anniversaire de sa mort". *Annales historiques de la Révolution française*, n. 237, 1979 [n. esp.].

_____. *Bibliographie de Georges Lefebvre*. Paris: SER, 1972.

_____. "Georges Lefebvre, pour le dixième anniversaire de sa mort". *Annales historiques de la Révolution française*, n. 198, 1969 [n. esp.].

LABROUSSE, E. "Georges Lefebvre (1874-1959)". *Annales* – Economies, Sociétés, Civilisations, 1, 1960, p. 1-8.

MARKOFF, J. *The Abolition of Feudalism* – Peasants, Lords, and Legislators in the French Revolution. University Park: Pennsylvania State University Press, 1996.

RAMSAY, C. *The Ideology of the Great Fear* – The Soissonnais in 1789. Baltimore/Londres: The Johns Hopkins University Press, 1992.

REVEL, J. "Présentation". In: LEFEBVRE, G. *La Grande peur de 1789* – Suivi de Les foules révolutionnaires. Paris: Armand Colin, 1988, p. 7-23.

SERNA, P. (dir.). "Georges Lefebvre au travail – Le travail de Georges Lefebvre". *La Révolution française* [*online*], 2010 [n. esp.] [Disponível em http://lrf.revues.org/146].

SURATTEAU, J.-R. "Georges Lefebvre et Ernest Labrousse". *Annales historiques de la Révolution française*, n. 276, 1989, p. 122-127.

TACKETT, T. "La Grande Peur et le complot aristocratique". *Annales historiques de la Révolution française*, n. 335, 2004, p. 1-17.

URIU, Y. "Espace et Révolution: enquête, grande peur, et fédérations". *Annales historiques de la Révolution française*, n. 280, 1990, p. 150-166.

Prefácio

O Grande Medo de 1789 é um evento impressionante, cujo aspecto exterior foi frequentemente descrito, mas cujas causas não foram jamais objeto de uma pesquisa aprofundada. Aos contemporâneos desconcertados, ele aparecia como um mistério, e aqueles que quiseram, de qualquer forma, improvisar-lhe uma explicação, atribuíram-no a um complô, cuja responsabilidade se ligava, de acordo com opinião de cada um, à aristocracia ou aos revolucionários. Como estes últimos acabaram beneficiados, apenas a segunda hipótese mantém seus apoiadores. Ainda hoje há os que a sustentam. Taine, que compreendia o sentido da história social, discerniu alguns dos fatos que causaram os pânicos, mas ele se serviu deles apenas para explicar as revoltas populares.

Historiadores de grande mérito se ocuparam do Grande Medo. Conard com o Dauphiné, Pickford com a Touraine e a Provence, Chaudron com o sul da Champagne, Dubreuil com Évreux. Porém, eles descreveram o desenrolar e os efeitos do pânico em vez de buscar as suas origens. E, com efeito, na maior parte das regiões, elas vêm de fora. Subir ao longo da corrente em direção à fonte seria uma outra história, que afastaria de seu tema o autor de uma monografia.

De trabalhos parciais realizados metodicamente, nós temos apenas um pequeno número. Ninguém sustentaria com pertinência que o momento para um estudo do conjunto ainda não tenha chegado. Pode-se, porém, objetar que não há mal em fazer um balanço ou em assinalar as questões a serem resolvidas, e que, ao sugerir soluções, tem-se a chance de suscitar e de orientar novas pesquisas. Eu me alinhei a essa opinião.

Entretanto, as lacunas eram demasiadamente grandes para que eu pudesse me limitar a utilizar os documentos dispersos já publicados. Por isso, encontrar-se-á aqui certo número de fatos novos, que conheci por meio de pesquisas nos Arquivos Nacionais, nos Arquivos da Guerra e das Relações Estrangeiras, nos Arquivos Estaduais e Municipais, que eu visitei em bom número durante uma dúzia de anos; e, por fim, na Biblioteca Nacional e em algumas bibliotecas regionais.

Os acervos nem sempre estão catalogados, de forma que os documentos estão muito dispersos. A Biblioteca Nacional está longe de possuir todos os registros locais. Além disso, minhas pesquisas, posto que tenham sido longas, foram necessariamente limitadas. Por isso, há decerto um considerável número de fatos a ser descoberto. Eu espero, porém, que minha contribuição não pareça desprezível e devo apresentar meus agradecimentos aos senhores arquivistas e bibliotecários, bem como aos colaboradores, que agiram com a maior solicitude para facilitar meu trabalho. E, ainda, a todos aqueles que me comunicaram a respeito de documentos que eles conheciam e, sobretudo, ao comandante Klippfel, de Metz; a Caron, arquivista dos Arquivos Nacionais; a Porée, arquivista de Seine-et-Marne; a Évrard, bibliotecário do Instituto de Geografia da Universidade de Paris; a Dubois, professor honorário em Confrançon (Ain); a Jacob, professor no liceu Janson-de--Sailly; a Lesourd, professor do Liceu de Roanne; a Millot, professor no Liceu de Sarreguemines; e a Mauve, professor na Escola Normal de Moulins. Infelizmente, as condições de edição não me permitiram prover este livro de um aparato crítico e de uma bibliografia detalhada, mas eu espero um dia publicar os documentos que recolhi, acrescidos de esclarecimentos indispensáveis.

Ao longo de minhas pesquisas, eu comecei por reconstituir as correntes do medo, enfrentando, no caminho, as causas secundárias. Terminei por alcançar suas origens. Eu tentei, em seguida, encontrar as causas gerais. Mas, neste ponto, eu quis ensaiar uma síntese, e não escrever um livro técnico. Na descrição que se vai ler, preferi seguir o caminho inverso. Para alcançar as origens do Grande Medo, tive de regressar ao início do ano de 1789, mas, ao examinar mais uma vez os eventos que o marcaram, pus-me sob ponto de vista da opinião popular e supus serem já conhecidos a história parlamentar e os eventos ocorridos em Paris. Sem dúvida se dará por justificável que eu, tentando explicar as causas do Grande Medo, tenha tentado me posicionar junto daqueles que o experimentaram.

Primeira parte

Os campos em 1789

1

A fome

"O povo", escreve Taine, em *O Antigo Regime*, "se parece com um homem que caminha em um lago, tendo a água à altura da boca. Ao mínimo pôr do sol, à mínima corrente, ele perde pé, afunda e se afoga". Por mais que sua descrição das classes populares seja bastante superficial, sua conclusão permanece válida. Às vésperas da Revolução, o grande inimigo, para a maior parte dos franceses, era a fome.

A condição miserável dos operários das cidades, a "ralé" urbana, foi pouco contestada. Em todas as cidades, ela estimulava, como em Paris, a inquietação dos administradores sempre que havia a menor elevação do preço do pão. Os menos desafortunados ganhavam de 30 a 40 soldos. Quando o pão custava mais que 2 soldos por libra, a agitação começava nos bairros sombrios, onde eles se abrigavam; nem todos esses bairros desapareceram. Ademais, havia sempre, ao lado dos companheiros de trabalho, uma população instável de operários e de carregadores, exército de reserva fadado ao desemprego, que aumentava, ao sinal da menor crise, a multidão de vagabundos e de trabalhadores agrícolas.

Em relação ao campo – onde, quase sempre, nasceu o Grande Medo –, o julgamento de Taine foi criticado até mesmo por aqueles que se dizem seus discípulos. Objetou-se que havia já muitos pequenos proprietários em 1789, que os camponeses não eram tão pobres quanto queriam fazer crer, e que os cadernos de queixas, redigidos pelos Estados Gerais, não merecem confiança. "Um grande fingimento de pobreza", se disse recentemente, "e por detrás desses casacos esfarrapados, uma vida tranquila, frequentemente próspera e, por vezes, abastada". Na verdade, o estudo crítico desses cadernos, que se fez durante 30 anos, provou sua veracidade, e pesquisas aprofundadas a respeito da situação das classes rurais, levadas a cabo simultaneamente, atestaram que era Taine quem tinha razão.

Decerto, os camponeses possuíam, em 1789, uma parte importante do solo – até, talvez, um terço do total. Mas essa proporção variava amplamente de uma região a outra, e mesmo de uma paróquia a outra. Tratava-se aproximadamente de metade, no Limousin, nos entornos de Sens e ao sul da Flandres Marítima; pouco mais de um quarto no Cambrésis e um pouco menos no Toulousain. Ao redor das grandes cidades, como Versalhes, e nas regiões de florestas, charnecas e pântanos, frequentemente menos de um décimo e, até mesmo, de um vigésimo.

Como o interior era, à época, muito mais habitado do que hoje, muitas famílias não possuíam nada, nem mesmo sua cabana e seu jardim. Era o caso de uma em cada cinco famílias no Cambrésis e em torno de Tulle, e uma para cada quatro no Orléanais. A proporção subia para dois quintos nos bosquetes normandos e para três quartos em certas partes de Flandres e em torno de Versalhes, onde pululava um verdadeiro proletariado rural. Quanto aos camponeses proprietários, sua parcela é normalmente muito pequena. Em cada 100 camponeses, 58 no Limousin e 76 em Laons não possuíam sequer cinco arpentes[1], que dão menos de dois hectares. No futuro Departamento do Norte, 75% não possuíam sequer um hectare. Não era suficiente para alimentar uma família.

A crise agrária teria sido muito aguda se o regime de exploração não se encontrasse muito mais favorável aos camponeses na França do que no resto da Europa. Padres, nobres e burgueses que explorassem por si mesmos a terra eram poucos. Não dispondo sob seu poder de servos sujeitos à corveia como os fidalgos da Europa central e oriental, eles arrendavam suas terras como os *landlords* ingleses. Mas, ao passo que as terras inglesas eram cultivadas pelos grandes fazendeiros, havia, entre nós, cultivos de todas as dimensões, desde fazendas de diversas centenas de hectares até pequenas quintas, granjas ou arrendamento de alguns ares. O maior número era delegado a pobres parceiros. Diversas propriedades eram arrendadas separadamente, de forma que diversos trabalhadores, que os proprietários encontravam no entorno de seus domínios, pudessem arrendar um pedaço de campo ou de prado. A proporção daqueles que não tinham nada para cultivar era, assim, reduzida; por vezes, muito reduzida. Mas, se o mal era atenuado, ele não havia sido suprimido, pois a maior parte das explorações agrícolas não podia satisfazer sequer as necessidades de uma família: no norte, de 60 a 70% não detinham sequer 1 hectare, ao passo que de 20 a 25% detinham menos do que 5 hectares.

Além disso, essa situação ia se agravando, pois a população aumentava regularmente – salvo em algumas regiões, como a Bretanha interior, em que as epidemias eram devastadoras. De 1770 até 1790, a França parece ter ganhado dois milhões de habitantes. "O número de nossas crianças nos desespera", escreveram, em um caderno de queixas, os aldeões de La Caure, no bailiado de Châlons, "nós não temos como alimentá-las, vesti-las. Muitos dentre nós têm oito

---
1. Antiga unidade de medida agrária [N.T.].

ou nove filhos". O número de camponeses que não possuía terra, seja na qualidade de proprietário, seja na de arrendatário, aumentava e, como desde esta época, a propriedade plebeia estava frequentemente sujeita às partilhas entre herdeiros, as propriedades rurais se desintegravam. Na Lorena, os cadernos assinalam frequentemente que "os trabalhadores", isto é, os que exploravam propriedades de tamanho médio, tornavam-se mais e mais raros. Em todos os locais, ao fim do Antigo Regime, encontra-se gente em busca de terra. Os miseráveis invadiam os bens comunais e abundavam nas florestas, nas charnecas e nos pântanos. Eles se queixavam dos privilegiados e dos burgueses, que realizavam a exploração por meio de gestores e de agentes. Eles exigiam a venda ou mesmo a distribuição dos domínios do rei e, por vezes, também dos bens do clero. Um movimento violento se formou contra as grandes fazendas cujo desmembramento proporcionaria a satisfação de diversas famílias.

Todos os homens que não tinham terra eram obrigados a trabalhar. A todos aqueles que não a tinham em dimensão suficiente para viver de forma independente fazia-se necessária uma renda complementar. Onde eles a encontravam? Os mais dinâmicos ou mais afortunados trabalhavam como mercadores ou artesãos. Havia, em um certo número de aldeias, e sobretudo nas cidades, moleiros, estalajadeiros, taberneiros, vendedores de ovos, galinhas, trigo e de grãos. Havia, ainda, vendedores de aguardente no centro e no sul, e cervejeiros no norte. Mais raros eram os curtidores, mas numerosos eram os carpinteiros, seleiros, ferreiros e tamanqueiros. As construções empregavam ainda outros, além de pedreiras, tijolarias e cerâmicas. Mas a imensa maioria se via limitada a pedir trabalho aos grandes fazendeiros. Os cadernos de sete paróquias do bailiado de Vic, na Lorena, indicam que os trabalhadores rurais constituíam 82% da população. Os do bailiado de Troyes indicam 64%. Salvo em tempos de colheita e de vindima, eles não encontram trabalho à disposição. No inverno, empregavam-se apenas alguns malhadores, e quase todos os trabalhadores jornaleiros ficavam ociosos. Também os salários eram muito baixos e não seguiam, senão a distância, o encarecimento das mercadorias que ocorreu durante os anos que precederam a Revolução. Apenas durante a época de colheita é que se podia contratar trabalhadores. Disso resultavam frequentes conflitos, especialmente os ocorridos nos entornos de Paris, além de alguns episódios que explicam as causas do Grande Medo. No norte, os trabalhadores rurais ganhavam, no máximo, de 12 a 15 soldos, além da alimentação. Frequentemente, porém, seu salário era menor do que 10 soldos, e no inverno ficava entre 5 a 6, apenas. Aqueles que possuíam alguma terra abandonavam os negócios tanto quanto possível nos melhores anos, sobretudo quando eles conseguiam arranjar seus filhos na posição de empregados no arado, pastores ou criados de fazenda. No entanto, os trabalhadores comuns estavam fadados à miséria eterna, cujo testemunho comovente nos dá mais de um caderno. "Vossa Majestade", escreviam os camponeses de Champniers, no Angoumois, "se vós soubésseis o que se passa na França, como sofre o vosso povo a mais terrível miséria e a mais miserável pobreza!"

Em algumas regiões, a indústria rural oferecia um suplemento de renda. Os negociantes aproveitaram esta mão de obra abundante, que se oferecia a preços irrisórios. Quase toda a fiação, uma grande parte da tecelagem e das malharias havia se mudado para as aldeias da Flandres, Picardia, Champagne, Bretanha, Maine, Normandia e Languedoc. Forneciam-se ao camponês a matéria-prima e frequentemente as ferramentas. Ele fiava na sua própria cabana, ao mesmo tempo em que sua mulher e seus filhos teciam incessantemente. Quando chegava o tempo de trabalhar no campo, ele deixava o trabalho. A indústria metalúrgica e as vidraçarias ainda se situavam nas aldeias, pois elas não prosperariam senão na vizinhança das florestas que alimentavam seus fornos, e onde podiam explorar uma multidão de lenhadores e de carvoeiros. Além disso, começava-se a migrar em direção às cidades quando a indústria não podia ou não queria sair dela. Nota-se, em Nantes, um contingente de trabalhadores sazonais que se dirigia à cidade por ocasião da primavera. Em Troyes, em outubro de 1788, estima-se ter havido mais de 10 mil desempregados, dos quais 6 mil eram estrangeiros que haviam retornado desde que lhes faltara emprego. Sem dúvida, os salários pagos pela indústria eram também bastante baixos. Na região do norte, os trabalhadores qualificados obtinham de 25 a 40 soldos, sem alimentação; os ajudantes e operários, 15 a 20 soldos; já o tecelão de toalhas finas ganhava 20 soldos a mais; a fiandeira, de 8 a 12. No entanto, uma aldeia flamenga constatava em 1790 que "é certo que um homem que não ganha mais do que 20 soldos por dia não consegue sustentar uma família numerosa. Aquele que ganha menos de 15 soldos por dia é pobre".

Até o final do Antigo Regime, os bens comunitários foram a salvação dos camponeses pobres. Eles podiam recolher e arrancar a palha, já que o emprego da foice as deixava bastante altas. Elas também serviam ao reparo dos tetos e ao preparo dos estábulos. Já o direito de compáscuo lhes permitia levar o gado para as campinas, os pousios e os prados após o segundo corte ou o restolho e, frequentemente, ainda após o primeiro. Por fim, muitas aldeias possuíam vastos bens comunais. Porém, durante a segunda metade do século XVIII, esses locais de uso haviam sofrido duros ataques por parte dos proprietários privilegiados e dos grandes fazendeiros, apoiados pelo governo. Os camponeses resistiam o quanto podiam. Balzac, em *Os camponeses*, descreveu a guerra incessante e dissimulada que eles travavam contra os usurpadores e seus guardas, sem querer reconhecer que, uma vez expropriados de tal maneira, a gente pobre não poderia mais sobreviver.

Considerando tudo isso, foi apenas nas regiões férteis e ativas que, em épocas normais, a maior parte dos habitantes lograva alimentar-se tanto quanto possível. Sem dúvida, um grande progresso! Mas muitos outros não tinham a mesma felicidade, e mesmo os mais afortunados estavam sujeitos às menores oscilações. Afinal, as crises eram frequentes.

Antes de mais nada, a situação do povo dependia da colheita. Mesmo que o ano tivesse sido bom, não se estava isento de incômodos. Como se batiam os grãos com o chicote, estes ficavam disponíveis pouco a pouco, ao longo do inverno. Para que se pudesse esperar, era preciso conservar, muito frequentemente, as gavelas em mós por falta de celeiros. Que perigo! Os meteoros, o fogo, os ratos! Até ter malhado os grãos, era preciso viver do "trigo velho". Se a colheita fosse ruim, o futuro se tornava sombrio por muito tempo, pois, no próximo ano, como os celeiros estavam vazios, a descontinuidade prolongava a miséria. É por isso que os camponeses, bem como os habitantes das cidades, irritavam-se tanto quando viam os mercadores levar para longe os grãos nacionais. Do trigo do ano anterior nunca havia muito em reserva. Por isso eles também viam com maus olhos as inovações agrícolas, a extensão dos prados e dos pomares, a introdução das oleaginosas e das garanças. Os grandes fazendeiros, de fato, ganhavam com isso, mas, ainda assim, sobravam outras tantas terras sem produzir grãos.

Os acasos do céu e da terra não eram os únicos que angustiavam. Havia também as guerras, que aumentavam os impostos, expunham as regiões fronteiriças às convocações, às tarefas de transporte, aos trabalhos de sapa, aos excessos dos militares e à devastação. Além disso, o progresso da indústria, por mais que sustentasse muita gente, expunha-os às flutuações do mercado. Como a França tinha se tornado país de exportação, guerras e fomes em regiões longínquas, aumento das taxas aduaneiras ou vedações à importação condenavam o trabalhador francês ao desemprego.

Foram essas calamidades que irromperam de uma só vez durante os anos que precederam imediatamente a Revolução. Em 1788, a colheita foi péssima. A Turquia acabara de declarar guerra à coalizão da Rússia e da Áustria, a Suécia interveio a seu favor, a Prússia demonstrava a intenção de imitar esta última gozando do apoio da Inglaterra e da Holanda e, por fim, a Polônia livrou-se do jugo de Moscou. Como resultado, os mares bálticos e do Levante se tornaram zonas pouco seguras, de forma que os mercados da Europa central e oriental se foram fechando pouco a pouco. Para o cúmulo do azar, a Espanha proibiu a importação dos nossos tecidos, tendo a própria moda interferido nisso: ao favorecer o linho, ela desdenhou dos tecidos de seda e comprometeu a prosperidade da fabricação em Lyon.

É patético e digno de compaixão o fato de que a política da monarquia tenha contribuído fortemente para agravar a crise que já desempenhava um papel tão grande na destruição do Antigo Regime. O edito de 1787 havia desembaraçado o comércio de grãos de qualquer regulamentação. Os produtores, que, até então, haviam sido sempre obrigados a levar os grãos para serem vendidos no mercado, foram autorizados a vendê-los livremente. A circulação por terra e mar tornou-se totalmente livre, e a própria exportação foi permitida sem qualquer restrição. Com isso, quis-se fomentar a produção ao assegurar uma boa remuneração. Mas, diante da colheita de 1788, os celeiros ficaram vazios e, assim, desencadeou-se uma devastadora alta nos preços. Apenas em julho de 1789 ela atingiria o seu apogeu. Nessa época, o pão custava, em Paris, 4 soldos e meio por libra; em outras regiões, era ainda mais caro: pagavam-se 6 soldos em Caux.

Ao mesmo tempo, a imprevisibilidade do governo provocava uma crise de desemprego. Em 1786, fora assinado um tratado de comércio com a Inglaterra que baixava consideravelmente as tarifas aduaneiras incidentes sobre os produtos manufaturados que a França importava. Em si, a ideia era boa: sentia-se a necessidade de adotar os "mecanismos" ingleses, e o melhor meio de impô-los era submeter os industriais franceses à concorrência. Porém, teria sido sábio dosar seus efeitos e manter, no que tange à produção nacional, uma proteção conveniente durante certo período de adaptação. Abrindo bruscamente as fronteiras à indústria inglesa, cuja superioridade era esmagadora, causou-se um desequilíbrio brutal. Em Amiens e em Abbeville, dos 5.672 negócios que havia em 1785, 3.668 cessaram suas atividades em 1789. Isto, estima-se, privou 36 mil pessoas de trabalho. Nas malharias, sete das oito mil vagas de emprego foram extintas. Assim ocorreu em todos os lugares, para não mencionar as outras indústrias.

Em tempos normais, a crise provavelmente não teria sido tão longa. Mas ela se complicara em razão da restrição às exportações, conjugando-se com a impressionante alta de todos os meios de subsistência. Enfim, ela se tornou intolerável.

2

Os vagabundos

A fome gerava naturalmente a mendicância: tratava-se da praga dos campos. Mas qual outra saída haveria para os velhos, os órfãos, as viúvas, sem falar dos enfermos? As fundações de assistência, que eram insuficientes nas cidades, inexistiam nas aldeias. De toda forma, não havia socorro para o desempregado: não havia outra saída senão pedir esmola. Ao menos um décimo da população rural mendigava durante todo o ano, pedindo de fazenda em fazenda um pedaço de pão ou uma moedinha. No norte, em 1790, estimava-se sua proporção em 1/5 da população. Em tempos de aumento de preços era ainda pior, pois o trabalhador empregado, incapaz de obter um aumento de salário, não podia alimentar sua família. Em relação aos mendigos, as pessoas não se comportavam uniformemente de maneira hostil. Alguns cadernos de queixas protestavam contra a sua internação em estabelecimentos corretivos. Aqueles que ditaram tal queixa eram, provavelmente, pequenos agricultores que tinham eles próprios mendigado outrora e que se sentiam expostos a retomar sua bolsinha de esmolas quando tiverem comido o seu último saco de grãos e vendido seu pobre gado. Quanto mais miserável era a aldeia, maior era o vínculo de fraternidade coletiva. No fim de novembro de 1789, os habitantes de Nantiat, no Limousin, decidiram dividir os pobres necessitados com aqueles mais afortunados que podiam alimentá-los "de maneira a sustentar a sua vida até que ela esteja conformada de outro jeito". Mas, em geral, os agricultores, os "galos das aldeias", as "pessoas influentes", como os chamavam no norte, mostravam-se recalcitrantes e derramavam-se em queixas nos cadernos. Sua ira contra os cobradores do dízimo se explica, em parte, por isto: uma parte do dízimo deveria servir ao sustento dos necessitados. No entanto, mesmo após ter pagado o dízimo, ainda era preciso dar esmolas a todos que pediam. Ter de socorrer a gente da paróquia! Era possível controlar as suas necessidades e mantê-los sob controle por meio da distribuição de auxílios públicos. Mas os miseráveis saíam de suas aldeias e vadiavam por léguas nos arredores. Essas andanças os pervertiam. Os saudáveis se tornavam vagabundos, e estrangeiros desconhecidos apareciam inquietantemente às soleiras. Enfim, o medo despertava.

Além do mendigo de boa-fé, havia o profissional. Os agricultores exasperados recriminavam de bom grado a preguiça dos pedintes, e não podemos afirmar que estivessem sempre errados. Mendigar não é vergonhoso. O pai de família incumbido de diversos filhos não hesitava em mandá-los "procurar o pão": tratava-se de um ofício como os outros. Se o pão que se recebia era demasiadamente duro, alimentava-se com ele o gado. Nos cadastros fiscais podem-se ver diversos "proprietários" a cujo nome, na coluna da profissão, unia-se a palavra "mendigo". Os abades, por tradição, distribuíam esmolas em datas marcadas. "O dia da distribuição" – diz o caderno de queixas de Honfleur – "é um dia de festa. Os homens pegam sua enxada e seu machado, e a preguiça desaparece". O clero perpetuava assim a tradição cristã que via a pobreza como uma situação respeitável, piedosamente mantida, e até mesmo como uma presunção de santidade. Os irmãos mendicantes contribuíam para confirmar isso. Durante o Grande Medo, diversos alarmes provieram de vagabundos disfarçados de Irmãos da Ordem das Mercês, que estavam autorizados a mendigar em benefício dos cristãos escravizados pelos corsários da Berbéria.

A inquietação que os mendigos espalhavam era, sem dúvida, acrescida pelas migrações de operários. A população era muito mais instável do que, por vezes, imaginava-se. "Nada lhes importa" – dizia já em 1754 a Câmara de Comércio de Rouen – "desde que consigam ganhar a vida". Além dos aprendizes-viajantes das corporações, sempre houve em nossas estradas um bom número de homens em busca de trabalho. Dos 10.200 desempregados que se supõe ter havido em Troyes em outubro de 1788, estima-se, como já mencionamos, que 6.000 já houvessem partido. Alguns puderam retornar às suas aldeias, mas muitos, sem dúvida, erravam de aldeia em aldeia até que encontrassem alguém que os contratasse. Os estaleiros do canal do Centro e do canal da Picardia, e os trabalhos de represamento de Cherbourg chamavam naturalmente a atenção dos desempregados. O mesmo ocorria com organizações de caridade de Montmartre. Não era possível aceitá-los todos. Enquanto esperavam, eles mendigavam. Foi desta forma que as grandes cidades, sobretudo Paris, viram sua população flutuante aumentar desmesuradamente em 1789. O descontentamento e o espírito de aventura contribuíram para o aumento. Os criados das fazendas abandonavam-nas frequentemente sem sequer avisar; os agricultores queixavam-se, sem, porém, reconhecer que eles os tratavam duramente e sem se dar conta de que o desespero e o desgosto geravam naturalmente instabilidade. Outros fugiam para não ser recrutados pelas milícias. A esses grupos irregulares juntavam-se ainda os migrantes sazonais. Em Paris, batalhões de "pedreiros" faziam parte dos exércitos de construção, ao passo que os naturais do Auvergne emigravam para todos os lados: os curtidores da Saintonge os contratavam todos os anos. Eles iam também à Espanha, onde encontravam os franceses da região dos Pirineus. Da Saboia, por outro lado, vinha um fluxo contínuo de migrantes, de forma que a Lorena se queixava de estar infestada deles. Era sobretudo no tempo da colheita e da vindima que as migrações tomavam uma grande proporção. Os naturais das montanhas desciam em direção às planícies. Da Baixa Borgonha e da Lorena muitos milhares de homens se espalhavam por Brie e Valois. A Alsácia pedia reforços de Brisgau e da Lorena alemã. O campo de Caen recorria aos bosquetes, a planície marítima de Flandres ao Artois, ao Baixo Languedoc, a Causses e à Montanha Negra.

Os campos viam também circular numerosos vendedores ambulantes. Havia entre eles os comerciantes honestos que prestavam grandes serviços, já que a venda a retalho era bastante rara nas aldeias. Exemplo disso é Girolamo Nozeda, que nós encontraremos, no momento do Grande Medo, em Charlieu, onde ele era conhecido já havia 20 anos como joalheiro ambulante. Mas a maior parte inspirava pouca confiança. Dos bosquetes normandos vinham todos os anos até a Picardia e a Holanda pobres diabos trazendo, em suas trouxas, peneiras fabricadas por suas mulheres ou provenientes das caldeirarias de Tinchebray e de Villedieu. Em Argenteuil, os cadernos queixavam-se dos mercados de peles de coelho. Já o caderno de Boulonnais registra que as pessoas queriam se ver livres dos charlatões e dos treinadores de ursos, sem falar nos estanhadores e nos caldeireiros ambulantes. Era preciso considerar, escreve o prior de Villemoyenne na assembleia de eleição de Bar-sur-Seine de 28 de maio de 1788, "livrar-nos das incursões desse monte de gente que, com uma trouxa que carregam para todos os lados, são acompanhados por outro monte de crianças que ficam, assim como as suas mães, a todo instante às nossas portas adentrando nossas casas. Nossos outros párocos também sentem a dor de ver diversos doidivanas seguidos de vários homens, fortes e bastante ágeis, com membros de boa disposição à flor da idade, munidos de uma trouxa, fazendo festins nos estabelecimentos, e de saber que eles dormem desregradamente juntos, apesar da certeza que temos de que eles não são casados".

Todos esses transeuntes, ainda que não mendigassem no sentido próprio do termo, entravam ao menos à noite na casa dos fazendeiros para lhes pedir refeição e repouso. Eles eram repelidos da mesma forma que os verdadeiros mendigos de profissão. Não se tratava de caridade ou de bondade: o fazendeiro praguejava dissimuladamente. "A mendicância, semelhante a uma lima imperceptível, mina-nos pouco e pouco e destrói-nos totalmente", diz o caderno de Villamblain, próximo de Patay. No entanto, as pessoas tinham medo. Medo de um ataque, sem dúvida, mas ainda mais das vinganças anônimas, da destruição das árvores e das cercas, das mutilações do gado e, sobretudo, do fogo. Além disso, mesmo que o agricultor pagasse sem barganhar o dízimo do pobre, ele não estava isento. O vadio não era necessariamente um homem ruim, mas ele tinha apenas um respeito moderado pela propriedade alheia. O fruto que pende na árvore não pertence àquele que o colhe? Que mal há em apanhar aqui e acolá algumas uvas quando se tem sede? Os próprios carreteiros não eram lá muito cuidadosos: os cadernos de Brie se mostram bastante agressivos em relação às carroças de Thiérache, que levavam a Paris o carvão de lenha. Afinal, eles passavam com as suas carroças pelo meio dos campos semeados, forçavam as cercas para tomar atalhos e deixavam seus cavalos pastar nos prados. Agindo dessa forma, os vadios podiam ir longe, ao sabor de seus instintos, quando a fome os pressionava. Quando o seu número aumentava, como em 1789, eles acabavam por se reunir e, estimulados desta maneira, passavam à pilhagem. As donas de casa os viam aparecer frequentemente quando os homens estavam no campo ou no mercado. Eles distribuíam ameaças se a esmola lhes parecesse ruim, pegando então dos armários aquilo que lhes aprouvesse, exigindo dinheiro e instalando-se à força nos celeiros. Eles acabam por mendigar durante a noite, acordando de sobressalto a fazenda aterrorizada. "Uma dúzia veio à minha casa durante a noite da quarta para quinta-feira", escreveu, em 25 de março, um agricultor-proprietário dos entornos de Aumale. "Há muita coisa para se recear por aqui no mês de agosto." E, em 30 de julho: "Nós não repousamos mais sem medo. Os pobres da noite nos atormentaram bastante, sem contar aqueles que mendigavam de dia, cujo número já é considerável".

Quando a colheita se aproximava, o medo pairava no ar. Colhiam-se, durante a noite, os grãos recém-maduros. Antes mesmo que o trigo ceifado fosse posto em feixes, bandos de respigadores apanhavam as sobras e iam, de paróquia em paróquia, invadindo os campos a despeito das proibições. Em 19 de junho, a Comissão Intermediária do Soissonnais requereu vigilantes ao barão de Besenval "a fim de assegurar a reabertura das colheitas". Em 11 de junho, o conde de Sommyèvre, comandante militar no Artois, transmitiu comunicações semelhantes a Paris, apresentadas pela municipalidade de Calais, e, no dia 16, acrescentou: "Estão me solicitando de todos os lugares da Picardia destacamentos para preservar as colheitas". No dia 24, escreveu-se dos entornos de Chartres: "O espírito do populacho parece atualmente tão exaltado, que, considerando a necessidade presente e premente, ele se crê autorizado a aliviar sua miséria quando vier a colheita". Não apenas a respiga, seu patrimônio normal, será objeto de sua atividade, mas, encurralado pelas altas dos preços, que são longas e excessivas, ele poderá dizer: "indenizemo-nos da miséria passada. Todos estamos em situação de extrema necessidade. Comamos para saciar nossa fome... Essa expedição popular equivaleria a uma calamidade. A necessidade não consulta nem a equidade nem a razão". Aos olhos dos administradores, esses receios não eram vãos. "O senhor verá como é importante tomar, de antemão, medidas para que se previna uma terrível desgraça antevista, cujos efeitos desencadeariam incalculáveis sofrimentos", escreveu, em 18 de junho, o intendente de Lille, Esmangart, ao ministro da Guerra: "Trata-se de um temor concebido pela pilhagem das colheitas nos campos, seja antes do amadurecimento, seja logo após a ceifagem... É certo que o projeto de ataque a que me refiro se organiza em diversas regiões e que os agricultores e fazendeiros já receiam esse mal, contra o qual é preciso envidar esforços com vistas a fazê-lo cessar, mesmo que não se creia em tal possibilidade. Esses rumores, contudo, tomaram as cidades, sobretudo Paris, e já passam a ter credibilidade: em julho, falava-se já do trigo "ceifado ainda verde" e de colheitas destruídas. Eram esses os principais feitos atribuídos aos criminosos do Grande Medo.

O contrabando aumentava ainda a insegurança ao longo das fileiras de alfândegas internas, como, por exemplo, na fronteira da Picardia com o Artois. Em volta das grandes cidades com *octrois*[2], como Paris, e sobretudo nos limites das regiões com gabela[3]. O sal era vendido ao preço de duas libras por *minot*[4] na Bretanha e de 58 no Maine. O lucro era tanto, que fazia qualquer pessoa pobre se tornar um contrabandista. Um tecelão ou um pedreiro, que ganhavam de 10 a 12 soldos por dia transportando cargas sobre suas costas, ganhava, por viagem, de 20 a 30 libras. As mulheres não eram menos dadas ao contrabando: na direção de Laval, foram presas 3.670 delas em 1780. O mesmo acontecia em Mauges, na fronteira com o Anjou e o Poitou. Em 1788, os contrabandistas de sal voltavam para a guerra civil, como ao tempo de Mandrin. Um certo René Hamart, apelidado de Catinat, formou uma quadrilha que, começando com 10 homens, acabou por chegar aos 54, e abriu fogo contra os cobradores da gabela. Os camponeses eram naturalmente bastante indulgentes com os contrabandistas ocasionais de sal, mas os profissionais os apavoravam. "De manhã – conta um caderno – ele sai do palheiro de algum celeiro, onde se instalara, na maior parte das vezes, sem que o proprietário soubesse disso. Ele paga a estadia oferecendo sua mercadoria a preço vil. Se não logra pagar sua estadia, então passa às ameaças. Impelido por alguma disposição de espírito, pode começar a pilhar impiedosamente os víveres, a mobília, o dinheiro da fazenda e, normalmente sem qualquer timidez, a própria Igreja, sobretudo se tiver vindo de uma paróquia longínqua. É frequente também que, tomado de furor, ele passe a matar." Para limitar o dano, os colonos mantinham normalmente um verdadeiro exército, que era ainda mais detestado e mais temido. Cobradores da gabela, malpagos e convocados de qualquer jeito, não eram

---

2. Imposto indireto cobrado pelas municipalidades pela importação de mercadorias [N.T.].

3. Imposto real, existente à época do Antigo Regime, que incidia sobre o sal [N.T.].

4. Antiga medida de capacidade para materiais secos, cujo valor variava conforme a região [N.T.].

moralmente superiores que os mais reles contrabandistas e, certos de sua impunidade, cometiam ainda mais excessos. "À noite, de dia, em dupla ou em pequenos grupos – mas jamais sozinhos –, eles atacam as fazendas, matam o cachorro, caso este lata; põem seus cavalos à vontade na forragem do pasto, ao restolho e até mesmo no trigo em espiga. Todos estremecem com sua chegada: eles ameaçam os homens, batem nas mulheres, quebram os móveis, abrem e derrubam baús e armários e vão-se embora, levando consigo sempre algum objeto roubado, quando não arrastam junto algum desafortunado para a prisão."

Quem poderia se admirar de que, desta multidão de mendigos, vagabundos afamados e contrabandistas de sal surgiram, aqui e acolá, verdadeiros criminosos? A própria autoridade judiciária contribuía para isso. As cadeias para mendigos, em que o pobre ficava ao lado do bandido, eram como uma escola do crime. Uma das condenações proferidas de mais bom grado era o banimento para além da jurisdição do tribunal. O apenado de banimento engrossava, naturalmente, as fileiras dos vagabundos. No Maine, o roubo de cavalos que, durante a Idade Média, causara o desespero da Normandia e de Flandres, era agora recorrente. Na Picardia e no Cambrésis, diversos eram os "chantagistas": numa manhã, o fazendeiro achou, colado à sua porta, ao lado de um pacote de fósforos soprados, uma ordem para depositar um resgate em determinado lugar, sob pena de incêndio em sua fazenda. Se fosse fazer denúncia, a justiça se mostraria solícita, não daria nenhuma solução, e a fazenda decerto arderia em chamas. De regra, os criminosos agiam em bando. Os de Cartouche se tornaram famosos. Em 1783, outro grupo foi destruído em Orgères, na nascente do Loire, mas ele se formou novamente e, mesmo ainda à época do Diretório, ouviu-se falar dele na França inteira. Desde o Antigo Regime, esses bandidos "esquentavam" os pés das suas vítimas para obrigá-las a revelar seus esconderijos. Em Vivarais, após a insurreição das "Máscaras", ocorrida em 1783 contra as autoridades e rapidamente reprimida, pequenos bandos reapareciam de tempos em tempos, e suas operações degeneravam em crimes comuns. Em 1789, durante a Semana Santa, o tabelião Barrot, em Villefort, foi espancado, teve sua casa invadida e seus papéis queimados. Trata-se, dir-se-ia, da tradição das Máscaras. Mas aqui eles se superaram: em 27 de março, os cônsules de uma paróquia, que se encontravam em Villeneuve-de-Berg para participar da eleição dos deputados nos Estados Gerais, foram assaltados e assassinados. Aqui e acolá, durante a primavera, bandos de vagabundos ou de mendigos passaram à prática da pilhagem. Nos entornos de Paris, em março, 40 homens mascarados foram registrados em Dampierre. No fim de abril, quinze homens armados saquearam, durante a noite, os fazendeiros da região de Étampes, arrombando portas e janelas e ameaçando-os de incêndio. No caminho de Bellême, Mortagne e Nogent-le-Rotrou, foi preciso enviar tropas contra um bando de 12 a 15 homens fortemente armados.

Até mesmo nos tempos normais, a repressão não funcionava perfeitamente. A Guarda Nacional, com seus três ou quatro mil cavaleiros, não era suficiente, e muitas aldeias não tinham guardas, pois seria preciso pagá-los. Quando se decidiu contratá-los, a situação não melhorou muito: este trabalho trazia uma série de riscos se exercido com zelo. Os guardas senhoriais eram mais ativos, mas faziam sobretudo a defesa contra os saqueadores furtivos. Como eles eram encarregados de expulsar os camponeses das florestas, eram vistos muito mais como inimigos do que como protetores. De vez em quando havia prisões em massa. As Ordenanças de 1764 e 1766 condenavam à marcação com ferro e às galés os mendigos reincidentes e ordenavam a prisão dos outros. Há exemplos: em 1º de março de 1781, o Parlamento de Paris condenou a açoitamento e a galés quatro picardos por "roubo de grãos, nos campos, durante a colheita". Mas essa severidade eventual pouco intimidava. Quando as cadeias de mendigos ficavam repletas, abriam-se as portas, e tudo começava novamente. O rei somente tinha conseguido, quando muito, livrar o país dos bandidos das grandes estradas. No entanto, em tempos de crise, a força pública sempre se via sobrecarregada. "Por algum tempo" – diz o caderno de Saint-Viatre (na Sologne) – "não se controlam mais os regulamentos. A mendicância começa a se reproduzir". Minhas brigadas, escreveu de Sainte-Suzanne o preboste geral da guarda, em 29 de abril de 1789, tentando dar conta das pilhagens de Étampes "estão em movimento desde o mês de novembro passado para se duplicarem e triplicarem, a fim de manter a ordem, a tranquilidade nos mercados e a segurança na exportação dos grãos dos fazendeiros". Elas "são de número e força insuficientes, sobretudo para impedir a entrada de numerosos bandidos na capital". Elas "não podem estar em todos os lugares ao mesmo tempo".

Entregue ao seu próprio fado, o camponês poderia se defender bem. Sua inquietação não era indolência. Rude, inculto, violento, frequentemente habituado ao uso da faca, cioso de seus bens e pouco preocupado com a vida dos outros, ele teria, de bom grado, aberto fogo contra aqueles que o ameaçavam. Se a polícia fosse mais bem organizada, observa o caderno de Mairé-Levescault, na senescalia de Civray, "nós não seríamos obrigados a passar a noite armados e a fazer justiça com nossas próprias mãos". Mas a autoridade política temia: o fogo podia se virar contra as autoridades ou cair na mão de bandidos. Sobretudo quando possuía um fuzil, o camponês caçava, menos por prazer do que para exterminar os malfeitores que devastavam suas terras. Dessa forma, ele foi sistematicamente desarmado ao final do Antigo Regime por solicitação dos senhores de terra. O Hainaut e o Cambrésis em 1762 e 1771, a Flandres e o Artois em 1777, a Normandia à época do duque de Harcourt, a Guyenne à época do conde de Mouchy e do conde de Esparbès de 1785 a 1787. Na noite de 26 para 27 de janeiro de 1789, o cavaleiro d'Hangest fez com que a polícia invadisse a vila de Rumigny (na Thiérache) para procurar armas. O procurador-geral do Parlamento de Paris mandou fazer expedições semelhantes em Chartres na noite de 22 para 23 de junho. Por essa época, trataram-se da mesma forma as aldeias que ficavam ao entorno da floresta de Fontainebleau.

Mesmo que a inquietação fosse geral, seria incorreto imaginar que ela pairava sobre todos os lugares no mesmo grau de intensidade. Havia regiões especialmente assustadas. Era o caso, por exemplo, das planícies em que predominavam as pequenas matas, os planaltos e as montanhas. De Mourvan, dizia-se no Auxois, não vinha nem vento bom nem gente boa. O mesmo se dera nas regiões de contrabando e também nas regiões nos entornos das florestas, onde pululavam lenhadores, carvoeiros, ferreiros e vidraceiros, gente semisselvagem e extremamente intimidadora, sem falar nos suspeitos de todo o tipo que se refugiavam nesses lugares. Assim ocorria nas florestas de Perche, em volta de Laigle e Conches, nas de Montmirail no Haut-Maine, em Braconne, próximo de Angoulême e na famosa floresta de Barade a leste do Périgueux. Em 1789, elas eram ainda mais numerosas, mais espalhadas e mais populosas do que hoje. Mesmo que não se pudesse encontrar ali o diabo, fadas nem o mago Merlin, podiam-se ver ainda lobos e, mais frequentemente, homens de má fisionomia. O medo de 1789 veio, não raro, desses locais.

Apenas por terem sido cometidos crimes na primavera de 1789, não se pode crer que a França estivesse num caos. Os crimes mencionados nos documentos dos arquivos são, no fim das contas, pouco numerosos. Eles fazem notar sobretudo as ameaças, as humilhações e as extorsões. O quadro que Taine nos deixou tem seu lado sombrio; de fato, exagerado. Mais artista do que historiador, ele adorava burilar os relatos e gostava da oposição entre grandes planos de luz e sombra, que é o que torna atrativas as xilogravuras. Mas sua descrição não tem o valor objetivo que busca o historiador. Ela permanece verdadeira, do ponto de vista subjetivo, se assim se pode dizer: afinal, era exatamente assim que os camponeses de 1789 representavam a sua situação. Eles eram desprovidos de quaisquer meios de informação e, ademais, faltava-lhes toda instrução e cultura. Eles não podiam tirar suas conclusões a partir dos rumores que chegavam até eles, incessantemente exagerados e deformados. As lembranças do povo contribuíam sem dúvida a lhes dar crédito. Elas estavam mais bem conservadas do que se pensa, isto é, de uma forma mais ou menos lendária pelas narrativas dos serões. Ao longo dos séculos, os campos foram sempre assolados por homens armados, meio soldados e meio bandidos, que vinham não se sabe de onde e lutavam não se sabe pelo quê. Contavam-se histórias a respeito de aldeias incendiadas, de mulheres violentadas, de homens torturados e assassinados, isto é, de todos os horrores da guerra, cuja imagem foi perpetuada por Jacques Callot.

A Lorena e a Alsácia se lembravam bem dos suecos da Guerra dos Trinta Anos. No norte, todos aqueles que conturbavam a paz eram chamados de *mazarins*, em memória, sem dúvida, das campanhas do exército francês às vésperas do Tratado dos Pirineus. Na Picardia e na Normandia temiam-se sempre os *carabots*, que já eram um problema no século XV. É possível que, no centro e no sul, a tradição remontasse até mesmo à Guerra dos Cem Anos. Em Vivarais, em 1783, uma notificação das "Máscaras" foi dada sob o nome de "tropa inglesa". Mais próximas, as pessoas de 1789 podiam citar Cartouche e Mandrin. Usava-se *mandrins* como sinônimo de contrabandista. Hoje em dia, é de espantar que se cresse tão facilmente na chegada de "bandidos" no fim de julho de 1789. Nos documentos desse tempo encontra-se recorrentemente tal termo. O próprio governo o aplica indistintamente aos mendigos reunidos como malfeitores, àqueles que pilham os grãos, bem como àqueles que se insurgem contra seus senhores, apesar de a Convenção só usar tal termo em relação aos *vendéens*. Nada mais natural que os contemporâneos tenham visto nesses "bandidos" um instrumento de guerra civil, empregado pelos privilegiados para massacrar o Terceiro Estado. Entre soldado e bandido, houve, por muito tempo, pouca diferença, de forma que ambos não se distinguiam de forma clara no espírito do povo. Não era dentre os grupos de vagabundos e de descalços que se faziam as requisições militares, como ao tempo dos *écorcheurs* e das Grandes Companhias? Esse medo, filho da fome e cuja lembrança gerava um fantasma medonho, não era a única causa do Grande Medo, mas a princípio, ou como dizem alguns, a mais profunda.

3

Os motins

Em tempos de penúria, a fome também provocava tumultos, que, por sua vez, suscitavam ou fomentavam o medo. O povo nunca aceitou que a natureza foi a única responsável pela sua miséria. Afinal, por qual razão não se tinha colocado em reserva o trigo nos anos de boa colheita? É que os ricos, proprietários e colonos, junto dos mercadores e com a cumplicidade dos ministros e de outros representantes do rei, sempre favoráveis aos poderosos, haviam exportado o excedente para vendê-lo a um bom preço. Quando se dizia que era preciso que o pão fosse caro para que a cultura do trigo fosse estimulada, e que assim se superaria a carestia e seria melhor para todo o mundo, o pobre encolhia os ombros. Se o interesse geral exigia um sacrifício, por qual razão era ele o único que o suportava? Na verdade, essa política, que agravava sua miséria, aumentava o lucro dos outros. O progresso só poderia ser conquistado às custas dos miseráveis? No século XVIII, poucos se incomodavam em dizer isso, e, mesmo hoje, muitos pensam assim sem ousar afirmá-lo. Mas os miseráveis nunca creram nisso. Eles repetiam, em 1789, que eles e seus filhos não podiam morrer de fome. Se o governo julgou ser bom aumentar o preço do pão, que ele também aumentasse os salários, ou, então, que ele obrigasse os ricos a alimentar os pobres. Do contrário, eles se vingariam.

Necker, tendo voltado ao poder no final de agosto de 1788, apressou-se em suspender a exportação, mandou realizar compras no exterior e concedeu prêmios pela importação. Mas o mal já estava feito. Não houve fome, mas já era tarde demais para frear a alta dos preços. Além disso, o povo estava convencido de que todas as proibições eram enganosas e que a exportação continuava. Que estes exageravam o mal, disso não há dúvida. Mas que se enganassem completamente é outra coisa. De toda forma, o comércio de grãos, tal como se era obrigado a praticá-lo então, apenas levantava suspeitas e atiçava a cólera. Todo dia, em todas as estradas, viam-se caminhar grãos e farinhas sobre as pesadas carroças: tratava-se do produtor que ia ao mercado, do negociante que corria de um mercado ao outro, do moleiro em busca de grãos ou que levava farinha aos seus clientes, do padeiro que procurava se aprovisionar, das compras do rei. Tudo isso partindo das províncias e das cidades que, em extensos comboios, atravessava a França em todos os sentidos. Como era possível que se morresse de fome quando tantos grãos circulavam? É que o cereal era tirado do consumo ao ser monopolizado para ser empilhado nos armazéns ou para ser exportado para o exterior com o objetivo de que, ao reingressar na França, fosse recebido o prêmio prometido pelo governo. Como, então, resistir à tentação de pôr as mãos sobre ele, quando circulavam incessantemente, como que por provocação, sob os olhos dos famintos? Só havia um modo de apaziguar a desconfiança do povo: regulamentar minuciosamente sua circulação. Necker, desde novembro de 1788, havia restabelecido a obrigação de vender exclusivamente ao mercado interno e, em abril de 1789, ele acabou por autorizar o recenseamento e a requisição. Mas, se os Estados do Artois e alguns intendentes, como, por exemplo, os de Soissons e de Châlons, proibiram a saída dos grãos para fora de suas circunscrições, a maior parte dos administradores, preocupados em poupar a cultura, usaram pouco os poderes que lhes haviam sido conferidos. Eles preferiam que as cidades comprassem os grãos para revendê-los ao longo da estrada. Como Necker, eles procuravam ganhar tempo sem restringir demais a liberdade comercial. Os problemas, então, tornaram-se inevitáveis.

Naturalmente, as cidades eram as mais ameaçadas. Em março e em abril de 1789, os motins foram contínuos de um canto a outro do Reino. Não se fez ainda uma estatística a respeito, que seria de interesse histórico e geográfico, mas há algumas indicações do futuro Departamento do Norte, que não era a região mais desafortunada: houve motim em Cambrai em 13 de março, em Hondschoote no dia 22, em Hazebrouck e em Valenciennes no dia 30, em Bergues no dia 6 de abril, em Cambrai nos dias 6 e 7 de maio, em Valenciennes, Armentières, Hazebrouck, Estaires ao longo do mês, em Dunkerque nos dias 6 e 20 de junho, em Armentières no meio do mês e em Valenciennes no dia 30. Alguns desses levantes foram particularmente expressivos, como o de Orléans, em 24 e 25 de abril, e sobretudo o da região de Saint-Antoine nos dias 27 e 28 do mesmo mês. Em tais casos, o costume era prender aleatoriamente alguns dos revoltosos ou condená-los às galés sem muitas formalidades, para servirem de exemplo. Assim se procedeu em Paris, Cette, Cambrai e Bagnols. O próprio rei acabou por encarregar a justiça prebostal de reprimir os levantes. Houve um momento de calmaria nos fins de maio e de junho, pois se esperava algum alívio com os Estados Gerais. Depois, em julho, o movimento retornou com força total, por exemplo, em Rouen nos dias 12 e 13 de julho, em Sens no dia 13, em Amiens nos dias 13 e 14 e nas noites de 15 e 16. As tropas e a polícia, espalhadas, corriam de um lado a outro, chegando frequentemente muito tarde, ou se declarando impotentes. Pilhava-se o trigo nos mercados, na casa dos mercadores e nos armazéns públicos, onde, ao menos, distribuía-se o cereal a um preço fixado pelo próprio povo. Mais de uma vez, a força pública compactuou com o motim. Os soldados compartilhavam as opiniões da multidão, e seu serviço os estafava. "A polícia, que não raciocina melhor", escreveu, em 2 de abril, o intendente de Alençon "e que queria pagar mais barato pelo pão, não faz tudo aquilo que talvez pudesse fazer para evitar as sublevações". Em Bellême, o sargento mantinha "por sua própria decisão a agitação dos ânimos". "Eu não posso esconder – dizia também a 16 de julho o senhor de Sommyèvre, comandante militar na Picardia – que as tropas mostraram pouca força de vontade e pouca firmeza".

O campo, porém, não estava menos agitado, em oposição ao que muito comumente se crê. Sem dúvida, os grandes fazendeiros e produtores abastados insistiam em sua liberdade e queriam vender mais caro. Mas a imensa maioria dos camponeses era da mesma opinião que o povo das cidades. Aos pequenos produtores e aos meeiros faltavam desde logo os cereais, e os trabalhadores rurais estavam ainda em pior estado que o trabalhador das cidades, pois a municipalidade das aldeias não queria ou não podia fazer nada por eles. Os fazendeiros se recusavam a lhes dar cereais sob o pretexto de que eles eram obrigados a levar os seus ao mercado da cidade mais próxima, e esta, tanto quanto possível, procurava manter afastados os forasteiros. Restava apenas bloquear a passagem dos carros de grãos ou de farinhas e tomar-lhes os sacos pagando o preço que queriam, ou até mesmo sem pagar nada. Em tais casos, a força pública não podia sequer intervir: apenas os comboios importantes recebiam escolta, mas ela não bastava para evitar os infortúnios. "Por 100 luíses", escreveu nos fins de 1788 o síndico de Avoise, próximo de La Flèche, logo após um levante, "não se conseguiria achar, em meia légua ao entorno, um único homem que quisesse conduzir uma carroça de trigo. O populacho se descontrolou de tal forma, que mataria por um alqueire. Toda a gente honesta não ousa sequer sair de casa".

Ora, entre a cidade e o campo, o mercado criava uma ligação tão sólida que nada podia romper. Malgrado a liberdade concedida em 1787 de vender em domicílio, e mesmo antes de Necker revogá-la, o fazendeiro, servindo ao comerciante que o procurava, não parava de levar-lhe com regularidade o cereal, seja por medo, seja por hábito. Se a cidade estava ligada ao mercado, que a alimentava e talvez ainda mais por ela viver das compras e das despesas dos fregueses que as frequentavam, o camponês, por outro lado, também estava ligado a ele, por ser o mercado a sua principal distração. Young mangava do homem rústico que corria léguas para vender um par de frangos, indignando-se em vê-lo desperdiçar seu tempo com o pouco dinheiro que os seus produtos rendiam. É que ele não levava em consideração o fator psicológico. O mercado era também a grande atividade dos consumidores: nele, eles compravam todas as suas provisões de grãos para a semana ou para o mês, levavam-no para moer, depois cozinhavam eles mesmos ou levavam a farinha amassada para que os padeiros a cozessem. Em algumas poucas grandes cidades, e sobretudo em Paris, criou-se o hábito de fazer o próprio abastecimento por meio dos padeiros, mas, em todos os outros lugares, apenas os miseráveis, desprovidos de tudo, compravam o pão diariamente. De todos os lugares acorriam os trabalhadores agrícolas ao mercado. Quando o levante se pronunciava, eles não seriam os últimos a tomar parte dele; e, caso se tentasse expulsá-los, eles dariam início à revolta. Depois, eles regressavam animados às suas aldeias e, contando seus feitos, semeavam, entre os seus iguais, o espírito de revolta e, entre os senhores, o terror. "Seria muito interessante", recomendou um colono de La Chapelle-Bénouville, no bailiado de Arques, em um caderno da paróquia, "impedir os rumores, emoções e sedições por parte do populacho nos mercados e feiras, onde os trabalhadores se encontram expostos a injúrias e obrigados a vender seu trigo ao preço que os compradores querem pagar". "Sem isso", acrescentam os de Croixdalle, "nós seremos obrigados a abandonar a agricultura".

Nem por isso, porém, cidade e aldeia deixavam de se opor. Os burgueses receavam esses camponeses ávidos e famintos, que vinham dar apoio à plebe urbana, e temiam que, após terem pilhado o trigo, não demorariam a atacar os ricos. Em 22 de abril, a municipalidade de Bergerac anunciou apressadamente à de Périgueux que os camponeses se preparavam para ir à cidade para taxar os produtos. Em 24 de junho, Bar-sur-Aube tomou medidas "para a segurança dos armazéns da cidade e para evitar os incêndios com que a ralé de fora ameaçara os habitantes, sob o pretexto de que não se encontrava pão suficiente nos mercados". Em 13 de julho, em Sens, "a população do campo" tomou de assalto um armazém de grãos. Dia 18, em Amiens, os camponeses vieram em massa exigir que pudessem eles também aproveitar os descontos concedidos, no dia 14, aos compradores da cidade. No dia 21, em Lille, o motim foi iniciado pela chegada de camponeses que queriam obrigar os cônegos de Saint-Pierre a distribuir aos pobres um terço dos dízimos. Em Montdidier, no dia 25, a milícia se ocupou de desarmar os trabalhadores rurais que afluíam ao mercado munidos de cassetetes. Assim, o campo também gerava o medo das cidades.

A recíproca não era menos verdadeira. Os fazendeiros ouviam que os habitantes das cidades ameaçavam vir tomar o seu trigo se eles não os levassem para lá. Eles sabiam que as municipalidades urbanas procurariam arrancar dos intendentes ordens de recenseamento e requisição. Mais temidas ainda eram as expedições organizadas espontaneamente pela gente da cidade para ir, de fazenda em fazenda, comprar ou exigir cereais. Em La Ferté-Bernard, por ocasião dos tumultos de abril, os amotinados se espalharam pelos entornos. Da mesma forma, em Agde, no dia 17, os revoltosos se "dividiram em pelotões e foram incomodar os trabalhadores do campo". Em 1º de março, o intendente de Alençon informou que, tendo um trabalhador anunciado que não viria mais ao mercado onde se tivesse tabelado o preço dos cereais, "disse o povo em voz alta que o conhecia e que, se ele não viesse mais, iriam procurá-lo em sua casa".

O povo dos campos, por sua vez, ardentemente desejoso de pilhar os fazendeiros, não queria que se esvaziassem os celeiros, pois pretendia reservá-los para si. Temia uma invasão de amotinados da cidade, a cujas violências estaria exposto o mais fraco habitante das aldeias. Assim, a cidade também aterrorizava o campo.

Mesmo a grande cidade alarmava a pequena em razão da pretensão que aquela ostentava de vir comprar no mercado da última, além de enviar a este seus comissários escoltados. Assim, após 14 de julho, Paris semeou o medo em Pontoise, Étampes e Provins.

Em tempos normais, o arbitramento do intendente e a intervenção da força pública suspenderiam o efeito dessas ameaças e regrá-las-iam tanto quanto possível. Mas, quando a autoridade da Administração real enfraqueceu, o temor se tornou universal.

A revolta gerada pela fome podia facilmente tomar forma política e social. Política, pois ela se dirigia contra a municipalidade, contra o intendente e seus delegados – enfim, contra o governo. No início, o rei era seriamente suspeito, não apenas de complacência em face dos açambarcadores, mas também de participações secretas em negócios com o objetivo de enriquecer o seu tesouro. As operações da Companhia Malisset, que o governo de Luís XV encarregara do abastecimento de Paris, fizeram com que a ideia de "pacto de fome" se ancorasse firmemente. Que os ministros tenham querido fazer frente às necessidades do Estado especulando sobre o trigo, trata-se naturalmente de uma lenda. Mas é altamente verossímil que personagens de alto escalão tivessem se interessado pela Companhia Malisset com a expectativa de que ela trouxesse altos lucros, que pululassem intrigas para se aproveitar da companhia arrecadadora de impostos, e que os agentes da companhia tenham especulado por sua própria conta, protegidos por seus privilégios. E ainda mais: era possível que Luís XV tivesse aplicado nessa empresa fundos de sua fortuna particular. Em 1792, o intendente da lista civil[5], senhor de Septeuil, especularia, da mesma forma, em nome de Luís XVI, sobre a baixa do câmbio, fazendo compras de gêneros alimentícios no exterior. Quando Necker permitiu ingressarem cereais do exterior, todos aqueles que foram encarregados de suas ordens, ou que aceitaram tornar-se depositários do Estado no interior viraram suspeitos. O mesmo aconteceu com as municipalidades e com os negociantes que

---

5. A *liste civile* era a rubrica orçamentária, existente a partir de 1790 sob o reinado de Luís XVI, que destinava valores à manutenção pessoal do rei e de seus bens [N.T.].

trabalhavam como seus comissários. Essa convicção não era particular ao povo, cuja estupidez foi vituperada por Taine. Em Paris, o livreiro Hardy, observando, em dezembro de 1788, que o Parlamento deliberara a respeito do açambarcamento, sem decidir concretizar diligências, fez a seguinte reflexão: "esse projeto vinha do mais alto escalão para que os magistrados pudessem prudente e razoavelmente efetivá-lo". Perrot, secretário do duque de Beuvron, que comandava a Normandia, escreveu, em 23 de junho: "podem tirar minha cabeça do pescoço se não forem o intendente e os oficiais municipais [de Caen] os principais agentes dos monopólios". Em 26 de setembro de 1788, o prefeito do Mans, Négrier de la Ferrière, acusava a polícia de ser corrompida pelos açambarcadores. É possível que um comentário imprudente, feito por um cortesão e recolhido rapidamente pelos criados, espalhado e deformado ao passar de boca em boca, tenha acirrado os ânimos. "Se eles não têm pão, que comam brioches": não há nada que prove que a rainha tenha dito isto, mas tampouco é inverossímil que um membro da corte tenha, sem se conter, lançado essa tirada, sem, no entanto, levá-la a sério. Foulon não é o único a quem se atribuiu ter dito que ao povo bastava ter capim para comer. Em Lons-le-Saunier, dois membros do Parlamento foram acusados de terem querido "fazer o povo comer capim". Em Sainte-Maure, Touraine e Turquand, o procurador real da municipalidade e seu filho foram acusados de intentos ofensivos: que os camponeses pobres seriam obrigados a comer capim e raízes para viver, que fizessem papas para seus filhos com a raspagem da pedra branca e que as mulheres não se saciariam com pão de cevada. Em Orléans, no ano II, contava-se que um velho oficial municipal fora preso por ter observado, em 1789, que "se as netas morressem, ele teria pão bastante", dito este que outros aumentaram da seguinte maneira: "seria preciso jogar as crianças no rio, pois o pão tinha se encarecido demasiadamente". Muitas pessoas, cujos cargos, funções ou discursos, em maior ou menor grau deformados, geravam animosidade pública foram vítimas de motins antes e depois de 14 de julho. Em Besançon, em março, diversos conselheiros do Parlamento foram assaltados ou tiveram que fugir. O intendente de Paris, Bertier, e seu sogro, Foulon, foram massacrados em Paris em 22 de julho. O mesmo ocorreu com os comerciantes Pellicier, em Bar-le-Duc, e Girard, em Tours. O prefeito de Cherbourg, que era, ao mesmo tempo, delegado e tenente do bailiado, viu sua casa ser destruída e salvou sua vida graças a uma fuga precipitada. As revoltas da fome deslocaram os oficiais administrativos, judiciários e governamentais.

Por outro lado, se havia tanta miséria, é que os encargos sobre o povo eram excessivos. Contra os impostos, a reclamação era universal, e os cadernos são prova disso. O imposto direto – talha, capitação e vintena – não parava de subir. Ainda em 1787, Brienne se beneficiaria com a primeira reunião das assembleias provinciais, que haviam sido recém-instituídas para tentar aprovar um aumento das vintenas. Mas eram sobretudo os impostos indiretos que pareciam intoleráveis. Nas regiões de gabela, o imposto custava 18 soldos por libra. Os subsídios gravavam um bom número de gêneros, especialmente as bebidas. As peagens e as taxas aduaneiras não poupavam os cereais. Ao lado do imposto real, havia ainda as exações locais. Já muito se elogiaram as vantagens que trariam ao povo as isenções municipais e provinciais. Nas regiões que conservavam seus Estados Provinciais, o encargo do imposto real era decerto menor: as oligarquias provinciais resistiam tanto quanto podiam às exigências do poder central, pois todo aumento de taxas ameaçava a diminuição de suas rendas. Mas ela acomodava o orçamento local de maneira a alocar toda a carga sobre o povo, recorrendo a impostos indiretos, que o próprio Taine julga revoltantes, como o direito de moedura, o *piquet*[6] provençal e os direitos sobre o vinho e a cerveja. Nas cidades, as municipalidades faziam a mesma coisa e auferiam suas rendas sobretudo das aduanas, que aumentavam o custo de vida. Então, o motim da fome voltava-se, necessariamente, contra os impostos. Era comum recusar-se o pagamento, exigindo a supressão dos *octrois* e perseguindo impiedosamente os agentes dos arrecadadores de impostos. O erário público ficando vazio, as revoltas tinham por efeito indireto tirar do rei o meio de governar, assim perturbando ainda mais a máquina administrativa.

O movimento não se abstinha de fazer estremecer as instituições sociais. O imposto real teria sido menos pesado se os privilegiados tivessem pagado sua justa parte deles. Teria sido menor ainda se, por suas próprias exigências, os privilegiados não tivessem obrigado o rei a aumentar suas despesas. Teria parecido menos intolerável se os próprios privilegiados, por meio do dízimo e dos direitos feudais, não tivessem vindo arrancar aos camponeses uma parte de sua renda: o dízimo e a jugada, como se somavam – o que, a bem da verdade, nem sempre acontecia – tomava de um sexto a um quinto da colheita. Dizimeiros e senhores tornavam-se, desta forma, açambarcadores natos e eram atacados da mesma forma que os mercadores. Poder-se-ia objetar que os celeiros constituíam granjas abundantes e uma reserva preciosa. Mas também se sabe que muitos aguardavam a alta dos preços para proceder à venda. A própria Administração reconhecia isso; sabia e intervinha nos tempos de crise, convidando-lhes discretamente a moderar suas pretensões e a abastecer os mercados. Ademais, o senhor tinha o monopólio da moedura e arrendava-o. O moleiro do moinho senhorial lançava mão de pequenas taxas de todos os tipos para aumentar seus ganhos. Ele trapaceava no peso, vendia lugares na fila e, sobretudo, recebia suas rendas anuais *in natura*, da mesma forma que seu patrão recebia a jugada e as taxas aduaneiras. Trata-se de um paradoxo revoltante: quanto mais caros eram os cereais, mais pesadas ficavam as taxas senhoriais. Havia, ainda, os pombos e a caça do nobre que também viviam às expensas do

---

6. Antigo imposto existente em Provence que incidia sobre a farinha moída [N.T.].

camponês. Em volta de Paris e de Versalhes, o monopólio de caça do rei e dos príncipes punha todo o mundo em desespero. Havia ainda a caça, privilégio exclusivo dos fidalgos, que cometiam mil abusos, malgrado as proibições, e contra os quais o camponês não podia obter qualquer indenização senão ao preço de um processo caro e incerto.

Mencionaram-se aqui apenas os direitos feudais que diminuíam diretamente o pobre sustento do camponês. Mas ele também pagava outras taxas e não cabe aqui penetrar nesse matagal inextricável. Em tempos de crise, tais direitos pareciam mais dignos de execração, visto que, ao fim do Antigo Regime, os senhores, empobrecidos pelo encarecimento dos gêneros alimentícios e pelo progresso do luxo, exigiam-nos com mais exatidão do que outrora. Conhecendo pouco a gestão dos problemas, eles arrendavam seus direitos, de forma que seus arrendatários se mostravam mais gananciosos ainda. Procedia-se a novos registros de terras, faziam-se renascer direitos caídos em desuso, queixava-se das dívidas em atraso, frequentemente de alta monta – afinal os rendimentos senhoriais não prescreviam senão pelo decurso de 30 anos. Em diversas regiões, os grandes proprietários tinham o direito de cercamento, privando os camponeses do compáscuo em suas terras, mas enviando incessantemente o seu próprio gado para pastar na terra dos seus vassalos. Eles obtiveram do rei a divisão das terras comunais, das quais tomavam um terço. Eles envidavam esforços para suprimir os direitos de uso das florestas, que poderiam gerar altos lucros a partir do momento em que o progresso das fundições e das vidraçarias aumentou exorbitantemente o preço das madeiras.

Exasperado pela fome, o camponês ameaçava a aristocracia com um temível ataque. Mas a própria burguesia não estava a salvo. Ela não pagava sua parte de impostos e possuía terras senhoriais. Foi ela que forneceu aos senhores seus juízes e intendentes. Foi a burguesia que arrendou a percepção dos direitos feudais. Os grandes fazendeiros, produtores abastados e mercadores de grãos lucravam tanto quanto os dizimeiros e os senhores com a política agrícola do rei, que restringia os direitos coletivos de que tanto dependida o camponês e que, pela liberdade de comércio, tornava mais caros os gêneros alimentícios. Não querendo o povo morrer de fome, não havia razão para que o rico, seja quem ele fosse, não estivesse sujeito à contribuição. Autoridades públicas, rendeiros, arrendatários, produtores, e até mesmo os judeus na Alsácia, todos estavam ameaçados como o abade e o nobre. Deveriam, então, começar a temer.

E, da mesma forma que a cidade e o campo, quando se insurgiam, amedrontavam-se reciprocamente, os próprios camponeses revoltados se tornavam, uns para os outros, objeto de pavor. Aqueles que se sublevaram não admitiam facilmente que não fossem acompanhados, não hesitando, de ordinário, em recorrer a coações. Eles exigiam o apoio das aldeias vizinhas sob ameaça de pilhagem e de incêndio caso não fossem obedecidos. A caminho, o bando parava um pouco para beber e comer. Não havia homem que fosse tão pobre a ponto de não partilhar com seus irmãos revoltosos algum rancor que guardasse. Em Wassigny (em Thiérache), no auge dos tumultos durante o mês de maio, tendo-se anunciado que os criminosos corriam pelos campos, os camponeses que, nessa época, não podiam ser tidos por irrepreensíveis, tomaram as armas e engajaram-se na luta para impedi-los de entrar na aldeia. Houve tiros de fuzil com feridos e prisões. Dessa forma, toda revolta acendia no espírito do camponês a tentação de imitá-la e, ao mesmo tempo, despertava-lhe o medo. O povo passava a amedrontar a si mesmo.

A velha organização monárquica e feudal havia superado crises desse tipo. Não faltaram revoltas camponesas nem mesmo nos Reinos mais gloriosos. O rei e os nobres sempre lograram sucesso em reconduzir o homem simples à sua servidão. Mas, em 1789, uma novidade inaudita o animava para além de toda sua imaginação: o próprio Luís XVI, querendo retirá-lo da submissão milenar, havia convocado os Estados Gerais.

4

O início da Revolução e as primeiras revoltas camponesas

Havia certo tempo que os bons espíritos aconselhavam a colocar em ordem as finanças do rei. A repartição dos impostos era um desafio à justiça e ao bom-senso, pois, quanto maior era a riqueza, menos se pagava. Desafio ao bom-senso, pois o governo, querendo que a agricultura prosperasse, massacrava o camponês e tornava-lhe impossível a poupança. Sem poupança, inexistia capital de exploração e, assim, não podia haver melhora no cultivo agrícola.

Problemas semelhantes perturbavam pouco o sono da maior parte dos controladores gerais. Mas havia outro problema que todos eram forçados a levar em consideração: era preciso encontrar dinheiro para enfrentar as despesas públicas. Elas cresciam incessantemente. À medida que o poder real estendia suas atribuições, era preciso desenvolver seu corpo burocrático, as guardas e a polícia. De resto, com os preços se elevando, era preciso que o orçamento inchasse. E, ao cabo, Luís XVI declarara guerra à América, guerra esta que custou caro. Mesmo que todos os ministros tivessem sido austeros, não teriam podido impedir o aumento das despesas. Infelizmente para o regime, os franceses desse tempo não queriam crer em nada disso: eles punham a culpa no desperdício de dinheiro da corte, na multiplicação de funcionários e na avidez da aristocracia. É evidente que Luís XVI poderia ter economizado: a corte consumia muito dinheiro, e as sinecuras eram numerosas lá. Quanto ao exército, os oficiais custavam tão caro quanto toda a tropa. Mas lhe era impossível reduzir seriamente esses gastos sem cortar laços com toda a aristocracia: isso teria sido uma verdadeira revolução social. Os ministros que quiseram fazê-lo fracassaram. Os outros fizeram empréstimos ou inventaram diminutas exações fiscais. Por fim, em 1787, tendo o crédito se esgotado, Calonne estimou que não seria possível sair dessa crise sem um novo imposto que trouxesse altas receitas. O mais tolo dos homens teria percebido que do povo já não se podia cobrar mais nada. Calonne não era um tolo – muito pelo contrário – e propôs impor também aos privilegiados a nova subvenção territorial. De fato, que bela reforma! Os ricos pagariam mais, é verdade; porém, os pobres também! A repartição da carga total não seria menos absurda. Apenas o tesouro seria beneficiado. Os privilegiados, consultados por meio de uma Assembleia de Notáveis escolhidos pelo rei, tiveram a oportunidade de fazer a defesa do "bem público", levando a que Calonne fosse demitido. Quando Brienne, seu sucessor, retomou o projeto, os Parlamentos fizeram-lhe uma oposição invencível. Eles requereram a reunião dos Estados Gerais, única instituição, diziam eles, capaz de criar um novo imposto. O rei acabou por ceder, de forma que os Estados Gerais foram convocados pela primeira vez desde 1614. Paralelamente, outro conflito se iniciou em torno das Assembleias provinciais que Brienne acabara de criar. De provinciais, elas só tinham o nome, pois foram instituídas pela circunscrição financeira ou pelo departamento do intendente, e seu principal problema era terem sido nomeadas pelo rei. Por toda parte, a aristocracia pedia o restabelecimento dos antigos Estados Provinciais, eleitos pelas três ordens, como nos Estados Gerais. No Dauphiné, os Estados Provinciais se reuniram espontaneamente em julho de 1788. O rei desistiu mais uma vez: acabou por concordar com os Estados Gerais no Dauphiné, no Franco-Condado, na Provence e em diversas outras regiões. Desta forma, constata Chateaubriand, "os grandes golpes dados na antiga constituição do Estado foram dados pelos fidalgos. Os patrícios começaram a Revolução, ao passo que os plebeus a terminaram".

 Essa origem primeira da Revolução, de caráter aristocrático, que tantos autores se abstiveram de pôr às claras, explica a reação violenta do Terceiro Estado e fez nascer a ideia de um complô urdido contra eles pelos privilegiados. Sem isso, o Grande Medo seria difícil de compreender. Afinal, o que queria a aristocracia? Retomar a direção do Estado. Seu conflito com Luís XVI foi o epílogo das lutas que a nobreza fizera contra a realeza desde a chegada dos Capetos. Ela criticava violentamente o despotismo, alega-se, e queria obrigar o rei a promulgar uma Constituição, de forma que, doravante, ele não pudesse mais fazer leis e elevar os impostos sem o consentimento dos Estados Gerais. É bem verdade. Mas, no seu modo de pensar, os Estados Gerais deveriam continuar a ser divididos em três ordens, cada um tendo um voto, de forma que a maioria fosse ainda assegurada ao clero e à nobreza. Alguns pretendiam inclusive que cada ordem tivesse o poder de veto, prevendo uma coalizão entre o Terceiro Estado e o clero contra a nobreza. Desse poder de veto, o Terceiro Estado jamais poderia fazer uso, segundo a forma como eles pretendiam instituí-lo. Desejavam eleger os deputados pelos Estados Provinciais, nos quais o Terceiro Estado era representado apenas pelos comissários das municipalidades privilegiadas, cujos membros haviam comprado seus cargos e frequentemente eram enobrecidos ou aspiravam a sê-lo. O alto clero e a nobreza da Bretanha jamais apareceram em Versalhes, pois o rei nunca cedeu a essa exigência. Na Provence, pela mesma razão, a maior parte dos nobres não participava de modo algum das eleições. Se o rei os tivesse escutado, os deputados do Terceiro Estado teriam sido, em sua maioria, designados pela aristocracia, como ocorria entre os Comuns da Inglaterra.

Já muito se comentou a respeito da oferta, feita pelo clero e pela nobreza, de contribuir dali para a frente com as despesas públicas. Não exageremos, porém: uma parte, bem pequena, estava sinceramente disposta a isso. Mas uma outra parte se ofendia com a ideia de contribuir como os plebeus. Em Alençon, os privilegiados se recusaram a inscrever em seus cadernos suas renúncias às isenções pecuniárias, não sendo este o único exemplo. Os outros se limitaram a prometer sua cooperação para extinguir a dívida e suprimir o déficit, ou, ainda, especificaram que eles imporiam a si mesmos e separadamente um imposto. Em todo caso, os mais generosos, aqueles que aceitavam pura e simplesmente pagar imposto como os outros, não iam além disso. A ideia de uma nação em que todos os cidadãos teriam, dali para frente, os mesmos direitos, lhes causava horror. Eles pretendiam conservar suas prerrogativas honoríficas, reservar para si as dignidades e, acima de tudo, perpetuar as servidões feudais. Senhores do Estado, eles poderiam ter iniciado uma formidável reação aristocrática. Muitos traços desse estado de espírito podem ser encontrados nas correspondências do final do Antigo Regime. O senhor de Rohan-Chabot escreveu em 1767 a um habitante de suas terras em Jarnac, fazendo referência a um familiar deste último que, conforme supunha, era o responsável por um movimento contra o direito senhorial sobre a utilização dos fornos: "Seu avô nasceu vassalo de meus pais. Na verdade, nem mesmo vassalo, pois este título é devido apenas à nobreza, mas, na verdade, possuidor e camponês da terra de Jarnac. Ele não pode escapar, sem a autorização do rei, nosso senhor comum, e de acordo com o direito vigente durante séculos, pelos antigos possuidores da terra que seus pais cultivaram. Ele deve saber que eu não cederei muito e que, sendo forte como eu sou, deve saber também que ocorrerá um infortúnio a ele e a todos os que se juntarem a ele". "As comunidades", dizia, em 1786, o chefe da chancelaria do duque de Deux-Ponts à Ribauvillé, "são inimigas natas dos seus senhores na Alsácia... É de seu interesse alimentá-las, mas é perigoso deixá-las engordar". Os enobrecidos não eram menos obstinados. A senhora Duperré de l'Isle, mulher do tenente do bailiado de Caen, repreendendo Camus a respeito de seu papel nos Estados Gerais, escrevia-lhe, em 9 de julho de 1789: "O Terceiro Estado é tudo, são 23 milhões contra um. Que loucura! Neste número, eles levam em conta todos os assalariados, todos os trabalhadores, todos os mendigos, todos os criminosos presos nas cadeias ou casas de força, todos os jovens, as mulheres e as crianças? Caso se subtraia toda essa multidão de gente, aí se verá a que se reduzem esses 23 milhões... tudo está em ordem, tudo em seu lugar, sem exaltações, sem ninguém aviltado. Três poderes com os mesmos direitos e a mesma autoridade. Qual francês, de bom coração, não sofre com o furor que quer aniquilar tão respeitável legislação?" E, em 3 de agosto: "O povo ignorante e corrompido não faz parte da nação; faz número, mas não faz nem peso nem consistência".

A alta burguesia – a financeira, dos grandes negócios, da gente que "vivia nobremente" de suas rendas – não era contrária à reconciliação. No Dauphiné, onde a aristocracia se mostrou, em sua maioria, disposta a aceitar o voto por cabeça e a igualdade civil, burgueses e grandes senhores aliaram-se e redigiram eles mesmos os cadernos da província, sem consultar as comunidades rurais. Se este acordo fosse generalizado, a nobreza teria mantido as suas prerrogativas honoríficas, seus bens e, de fato, uma posição de proeminência no Estado. Porém, é possível contar facilmente os bailiados em que, como em Bourg e Longwy, aceitou-se redigir um caderno comum com as outras ordens. Em Châteauroux, eles se recusaram terminantemente.

A burguesia – principalmente os magistrados, que levavam consigo o comércio e o artesanato – devolveu golpe por golpe, e um conflito de classes de extrema violência desencadeou-se em todo o Reino. No fim de 1788, afluíram pedidos ao rei para garantir ao Terceiro Estado o mesmo número de deputados que as duas outras ordens tinham (o que se chamou de duplicação), bem como o voto por cabeça. Quando o rei concordou com a duplicação, a luta continuou nos Estados Provinciais. Em 6 de janeiro de 1789, os nobres do Franco-Condado se levantaram contra a decisão de Luís XVI: eles foram chamados de protestantes. A mesma oposição se viu em relação aos fidalgos do Baixo Poitou, reunidos em Fontenay-le-Comte a 17 de fevereiro, sob o chamado do senhor de La Lézardière. O choque foi particularmente forte em Aix, onde a grande voz de Mirabeau cobria de invectivas a aristocracia que o tinha repudiado e, sobretudo, na Bretanha, onde, em 8 de janeiro, os nobres tinham rejeitado todo tipo de reforma dos Estados Provinciais e prestaram juramento de que "jamais entrariam em qualquer administração pública distinta da dos Estados, formada e regulada segundo a Constituição atual". E, em 27 de janeiro, a guerra civil estourou nas ruas de Rennes. Os jovens burgueses estavam unidos por um pacto federativo, e os de Nantes e de Saint-Malo se puseram em marcha para ir socorrer seus irmãos. Em 17 de abril, em Saint-Brieuc, os fidalgos prestaram um novo juramento para não comparecer de modo algum aos Estados Gerais.

Até esse momento, o povo não havia ainda se sensibilizado, sobretudo nos campos. As disputas dos reis, dos nobres e dos burgueses não os tocava diretamente e, além disso, durante a maior parte do tempo, esse ruído sequer os atingia. Mas, quando o rei decidiu, em 29 de janeiro de 1789, que os deputados do Terceiro Estado seriam eleitos, em cada bailiado, por delegados das comunidades urbanas e rurais, o povo passou a agir diferentemente. Foi preciso convocar os habitantes das aldeias em assembleias eleitorais. O sufrágio foi estendido: todos os franceses de mais de 25 anos e inscritos nas listas fiscais tinham o direito de comparecer. A eles cabia não apenas eleger seus mandatários, mas também redigir os cadernos de queixas. O rei queria escutar, de fato, a voz das próprias pessoas e conhecer com exatidão os seus sofrimentos e suas necessidades, evidentemente para reparar todas as injustiças. Que novidade surpreendente! O rei, ungido pela Igreja, representante de Deus, era todo-poderoso. Assim, a miséria acabaria por findar! Mas, ao mesmo tempo em que a esperança surgia, a ira contra o nobre se exacerbava: seguros do apoio do príncipe, os camponeses, convidados a falar, puseram às claras, do fundo de sua memória, os sofrimentos do dia a dia com uma amargura crescente a lembrança atenuada das injúrias passadas.

A confiança no rei e sobretudo a ira contra os senhores transparece aqui e acolá nos cadernos. "Nós não temos aqui, graças a Deus, nobre nenhum nesta paróquia", constatou Villaines-la-Juhel, no Maine. "Eles têm quatro senhores ocupados em sugar-lhes o sangue incessantemente", declararam os camponeses de Aillevans, no Franco-Condado. "Os povos bretões são tratados como escravos pelos nobres e pelos senhores do alto clero", notam as pessoas de Pont-l'Abbé, no bailiado de Quimper. Mas isso seria uma ideia bem imperfeita da agitação provocada pela convocação dos Estados Gerais se nos ativermos a percorrer os cadernos. Na maior parte do tempo, os camponeses não diziam neles aquilo que pensavam. Como eles não ficariam desconfiados uma vez que, de ordinário, era o juiz do senhor aquele que presidia a assembleia? Muitos que tinham direito de frequentar as assembleias sequer apareciam nelas. E um número ainda maior de criados, jovens que "dependiam do pão de seu pai" e trabalhadores rurais miseráveis eram excluídos delas. Outros documentos nos instruem melhor a respeito das expectativas populares. Arthur Young encontrou, em 12 de julho, subindo a pé a costa de Islettes, uma pobre mulher que lhe descrevia sua miséria: "Dizia-se que grandes personagens iriam fazer alguma coisa para aliviar os sofrimentos dos pobres. Porém, eles não sabem nem quem, nem como. Não obstante, que Deus nos dê tempos melhores, pois as talhas e as exações nos massacram!" Em volta de Paris, espalhava-se o rumor de que o rei havia permitido matar a caça. Na Alsácia, espalhou-se que não havia mais a obrigação de pagar impostos até o retorno dos deputados. Em 20 de maio, a Comissão intermediária foi obrigada a desmentir essa notícia. Em 7 de julho, Imbert-Colomès, prefeito de Lyon, atribuiu a insurreição que acabara de conturbar a cidade ao convencimento "de que todas as taxas aduaneiras deviam ser abolidas pelos Estados Gerais. Os taberneiros aproveitaram este momento para insinuar ao povo que os *octrois* seriam abolidos e que, esperando isso acontecer, o rei tinha determinado, em atenção à reunião dos três estamentos [em 27 de junho], três dias de isenção para todas as taxas aduaneiras internas de Paris. E que isso deveria valer igualmente para Lyon".

"O que há de mais deplorável", escrevia, por ocasião do momento das eleições, Desmé de Dubuisson, tenente-geral do bailiado de Saumur, "é que essas assembleias eleitorais se creem, em sua maioria, investidas de autoridade soberana, e os camponeses se retiraram, persuadidos de que estão livres do dízimo, da proibição da caça e do pagamento dos direitos senhoriais". Os mesmos gritos de alerta ressoaram na Provence após os motins de março: "As classes mais baixas do povo", anunciou um membro do Parlamento de Aix, "persuadiram-se de que a época dos Estados Gerais, convocados para realizar uma regeneração do Reino, deveria ser uma época de mudança completa e absoluta, e não apenas nas suas formas atuais, mas também nas condições e nas fortunas". E o senhor de Caraman referiu ainda, por ocasião do 28 de março: "As orientações dadas ao povo são as de que o rei quer que tudo seja igual, que ele não quer mais senhores, nem bispos, nem ordens, nem dízimos, nem direitos senhoriais. Assim, essa gente desvairada acredita fazer uso dos seus direitos e seguir a vontade do rei". E, no outro canto do Reino, o subdelegado de Ploërmel, a 4 de julho de 1789, fazia ressoar o seguinte alarme: "Os ânimos se agitaram a tal ponto, que as ameaças que ouvi me fazem temer, da mesma forma que fazem a toda pessoa sensata os motins e as terríveis consequências por ocasião do pagamento dos dízimos... Todos os camponeses dos nossos arredores e de meu departamento se apressam em recusar as gavelas aos dizimeiros e anunciam em voz alta que não haverá a entrega das gavelas sem derramamento de sangue. E isto sob o insensato pretexto de que o pedido de abolição dos dízimos estava contido no caderno de encargos desta senescalia". Em suma, convencidos pelo apelo do rei de que todas as onerações opressivas iriam desaparecer, os camponeses não viam razão para continuar a suportá-las. Em face dos privilegiados, a solidariedade de classe se afirmava já com tanta força quanto após o 14 de julho. Por ocasião do motim de Chatou contra o seu senhor, um mestre-serralheiro foi intimado a responder "se ele pertencia ao Terceiro Estado" e, como ele respondesse que não, querendo dizer evidentemente que ele não tomara parte no movimento, respondeu-se a ele: "você diz que não faz parte do Terceiro Estado, mas nós lhe faremos ver que faz". A eleição dos delegados das paróquias dera, como consequência, aos trabalhadores rurais chefes que, tendo ido às assembleias do bailiado, tinham travado contato com os burgueses revolucionários e acabaram ficando em contato com eles. Orgulhosos de sua importância, sobretudo quando eram jovens, eles desempenharam um grande papel nos levantes agrários. Ademais, enquanto a carestia reinava, o mero fato de reunir os camponeses em assembleias eleitorais criava naturalmente focos de motim.

Na primavera de 1789, as sublevações provocadas pela penúria se duplicaram, então, em revoltas dirigidas contra a cobrança dos impostos e sobretudo contra os privilegiados. Neste aspecto, os motins da Provence são característicos. Desde 14 de março, a população de Manosque insultou e apedrejou o bispo de Senez, acusado de favorecer os açambarcadores. Mas as assembleias eleitorais forneceram-lhes a ocasião. Já as cidades de Marselha e de Toulon deram o estopim em 23 de março. Em Marselha, não houve nada grave, mas, em Toulon, uma verdadeira insurreição se desencadeou, o que pouco surpreende, pois os trabalhadores do arsenal já não estavam sendo pagos há dois meses. De Toulon, o motim ganhou os arredores: foi para Solliès no dia 24, para Hyères no dia 26. Em La Seyne, a assembleia eleitoral teve de ser cancelada. No dia 25, a revolta também se verifica em Aix, à porta da assembleia, em razão da imprudência do primeiro cônsul, que desafiava os habitantes amotinados e recusava-se terminantemente a diminuir o preço do pão. No dia 26 e nos seguintes, o contágio, pelo sul e pelo oeste, conquistou o centro da província: Peynier, Saint-Maximin, Brignoles. Depois, no norte: Barjols, Salernes, Aups. Ele atingiu também Pertuis, para além de Durance. A onda seguiu até Riez, onde o bispo foi atacado em seu palácio, e depois até Soleilhas, a leste de Castellane. A tempestade foi violenta, mas curta. No início de abril, as tropas chegaram, e o pânico mudou de local.

Por toda a parte, buscavam-se os cereais: os celeiros públicos, os armazéns dos mercadores e as granjas dos conventos e dos particulares foram pilhados. As municipalidades foram obrigadas a baixar o preço do pão e da carne e a abolir o *octroi* e o *piquet*. Aqui e acolá, o movimento tomou forma política. Em Marselha, em 21 de março, anúncios convocavam os trabalhadores, excluídos das assembleias eleitorais, a vir protestar: "É bastante justo que nós demos nossa opinião. Se vocês têm coração, vocês o farão ver". Em Peynier, tendo terminado a assembleia eleitoral, exigia-se uma segunda em que os rebeldes pudessem votar, "posto que a maior parte fosse composta de trabalhadores e de operários de sabão, sem bem nenhum". A administração é visada: em Barjols, obrigaram-se os cônsules e o juiz a fazer o papel de criados. Já o povo, declarava-se, é o senhor e dará a si mesmo a justiça. Em Saint-Maximin, nomearam-se novos cônsules e novos oficiais de justiça. Em Aix, os membros do Parlamento foram ameaçados. Mas os revoltosos se dirigiram sobretudo contra os privilegiados. Os padres são pouco incomodados, exceto em Salernes. Mas os bispos e os conventos não foram poupados, e menos ainda foram os senhores. Em Barjols, saquearam-se as ursulinas. Em Toulon, o palácio episcopal foi pilhado. Exigiu-se que o bispo de Riez entregasse seus documentos. Os castelos de Solliès e de Besse foram devastados. Os moinhos senhoriais de Pertuis foram destruídos. Um pouco por toda parte, os notários e outros agentes dos senhores tiveram de entregar seus arquivos, restituir as multas cobradas e renunciar a todos os direitos de seus senhores. Um certo número de nobres fugiu ou padeceu de maus-tratos. Contava-se que, tendo tentado resistir, o senhor de Montferrat, em Aups, foi assassinado em 26 de março. Passada a tormenta, o *octroi* e o *piquet* foram restabelecidos, ao menos em princípio. Mas os dízimos e os direitos feudais não sobreviveram a esse golpe. "Eles se recusam a pagar os dízimos e os direitos dos senhores", relatou Caraman em 27 de março. Em 16 de agosto, os cônegos de Saint-Victor de Marselha atestam que os camponeses tinham persistido: "Desde a insurreição do povo, iniciada aos fins de março passado, o dízimo e os outros direitos feudais passaram a ser considerados obrigações voluntárias, de que se pode livremente ficar isento... O dízimo (de cordeiros) foi recusado pela maior parte dos camponeses. Em relação ao direito de uso do forno, quase todos os habitantes dos campos se libertaram dele, fazendo cozinhar seus pães em fornos particulares". Enfim, a insurreição tomou também uma forma propriamente agrária: o compáscuo tornou-se novamente uma realidade. O gado invadia as terras dos senhores e até mesmo a de outros particulares. Mesmo a burguesia e os camponeses abastados não foram poupados: os amotinados quiseram frequentemente ser alimentados e pagos, como em La Seyne no dia 27. Afinal, tendo deixado o seu trabalho, eles não poderiam se dedicar tanto para não receber nada.

Não podemos nos enganar a respeito do caráter desses levantes. Taine qualificou seus autores como bandidos. Eram bandidos no sentido que se dava então à palavra: tratava-se de grupos que conturbavam a ordem. Porém, não eram bandidos no sentido empregado por Taine. Afinal, não eram ladrões de grandes estradas ou condenados às galés que podiam ser vistos em ação: era todo o populacho das cidades e do campo que, pressionado pela fome e acreditando receber apoio do rei, atacava o Antigo Regime.

A conturbação seguia seu caminho havia muito tempo no Dauphiné: desde 13 de fevereiro, o presidente de Vaulx fez notar a Necker que diversos cantões recusavam o pagamento das rendas feudais. É provável que o rumor que subia da Provence encontrasse eco e que isto foi, em parte, a causa da insurreição que irrompeu em 18 de abril, a leste de Gap, em três aldeias do vale do Avance. Os habitantes de Avançon não haviam ocultado ao seu senhor, senhor d'Espraux, conselheiro no Parlamento de Aix, que eles esperavam ser isentados pelos Estados Gerais de todos os impostos que pagavam. Embora o senhor lhes houvesse oferecido resgatar tais direitos, não logrou sucesso. Por prudência, ele mandou transportar seus títulos para Grenoble. Fez bem, pois seus vassalos, impelidos pela penúria, decidiram, em abril, apoderar-se dos cereais pagos na colheita anterior, em 1788. Logo após, a atividade se degenerou em revolta agrária, que poderia ser classificada como clássica, tanto que se reproduziu até 1792. O motim foi preparado em um domingo. Esse dia foi, durante todo esse período, um dia crítico, assim como as festas votivas ou *baladoires*[7]. Os camponeses se reuniam para ouvir a missa e, depois, ficavam ociosos nas tabernas. Nada melhor do que isso para agitar os ânimos. Segunda-feira, dia 20, pessoas de Avançon, armadas e em bando, desceram a Saint-Étienne e arrastaram os habitantes até o castelo de Valserres. D'Espraux não estava presente. Sua residência foi invadida e revistada completamente, sem que, no entanto, cometessem qualquer dano ou roubo. Os criados, aterrorizados, ofereceram-lhes algo para beber. Mas eles tiveram de prometer, além disso, trazer para o dia 26 a renúncia de seu senhor a todos os seus direitos, sem a qual ameaçavam fazer nova incursão. A polícia acorreu, mas os habitantes pouco se intimidaram. Eles expulsaram os rendeiros do senhor e ameaçaram fazer o gado pastar em seus cereais ainda verdes. Vieram, então, caçadores a cavalo. A população se escondeu nos bosques. Quando a justiça prebostal cuidou do caso, eles se arrependeram de sua falta e ofereceram uma reparação. Mas D'Espraux admitiu que não conseguia receber as rendas: nenhum meirinho levaria as ordens judiciais de pagamento sem ser escoltado. Sem recorrer à violência, as aldeias de Passage, em 13 de abril, e de Paladru, em 13 de maio, bem mais ao norte, resolveram não pagar nada mais aos seus senhores a não ser que eles cancelassem os atos de concessão de terras onerados por rendas. Essas decisões foram impressas e distribuídas. Em 28 de junho, os habitantes da baronia de Thodure mostravam pretensões análogas. De acordo com o presidente d'Ornacieux, o contágio dos motins aumentava de pouco em pouco: "Diariamente, ouve-se falar apenas de projetos destrutivos contra a nobreza, de levar fogo aos castelos para queimar todas as propriedades... Nos cantões em que os levantes fizeram menos escândalo, as comunidades tomam todos os dias decisões de não mais pagar as rendas, nem outros direitos senhoriais, de forma que se estabeleça um preço módico à remissão das rendas, para diminuir o montante de laudêmio, e não há ideia hostil deste gênero que não gere o espírito de igualdade e de independência, que é a moral dominante do dia". No começo de junho, nós sabemos que, em Crémieu, corria o boato de que "se devia pôr fogo e pilhar os castelos".

Na outra ponta do Reino, no Hainaut, no Cambrésis e na Picardia, não demorou muito para que um terceiro foco se acendesse. As assembleias eleitorais foram fortemente tumultuadas nas aldeias. Em Saint-Amand, em 30 de abril, dia marcado para a assembleia geral do prebostado, os camponeses afluíram de todas as partes para sitiar a abadia. Tendo o motim conturbado Cambrai nos dias 6 e 7 de maio em razão do alto preço do pão, toda a planície dos entornos se sublevou nos dias seguintes. Como na Provence, procurava-se o trigo nas fazendas, nas abadias

---

7. Segundo a *Encyclopédie* de Diderot e D'Alambert, trata-se de festividades em que se praticavam as *danses baladoires,* com gestos licenciosos e indecentes. Foram combatidas pela Igreja Católica e proibidas por diversas Ordenanças [N.T.].

de Vaucelles, de Walincourt, de Honnecourt, de Mont-Saint-Martin e de Oisy--le-Verger. O senhor de Bécelaer, senhor de Walincourt, foi também obrigado a contribuir. O movimento alastrou-se, em seguida, para Thiérache, por Le Catelet, Bohain, Le Nouvion até Rozoy e Vermandois, e enfim até as cercanias de Saint--Quentin. Bandos de 200 a 500 camponeses forçavam todos aqueles que tinham trigo a entregá-lo ao preço que eles tinham fixado. Tais exações foram assinaladas até mesmo nas vizinhanças de La Fère e, em junho, houve um complô para invadir o convento de Noyon. Aqui também, a burguesia e os camponeses abastados foram tratados como privilegiados e, semelhantemente, estes últimos viram seus direitos senhoriais contestados. Assim, em torno de Oisy-le-Verger, uma dezena de aldeias exterminaram a caça e declararam que nada mais pagariam. No começo de julho, quando, em Flandres, começava-se a receber o dízimo, os entornos de Lille foram conturbados: os cônegos de Saint-Pierre foram molestados e obrigados a prometer deixar para os pobres uma parte da receita.

A região de Paris e de Versalhes constituiu, desde logo, uma quarta zona de motins que renasciam incessantemente, provocados pela devastação da caça que os regramentos das *capitaineries*[8] e a grande extensão das florestas tornavam particularmente intolerável. O subdelegado de Enghien reconhecia que a penúria havia causado "uma espécie de desespero na alma do camponês" e que ela era a causa da sublevação. Ela começara, a partir de 1788, de Pontoise a L'Isle-Adam, por causa das caças promovidas pelo príncipe de Conti. Durante os primeiros meses de 1789, passaram a caçar em bandos. Pierrelaye, Herblay e Conflans atacaram, em março, as terras do conde de Mercy-Argenteau, embaixador da Áustria. Gennevilliers atacou as do duque de Orléans. No dia 28, dois guardas do príncipe de Condé foram mortos a golpes de fuzil. Em maio, fatos semelhantes foram verificados pelos lados de Fontainebleau e, em junho, nas reservas de caça da rainha em Saint-Cloud. Além disso, os bosques estavam devastados, como em todos os lugares. Besenval observava, em 11 de junho, os estragos enormes que sofria a abadia de Saint-Denis, que fica na direção de Vaujours e Villepinte: "muitos dos mais ricos fazendeiros dos entornos compraram carroças de quatro cavalos, que eles adquiriram a preço vil dos moradores". Nessa região, assinalam-se poucos atentados propriamente ditos. O principal incidente ocorreu em Chatou a 11 de maio, em que os habitantes reabriram à força um caminho público que atravessava o parque do castelo e que o senhor havia anteriormente suprimido.

Nas outras regiões, as agitações causadas pela fome e pelo movimento antissenhorial não tiveram uma conexão tão íntima, mas o segundo se verificou um pouco em todos os lugares. "Das cidades, a efervescência se espalha para o cam-

---

8. Órgão administrativo do Antigo Regime que cuidava das áreas de reserva de caça [N.T.].

po", constatou a *Feuille hebdomadaire* do Franco-Condado, em 5 de janeiro de 1789. "Diversos cantões resolveram recusar todos os subsídios e rendas até que a situação mude efetivamente de aspecto. Estamos à beira de uma insurreição geral." "A animosidade dos camponeses contra os seus senhores é forte em todos os lugares", escreveu, em 7 de junho, o senhor de Tahure, na Champagne: "alguns moradores se amotinaram para caçar e destruir a caça das terras do duque de Mailly nesta região". "Em muitos campos das nossas cercanias", escreve, de Lyon, Imbert-Colomès, em 7 de julho, "diversas aldeias se recusaram ao pagamento do dízimo, e os campos não estão mais tranquilos do que a cidade". No começo de junho, o bispo de Uzès se dirigiu ao rei para pedir que ele ordenasse aos camponeses para que eles deixassem descontar o dízimo, como de costume. Desde o fim de maio, no Languedoc, o marquês de Portalis se queixava de sublevações em Cournon-Terral, e o senhor de Bagnols tentou acalmar seus vassalos autorizando-os ao resgate dos direitos feudais. Em relação à Bretanha, já fizemos referência aos temores do subdelegado de Ploërmel. Em julho, o intendente de Rennes, por sua vez, alarmava-se. O Parlamento já havia assinalado que os amotinados se multiplicavam, sobretudo no bispado de Nantes. No Maine, a paróquia de Montfort comunicou, em maio, que ela não receberia doravante os rendimentos: "há muito tempo, eles os pagam às cegas e estão cansados disso". No mesmo mês, o marquês de Aguisy se queixava, no Poitou, de um grande número de delitos. Enfim, o contrabando aumentava constantemente, os impostos diretos formavam receita cada vez mais lentamente e, aqui e acolá, motins alimentares eram acompanhados de ataques contra as repartições fiscais. Em Limoux, eles foram destruídos por ocasião dos levantes de 3 e 4 de maio. No começo de junho, a comunidade de Biennet, na jurisdição de Rivière-Verdun, decidiu não mais pagar impostos e, ao notificar seu destinatário, ameaçou-o de morte caso insistisse.

Assim, as grandes revoltas camponesas do mês de julho tiveram seus protótipos desde o começo da primavera. Elas foram preparadas por uma longa fermentação, que semeou inquietude por todos os lugares. Tratava-se de uma nova causa de "pavor" que vinha a se somar a tantas outras e, sobretudo, uma fantástica preparação dos espíritos para a ideia de "complô aristocrático", feito para recolocar os camponeses sob jugo, o que fez do Grande Medo um fenômeno nacional.

5

O início do armamento do povo e os primeiros "medos"

Diante dessa anarquia crescente, as autoridades se encontravam normalmente sobrecarregadas. As inúmeras jurisdições, enciumando-se umas das outras e inconscientes do perigo, não souberam unir-se para acelerar a repressão, que continuava esporádica. A difusão dos motins tornava o exército impotente, cansando-o e dispersando-o. Os oficiais inferiores e os tarimbeiros estavam, além disso, indispostos com os nobres, a quem os editos de 1781 e 1787 tenderam a reservar doravante as patentes, e os soldados, convocados dentre a população, iam pouco a pouco sendo seduzidos pela causa. Em 19 de junho, Besenval dava um grito de alerta: "A excelente decisão que se havia tomado de passar muitos dos casos à justiça prebostal se tornara infrutífera, já que o preboste é impedido e preso pela primeira jurisdição que queria se ocupar do delito. Não há, de fato, nenhum exemplo. O abuso aumenta a cada dia. Há muito espaço para temor caso a fome se junte a isso e, ainda, caso as coisas cheguem a um ponto em que as tropas não possam fazer nada mais senão se defender". Ele poderia ter adicionado, logo em seguida, que elas poderiam não querer mais fazê-lo.

Com essa conjuntura, as municipalidades urbanas, em acordo com a burguesia, resolveram defender-se por si mesmas. Já se disse que o Grande Medo se espalhou sistematicamente a fim de levar a que as províncias se armassem. Nós veremos o que se deve pensar a respeito disso. Mas, desde logo, observamos que, desde a primavera e o começo do verão, a inquietude geral, cujas causas nós acabamos de enumerar, tinha fomentado o movimento. Muitas cidades estavam isentas da talha, desde que pudesse proteger a si mesmas. Elas tinham milícias burguesas. Ao final do Antigo Regime, essas tropas existiam apenas no nome e não se juntavam senão para desfilar em cerimônias oficiais. Mas os motins e o receio que inspiravam os desempregados e os famintos fizeram lembrar da sua atividade. Nos locais em que ela não existia, empreendeu-se frequentemente organizá-la.

Desde abril de 1788, a municipalidade de Troyes ordenou que as patrulhas intimidassem os trabalhadores. Na Provence, por ocasião dos motins de março, as cidades e os burgos pegaram em armas. Desde 1º de fevereiro, em Gaillac, decidiu-se, em princípio, criar uma milícia contra a "libertinagem dos malfeitores". Mortagne (no Poitou) formou uma patrulha voluntária para se proteger dos contrabandistas. Em 7 de abril, Étampes restabeleceu suas patrulhas burguesas. O mesmo ocorreu em Caen, em 25 de abril, em Orléans, em 27, por ocasião da pilhagem dos armazéns do mercador Rime, e em Beaugency, no dia 29. Em 8 de maio, o burgo de Neuilly-Saint-Front decidiu formar uma patrulha também, seguindo o exemplo das cidades. Em 24 de junho, Bar-sur-Aube decidiu fechar suas portas durante a noite e estabelecer guardas e patrulhas. Amiens resolveu, em 15 de julho, armar-se após os motins que haviam acabado de acontecer, e Sens, onde o mesmo havia ocorrido, decretou, logo após, no dia 13, a nomeação de um "ditador militar". Com a colheita se aproximando, as comunidades rurais requisitavam, mais do que nunca, a restituição de suas armas e, na Flandres, voltou a vigorar a obrigação de montar a guarda a partir do mês de junho.

As autoridades provinciais hesitaram. Sommyèvre, que era comandante do Artois e da Picardia, receava pôr armas nas mãos do povo. Nas cidades, as milícias ainda eram exclusivamente formadas por burgueses, com os quais se podia contar, ao menos enquanto o conflito político não os pusesse ao lado da Assembleia Nacional contra o poder real. Mas, em Marselha, por exemplo, formaram-se, em 1788, companhias de cidadãos em que os jovens e a pequena burguesia ingressaram, mas sua turbulência provocou sua dissolução em 11 de maio de 1789. Era sobretudo espinhoso armar os cidadãos. Contudo, em geral, foi-se em frente. D'Agay, o intendente da Picardia, assustado pelas desordens que nós comentamos, reclamou a respeito a Sommyèvre. O bailiado de Douai, em junho, o de Lille, em 3 de julho, deram ordens para prescrever às aldeias a montagem da guarda e o toque dos sinos em caso de alarme. Excelente meio de ampliar o menor pânico! Alguns comandantes militares, como De Esparbès na Gascogne e o conde de Périgord no Languedoc, deram autorizações. No Hainaut, Esterhazy, em 12 de maio, impôs a todas as comunidades a montagem da guarda após as revoltas do Cambrésis, e fez-se, perante o governo, advogado do armamento geral. Não é de espantar ver o duque de Orléans aprovar as precauções tomadas em Mortagne, região de que ele era senhor.

Os motins tiveram desde logo o resultado inesperado de aproximar os nobres e a burguesia no que diz respeito à defesa comum da propriedade contra o "quarto estado". Em Caen, no mês de abril, uns e outros se armaram por acordo. Em Étampes, no final do mês, os nobres ingressaram na milícia. A mesma união ocorreu na Provence, e Caraman comentava alegremente, em 22 de abril: "Sendo o ataque dos camponeses dirigido sobretudo contra aqueles que pareciam dominar, isto é, contra o alto Terceiro Estado, que era mais próximo deles, foi também o alto Terceiro Estado o mais maltratado. Dessa forma, a burguesia, sempre oposta à nobreza, foi jogada para o lado desta, de forma que ambas se uniram contra o inimigo comum, e esta união continuará, a menos que a nobreza a rompa pela sua altivez deslocada, e formará uma multidão de duas classes que não eram ainda próximas. Essa multidão será composta de proprietários e de pessoas de talento, de forma que se pode assegurar que esta união será o princípio da paz nos campos". Os acontecimentos de Versalhes e de Paris deram um forte golpe nessa união, mas ela sobreviveu ao 14 de julho: no curso das revoltas que seguiriam, ela se manifestou novamente nos campos mais frequentemente do que se costuma crer.

Logo nos primeiros sopros da tormenta, os oficiais municipais sentiram vacilar o poder que tinham por hereditariedade, pela venalidade dos cargos, pela designação do rei, ou, ao menos, por sua aprovação: a revolução municipal se anunciava. Em caso de motim, a ralé falava abertamente em enxotá-los. Já se dera um exemplo na Provence, e o mesmo ocorrera em Agde, em abril: "a audácia desses revoltosos incluía enxotar-nos de nossos lugares e crer-se no direito de nomear novos cônsules que apoiassem a sua classe". Muito mais temível era o descontentamento da burguesia, que exigia uma reforma da administração urbana e queria regenerá-la por meio de eleições com vistas a assenhorear-se dela. Sem seu apoio, a municipalidade oligárquica, pouco apoiada pela autoridade superior, sentia-se em grande perigo. Em Châteaubriant, a assembleia eleitoral chegara a destituí-la. Aqui e acolá começam as concessões: em 13 de abril, criou-se em Autun um Comitê de Subsistência que colaborava com a Câmara Municipal. Em junho, surgiu um Comitê Permanente em La Ferté-Bernard. O rei autorizou a criação, em Tonnerre, de um "Conselho Político" eletivo. O governo recebeu, surpreso, de Saint-André-de-Valborgne, pequeno burgo de Cévennes, uma petição requerendo instituir "uma associação patriótica" que julgaria os processos entre os cidadãos daquela região.

Todas essas precauções, evidentemente tomadas ao acaso, não tranquilizaram ninguém. Pelo contrário, é possível pensar que elas se somaram à ansiedade e deram uma confirmação oficial aos perigos por que se julgavam ameaçados.

Ora, quando uma assembleia, um exército ou populações inteiras esperam ver a chegada do inimigo, é raro que sua presença não seja anunciada um dia ou outro. São os indivíduos mais emotivos que o espalham, sobretudo quando estão isolados ou postos em sentinela, já que se sentem particularmente expostos ou se vergam sob o peso de sua responsabilidade. Um indivíduo suspeito, uma colônia de poeira ou ainda menos do que isso: um barulho, um vislumbre ou uma sombra basta para os persuadir. Ainda mais, a autossugestão intervinha, e eles acreditam ter visto ou ouvido algo. Assim, desencadeiam-se os pânicos dos exércitos, de preferência durante a noite; assim, são dados os alertas que estiveram na origem do Grande Medo. Mas, nessas condições, seria bastante surpreendente que tudo isso fosse privilégio da segunda quinzena de julho, já que a inquietude universal, donde provinham os receios individuais, desenvolveram-se progressivamente durante os meses anteriores. De fato, alguns incidentes a respeito dos quais, infelizmente, por falta de documentos suficientemente detalhados, não se pode dar uma descrição e explicação inteiramente suficientes, mostram que houve, a partir de maio, "medos" locais e começos de pânicos.

Hardy, o livreiro parisiense, escreveu, no seu jornal, em 12 de maio de 1789: "Cartas particulares de Montpellier anunciam que o conde de Périgord, comandante nessa aldeia em nome do rei, teria ordenado que todos, à exceção isolada dos padres e dos monges, pegassem em armas para a defesa comum, após ter ouvido a vergonhosa notícia da chegada de um bom número de bandidos em seus dois navios próximos do porto de Cette, e do intento, que eles propagavam, de incendiar todo o porto". Esse alarme, do qual não se tem outra menção, deve estar relacionado aos motins de Agde e, se a chegada dos bandidos pelo mar pareceu verossímil, a razão está em que, sem dúvida, conservavam-se ainda lembranças da pirataria que os piratas Berberes ainda exercem ao longe, no Mediterrâneo.

No fim de maio, correu o rumor em Beaucaire de que, durante a feira, os malfeitores que vagabundeavam pela província afluíram em tropas para pilhar os mercados. É possível que se trate de um epílogo dos motins da Provence que ressoaram também à margem direita do Ródano. Caso se queira acreditar no historiador do burgo de Ribemont, a anarquia da Picardia, que aterrorizava os abastados da região, teria provocado lá um "medo" bem característico desde o fim de junho. Os soldados, tendo entrado na abadia de Saint-Nicolas, forçaram os monges a lhes dar de beber e depois passaram à algazarra. Um dos clérigos escapou e correu para a cidade, gritando pelas ruas: "Lá estão os bandidos!" Imediatamente, os habitantes saíram em massa, armados com bastões, forquilhas e foices. Eles correram em direção à abadia e arrancaram os monges das mãos dos soldados. Em Lyon, por ocasião dos motins de 1º e 2 de julho, os moradores acreditaram estar igualmente expostos a uma incursão de bandidos, o que se explica facilmente, pois os camponeses das cercanias, segundo a correspondência de Imbert-Colomès, convencidos de que o *octroi* fosse ser suspenso, afluíram em massa, uns para levar o vinho, outros para comprar aquilo que lhes faltava. Eles participaram dos ataques dirigidos contra as repartições fiscais, às portas das cidades. O livreiro Hardy, em 18 de julho, analisou uma carta redigida à sua mulher por um habitante de Lyon, parente seu: "Todos os jovens da cidade estavam bem-armados, ao número de 3.000, para impedir que os bandidos entrassem, e para assegurar a vida dos cidadãos". Houve 300 mortos e feridos, menciona ela, "dos quais poucos eram de Lyon. Eram quase todos bandidos reconhecidos por terem sido açoitados e marcados a ferro [...]. Havia ainda uns 4.000 ou 5.000 deles que assolavam as cidades vizinhas". Esta maneira de apresentar os fatos poderá ser vista também em outro exemplo, referente a eventos que se seguiram ao 14 de julho: as municipalidades se esforçaram para preservar o bom nome de seus cidadãos, assegurando, de todas as formas, que eles não estavam presentes nos excessos cometidos e que eles tinham sido vítimas de malfeitores estrangeiros. Ainda, elas alegavam, por ocasião das justificativas enviadas à autoridade real, que lhes pedia contas, que seus armamentos se justificavam pela presença, nas cercanias, de numerosas pessoas mal-intencionadas, que lá se refugiavam. Num e noutro caso, essas justificativas não convenceram nem mesmo os mais crédulos de que os bandidos não eram senão um mito.

Pouco depois, o medo se manifesta em Bourg, em 8 de julho, onde o prefeito e o primeiro síndico representaram ao Conselho, reunido extraordinariamente, alegando "que o alarme se espalhara em nossa cidade em razão da notícia que se recebeu no dia anterior a respeito de uma incursão, feita no ducado de Saboia, de uma multidão de aproximadamente 600 pessoas, gente sem eira nem beira, que era suspeita de ter tomado a estrada ao lado da cidade de Lyon; e que é perigoso que todos, ou uma parte, chegue na nossa cidade e aí se recorra às vias de fato". As notícias de Lyon teriam possivelmente levado os moradores de Bourg a se organizar, mas o incidente inicial, que nós desconhecemos, deve ter ocorrido na fronteira da Saboia, da mesma forma que sucederia algumas semanas mais tarde, pois o senhor Conard, em seu estudo sobre o medo no Dauphiné, nota que, no correr do mês de julho, temia-se, nessa região, uma incursão de gente da Saboia. Aqui, nós nos encontramos na presença de uma primeira manifestação do Grande Medo: o pânico veio provavelmente da região de Pont-de-Beauvoisin e propagou-se por meio do Dauphiné e Bugey até Bourg, donde ela parece ter atingido Trévoux, que, em julho, montou a guarda e fechou suas portas. Também muito importante é que os forasteiros são temidos pela primeira vez, a menos que o rumor que se espalhou em Montpellier fizesse referência aos piratas estrangeiros, o que também é bastante possível. Dentro de algumas semanas, serão os auxiliares, levados pelos príncipes emigrados consigo. No começo de julho, o boato se explica sem dificuldade pela ideia que se fazia da Saboia: uma região de montanhas íngremes onde vivia uma população miserável e inculta, que distribuía pela França multidões de emigrantes famintos e suspeitos. É possível que não se tratasse da primeira vez que um rumor a respeito da chegada de uma multidão circulasse no Dauphiné e em Bugey. A Saboia também sofria com a mendicância e a vagabundagem, como se pensava, e, de 1781 a 1784, organizaram-se lá expulsões sistemáticas contra os vagabundos, com os aldeões explorando os bosques e os estalajadeiros denunciando os desconhecidos e as pessoas sem passaporte. É muito provável que, perseguidos de tal forma, eles tivessem de refluir em direção à França, ao menos em parte.

Foram medos semelhantes que, provocados por incidentes da mesma ordem e por outros ainda, constituíram o Grande Medo. O que torna este último propriamente original é o número de seus componentes e, mais ainda (pois, como ainda se verá, no final das contas, tal número não foi tão alto), sua relativa simultaneidade e sua extraordinária capacidade de propagação. Decerto, após o 14 de julho, no momento em que os motins de todo tipo se multiplicavam e a alta de preços estava em seu apogeu, às vésperas da colheita, era natural que a ansiedade se exasperasse e que, por conseguinte, os "temores" fossem mais numerosos e se propagassem mais facilmente do que antes. Contudo, a desproporção é tão considerável, que, mesmo considerando todos os elementos de explicação que nós já fornecemos, será preciso adicionar um outro que será particularmente aplicável à segunda quinzena de julho. O método comparativo não poderia sugeri-lo? Ao longo da nossa história, houve outros medos, antes e depois da Revolução. Eles existiram também fora da França. Não seria possível encontrar-lhes um traço comum que jogasse alguma luz sobre os de 1789?

Em setembro de 1703, durante a revolta dos *camisards*, um bando protestante de 150 homens entrou na diocese de Vabres e, depois, na de Castres, ateando fogo em diversas igrejas, alimentando-se na região. Eles avançaram até os confins da Montanha Negra, depois voltaram na direção da diocese de Saint-Pons. Este foi o estopim de um pânico que, de pouco em pouco, atravessou os campos de centeio, atingiu Tarn, no norte, Toulouse a oeste e se prolongou possivelmente para além disso. Os relatos da época mostram que os traços exteriores foram bastante semelhantes aos do Grande Medo: os sinos dobraram, cada aldeia mandou advertir precipitadamente as aldeias vizinhas, pedindo-lhes socorro, os destacamentos que chegavam para ajudar eram tomados por inimigos e, sem mais tardar, corria-se para anunciar que o mal estava completo. Em 22 de setembro, a milícia de Cordes marchava sobre Castres: "os habitantes de Saint-Genest ou La Poussié, vendo passar um número tão grande de homens armados e desordenados, tiveram receio e gritaram ao filho de Batigne, de La Poussié, que trabalhava nos campos, que ele fosse o mais rápido possível para Réalmont, pois se haviam visto alguns fanáticos que estavam queimando a igreja de Saint-Genest. Eram 18h ou 19h; esse jovem pôs a cidade em uma tal desordem que a população saiu, armada com alabardas, espetos de carnes, bastões etc. Eles se juntavam com a milícia na praça. Os cônsules fizeram amontoar madeiras nas portas para impedir a sua entrada. Contudo, ninguém veio".

O bispo de Castres fugiu, mas o subdelegado, mantendo-se racional, ordenou que as milícias ficassem de prontidão. Até mesmo o bispo de Saint-Pons prescreveu aos habitantes que ficassem em guarda. Em 29 de setembro, o marechal de Montrevel escreveu ao ministro da Guerra, dizendo que tudo se apaziguara, mas, adicionava ele, "o senhor deve julgar, com base nisso, como toda esta província é suscetível a agitações". Qual causa havia tornado isso possível? Foi a convicção de que os protestantes estavam armados não para se defender, mas para massacrar os católicos, e que eles tinham entrado em acordo com estrangeiros que haviam vindo, no ano anterior, travar guerra contra Luís XIV na guerra da Sucessão da Espanha. Foi por isso que as relações da época viram, nesse pânico, o efeito de um complô, e deformaram seus traços, dando-lhe um sentido lendário. Seguindo uma ideia preconcebida, houve "um alarme no mesmo dia", "um alarme falso, mas que se propagou logo até Paris. Tudo entrou em combustão". A lembrança se conservava dessa forma. Atribuía-se isso às maquinações de Guilherme III, que havia, porém, morrido em 1702. O evento ainda não estava esquecido em 1789. Falando, em 1º de agosto, a respeito do medo que acabara de sacudir o Limousin, Girondex, juiz do ducado de Ventadour, escreveu de Neuvic: "Eu ficaria encantado em saber que tudo isso não passou de um medo semelhante àquele que causou o príncipe d'Orange". Isso permitia talvez pensar que o alarme de 1703 teria se estendido até a Dordogne. E, até mesmo em Agen, Boudons de Saint-Amans constatou em 1789 que o Grande Medo lembrava "*la pâou des Higounaous*, isto é, o pavor dos Huguenotes de 1690" [sic].

Pulemos um século e meio e cheguemos a 1848. Em Paris, a República foi proclamada. Espalha-se o boato de que os operários suscitavam motins atrás de motins. Trata-se de coletivistas, que poderiam muito bem tomar do camponês as suas terras e os seus cereais. Em abril, estoura o medo na Champagne. Vêm, então, os dias de junho, que trazem ansiedade a seu apogeu. No começo de julho, o medo agitou o Calvados, a Manche, a Orne até a Seine-Inférieure. A respeito deste último local, somos perfeitamente guiados pelo estudo de Chiselle. Mais uma vez, seria possível acreditar que se estava em 1789.

Em 4 de julho, perto das 8h, entre Burcy e Vire, uma anciã que se encontrava em sua lavoura percebeu, às margens da estrada, dois homens cuja visão lhe causou temor: um, deitado de bruços, tinha o ar cansado e inquieto, ao passo que o segundo, de vez em quando, indo e vindo a passos lentos, mostrava-se uma figura desarranjada. Passou, então, a cavalo, um jovem da região, filho de um administrador. Ela lhe comunicou seus receios: ambos os homens tinham o aspecto de bandidos. Ele concordou e também sentiu medo. Esporeando o cavalo, ele se apressou em direção a Vire, avisando, conforme passava, a chegada iminente de bandidos. Todos aqueles que viram passar os dois homens referidos não duvidaram de que fossem perigosos. O rumor circulou e aumentou com grande rapidez: em Burcy, tratava-se de dois bandidos. Em Presles, falava-se em 10, em Vassy, de 300, em

Vire, de 600. Já em Saint-Lô, Bayeux e Caen, ouviu-se que havia 3 mil coletivistas reunidos no bosque nos entornos de Vire, pilhando, queimando e assassinando. Os prefeitos, pedindo socorro de todos os lados, acreditaram na notícia: "A Guarda nacional de Tinchebray", escreveu o prefeito desta ao de Domfront, "armada com apenas 150 fuzis, não se encontra em condições de resistir à força imensa que me foi anunciada e que aumenta a cada instante com a ajuda de todos os maus sujeitos da região. Torna-se urgente que a Guarda nacional de Domfront venha para cá em marcha forçada com munições de guerra". Em menos de sete horas, os sinos dobraram em um raio de 25 léguas. Em Caen, as autoridades não hesitaram um só minuto: o general Ordener, no comando da guarnição militar e da guarda nacional, pôs-se em movimento enquanto afluíam mais de 30 mil homens de todos os lados. Logo que se constatou tratar-se de um alarme falso, apressaram-se em tranquilizar o resto da Normandia, que se havia posto à disposição da mobilização. Procedeu-se a uma investigação e, assim, nós pudemos conhecer a origem do pânico: os dois homens eram da região. O homem que tinha um aspecto desarranjado era deficiente mental, ao passo que o outro homem era o seu pai, que o vigiava. A desproporção entre causa e efeito era tão grande, que, em um primeiro momento, acreditou-se tratar de manobra política. O partido da ordem adoraria decerto poder incriminar os vermelhos; é isso que explica, sem dúvida, o zelo dos investigadores. Como, porém, o medo traria vantagem apenas para a reação, os democratas incriminaram os seus adversários. Ao menos em 17 de setembro, na Champagne, Napias Piquet, fazendo alusão à agitação de abril, falava a respeito dos camponeses em seu discurso: "Eles perceberam que nós os enganamos. Em lugar algum eles puderam encontrar esses ferozes operários, saqueadores, que nós dizíamos estar espalhados por todos os lugares. Os incitadores, autores de tantos boatos… sonham com a guerra civil". Mas, para nós, não pode haver dúvida. Na origem desses medos, há o temor do inimigo, o revolucionário parisiense capaz de vir "para as regiões ricas com vistas a exigir a socialização dos bens" e, se a "gente honesta" pôde ter sua parcela de responsabilidade no caso, é que, temendo o surgimento de um regime democrático, eles exploraram os eventos parisienses em suas propagandas e contribuíram para que se persuadisse o interior de que havia ameaça de pilhagem. Bastou que uma velha senhora se inquietasse para que todo o mundo passasse a temer bandidos.

Assim, tanto em 1848 como em 1703, para além do sentimento de insegurança que a situação econômica e política naturalmente despertava, encontra-se na origem dos pânicos a ideia de que um partido ou uma classe social ameaça a vida e os bens da maior parte da nação, talvez com ajuda de países estrangeiros. É este pavor, universal e idêntico em todos os lugares, que dá aos alarmes locais, cujas ocasião e importância são variáveis, o seu valor emotivo e sua força de propagação. Ocorreu o mesmo na Inglaterra, no final de 1688, quando, após a queda de Jaime II, passou-se a pensar que os irlandeses, bárbaros e fanáticos, viriam tentar restabelecê-lo no trono. Desencadeou-se um pânico em todo o país durante a "noite irlandesa". Aconteceu algo semelhante em 1789: acreditava-se provado que os alarmes locais eram apenas o suficiente para alertar. Houve, no entanto, fatores "multiplicadores": o "complô da aristocracia", pelo qual o Terceiro Estado acreditou estar sendo ameaçado, e as agitações espalhadas nas regiões em decorrência da insurreição de 14 de julho.

Segunda parte

O "complô da aristocracia"

1

Paris e a ideia de complô

Desde quando as três ordens se encontraram reunidas em Versalhes, entraram em conflito a respeito do voto por cabeça e, durante um mês e meio, quedaram impotentes. Cedo nasceu a suspeita: se a nobreza e o alto clero recusavam obstinadamente o voto por cabeça, é que, sentindo-se incapazes de se tornarem senhores do Estado, queriam provocar sua dissolução. A corte era cúmplice: a rainha e os príncipes rodeavam o rei para pedir a demissão de Necker. Desde 15 de maio, temia-se um golpe. Um observador, cuja correspondência com o senhor de Montmorin, ministro das Relações Exteriores, foi conservada, relatou os boatos que corriam: "A inquietação a respeito dos resultados da Assembleia é generalizada", escreveu ele em 15 de maio. "Percebe-se com espanto a chegada diária de tropas ao redor de Paris ou em suas proximidades. Observa-se com malícia que a maior parte das tropas são estrangeiras." Em 21 de maio, "muitas pessoas pedem a dissolução dos Estados Gerais". Em 3 de junho, "o rumor público de hoje é de que os Estados Gerais não acontecerão". No dia 13, "o clero, a nobreza e o Parlamento se reuniram para conseguir, de comum acordo, a demissão do senhor Necker".

Quando, em 17 de junho, o Terceiro Estado se proclamou em Assembleia Nacional, todo o mundo pensou que os privilegiados não aceitariam a derrota: "Espera-se que os nobres montem a cavalo". O fechamento instantâneo da sala de sessões do Terceiro Estado, que provocou o juramento da Sala do Jogo da Pela, e, logo depois, a sessão de 23 de junho mostraram que o rei havia decidido apoiar os Estados Gerais. O recuo de Luís XVI e a aparente fusão das três ordens não logrou acalmar os ânimos. Suspeitava-se de que os conjurados queriam ganhar tempo, e a maior parte da nobreza, em razão de suas reservas e de suas atitudes na Assembleia, convencia todos de que sua sujeição não era sincera. Em 2 de julho, em Paris, "falava-se de um golpe do qual o governo já se ocupava há alguns dias, e do qual se acusava o marechal de Broglie. Esperava-se ver a formação de um acampamento militar nas cercanias da cidade. Diz-se que chegam muitas tropas estrangeiras e que as pontes de Sèvres e de Saint-Cloud já estão protegidas". Já se falava em emigração. O conde de Artois "quer, dizem alguns, fugir para a Espanha se ele não conseguir subjugar os Estados". Daí a cogitar de que ele retornaria com um exército estrangeiro não há mais que um passo, que não tarda a ser dado. Um deputado da nobreza de Marselha é ainda mais explícito e, em 9 de julho, escreveu: "Os mal-intencionados se persuadiram de que a chegada das tropas é uma manobra da aristocracia decadente, da nobreza... que o projeto dessa nobreza é o massacre dos plebeus".

 Não se pode duvidar de que os fidalgos tenham tido propostas ameaçadoras. Montlosier conta que um dia, em Versalhes, no terraço do castelo, ele escutou falar o conde de Autichamp e diversos outros, em um grupo, regozijarem-se de antemão do prazer que eles teriam em defenestrar toda essa ralé dos Estados Gerais: "eles nos enganaram bem, mas dessa vez nós amolamos nossas facas". Outros, menos violentos, também não escondiam suas esperanças: "Vocês não serão enforcados", dizia bondosamente o senhor de La Châtre ao pai de Thibaudeau, "vocês estarão livres para retornar a Poitiers". Na verdade, o Terceiro Estado atribuía aos seus adversários uma habilidade e uma firmeza em seus objetivos de que eles próprios eram desprovidos. Quando a corte demitiu estupidamente Necker, em 11 de julho, ela não tinha ainda um plano formulado e, em todo caso, seus preparativos tampouco haviam sido concluídos. Mas ela tinha decidido agir e, sem a insurreição parisiense, a Assembleia estaria perdida. Sobre esse ponto, o povo não se enganara e, além disso, para a explicação do Grande Medo, o que nos importa é a ideia que se faz dos projetos e dos meios usados pela aristocracia, e não a realidade propriamente dita. Depois de 14 de julho, explicou-se, com grande riqueza de detalhes, o plano que o marechal de Broglie formara para "assolar Paris", seguindo aquilo que se lhe atribuía, e os jornais, como, por exemplo, o *Courrier de Gorsas*, em seus números de 13 e 17 de agosto, dão-nos notícia: a cidade seria atacada concentricamente, bombardeada de Montmartre, metodicamente ocupada e entregue à pilhagem, reservando-se o Palácio Real aos hussardos. Como os moradores de Franconville e de Sannois teriam recebido o aviso, parecia, em 12 de julho, às 11h, "que não havia segurança para que eles fossem levar víveres para Paris na noite do domingo para segunda-feira". Concluía-se daí que "o plano de nos destruir está já bastante delineado". Não se trata de invenções de jornalistas mal-intencionados. Eles apenas resumiam os boatos que corriam desde os dias 13 e 14 de julho. A correspondência secreta publicada pelo senhor de Lescure relata os boatos do dia 23. Assim, podemos observar que os primeiros pânicos que se originaram da ideia de um complô aristocrático tiveram sua origem na própria cidade de Paris. Os autos dos eleitores registraram diversos deles. Na noite do dia 13 para o dia 14, às 2h, anunciou-se que 15 mil homens teriam penetrado no bairro Saint-Antoine.

No dia 14, durante o dia, o medo foi constante: às 7h, a cavalaria *Royal Allemand* está na *Barrière du Trône*; pouco depois, ela e a *Royal Cravate* massacravam os habitantes do bairro. Em seguida, o exército de Saint-Denis avança na direção de La Chapelle. Às 8h, às 10h e às 11h, os hussardos e os dragões são avistados, sempre em Saint-Antoine. A noite do dia 14 para o 15 não foi menos agitada. A *Quinzaine Mémorable* informa que "correu o boato de que o príncipe de Condé deve realmente ingressar, nesta noite, a Paris com 40 mil homens para assassinar possivelmente 100 mil almas". Entre meia-noite e 1h, contam os *Annales Parisiennes* que "os hussardos, que, sem dúvida, foram meros sentinelas em observação, avançaram até as barreiras, lograram espalhar o terror e, por dez vezes, o povo veio em massa à câmara municipal, bastante assustado, advertir a respeito de um pretenso ataque". Na rua Saint-Jacques, Hardy viu passar de 500 a 600 homens da Guarda Francesa, que avançavam apressadamente para repeli-lo. No dia 15, às 11h, a Assembleia de Eleitores mergulhou novamente em consternação em razão de um postilhão que, enviado pelo seu distrito para reconhecer o inimigo, acabara de anunciar precipitadamente que ele havia visto, em Saint-Denis, os preparativos de um ataque.

A vitória popular não acalmou os ânimos. No dia 15, após a meia-noite, diversas pessoas vieram advertir os eleitores de "que o modo de proceder do rei não era sincero, que ele escondia uma cilada dos nossos inimigos para nos fazer depor as armas, de forma a nos atacar mais facilmente". Assim também os rumores continuaram aumentando mais e mais. Logo se acreditou que o salão dos Estados Gerais tinha sido minado e, quando se soube da explosão do castelo de Quincey, próximo de Vesoul, de que falaremos adiante, não se teve mais nenhuma dúvida. Logo depois, na noite do dia 2 para o dia 3 de agosto, exigiu-se uma inspeção oficial nos subterrâneos das escuderias do conde de Artois, de onde se assegurava terem partido as galerias de minas. Os homens da Guarda Francesa, tendo passado para o lado do povo, julgaram-se expostos à vingança dos aristocratas e, nos dias 18 e 19 de julho, contava-se que eles teriam sido envenenados. Um deles, tomado, no meio da rua, por dores violentas no intestino, acreditou estar para morrer e amotinou a multidão. Assim se explica a desconfiança do povo, a prisão dos suspeitos, a morte de Foulon e de Bertier e a dificuldade que se tinha em salvar Besenval. É por isso que a Assembleia e o Comitê dos Eleitores julgaram ser indispensável, com vistas a apaziguar os ânimos, criar ambos um Comitê de Investigações, encarregado da polícia política.

A prova de que continuava a haver um complô foi dada, ademais, pela emigração. O conde de Artois, o príncipe de Condé e sua família, os Polignac, o conde de Vaudreuil, o príncipe de Lambesc e o marechal de Broglie tinham fugido e não se sabia qual o seu destino. Dizia-se que o conde de Artois teria ido para a

Espanha ou para Turim. Do campo, vinham notícias que aumentavam a importância da emigração. De todos os lados, prendiam-se membros do alto clero e do Parlamento, nobres e deputados que, conforme eles imaginavam, iriam pedir aos seus constituintes novos poderes. Suspeitava-se de que eles queriam atravessar a fronteira. A acusação não era sempre falsa, pois muitas dessas personagens foram descobertas ao lado da fronteira, em direção a Pontarlier, por exemplo. Em 31 de julho, escrevia-se também de Saint-Brieuc que os fidalgos bretões teriam deixado a região em direção às ilhas anglo-normandas ou à Inglaterra. Como se poderia imaginar que esses emigrados se mantivessem tranquilos? "Imagina-se – explicou um deputado nobre à marquesa de Créquy – que os príncipes não podiam se ver exilados de um Reino que era a sua pátria e seu patrimônio, sem elaborar planos de vingança, pelos quais, pode-se supor, são capazes de sacrificar tudo. Crê-se que eles são capazes de fazer vir tropas estrangeiras e de confabular com a nobreza para exterminar Paris e tudo que está relacionado aos Estados Gerais". Os emigrados levavam consigo o ouro do Reino: eles se serviam disso para pagar os mercenários. Como se poderia duvidar de que eles conseguiriam isso facilmente? O próprio rei não tinha a seu serviço regimentos estrangeiros que eram precisamente os mais temidos e os mais detestados? A história não conservava a memória dos *Reiters*, dos *Lansquenetes* e outros soldados que tinham guerreado na França a serviço da aristocracia? Encontrava-se por todo lado, e em maior número, vagabundos dispostos a tudo, assim como na França. Desde 8 de julho, a se crer na *Quinzaine Mémorable*, falava-se em "60 mil salteadores estrangeiros que, segundo se diz, viriam da Itália, da Inglaterra e da Alemanha para aumentar a desordem e conturbar o andamento dos Estados Gerais".

Além disso, não havia dúvida de que os emigrados encontrariam, no estrangeiro, ouvidos complacentes. A Inglaterra tinha um claro interesse em se meter em nossos negócios. Cada vez que as confusões desonravam a vitória da nação, atribuía-se isso facilmente à cavalaria de Saint Georges. O agente de Montmorin observa, em 1º de julho, que "se diz publicamente que a Inglaterra distribui muito dinheiro e paga um número considerável de agentes para provocar as confusões". Estavam igualmente persuadidos de que até mesmo agentes de Pitt estivessem em relação com aristocratas com vistas a arruinar nossa marinha e a pôr as mãos em nossos portos de guerra. Correu o boato de que uma esquadra britânica cruzara o canal da Mancha e de que seria melhor entregar-lhe Brest. Esta questão criou um enorme alvoroço no final de julho, pois o duque de Dorset, embaixador da Inglaterra, julgou oportuno protestar, no dia 26, junto de Montmorin, que transmitiu sua carta à Assembleia no dia seguinte. Mas o rumor devia ser bem mais antigo. Dorset lembrou que, no início de maio, conspiradores, que ele infelizmente não nomeia, haviam tentado entrar em conluio com ele com vistas a realizar uma tentativa contra Brest, e que ele tinha advertido desde logo a Corte de Versalhes. Talvez, no caso, tenha havido algumas indiscrições. Mas é também possível que o perigo tenha sido notado de Brest mesmo, onde já havia grande desconfiança em relação às autoridades marítimas. De toda forma, houve poucos que acreditaram nisso. Como o povo, a burguesia tinha lembranças de muito tempo: não se havia visto outrora os príncipes entregarem Le Havre aos ingleses e Paris aos espanhóis?

Enfim, como admitir que a aristocracia europeia e as monarquias despóticas ficassem tranquilas com o sucesso da Revolução? Os próprios franceses, quase desde o primeiro momento, foram convencidos de que os outros povos seguiriam seu exemplo. No curso do mês de agosto, notícias falsas anunciaram que alguns movimentos haviam estourado no exterior. Os reis teriam, portanto, interesse em ajudar os emigrados franceses e lhes fornecer meios para recolocar os franceses sob seu jugo. E, depois, era preciso contar com os laços de família: a Espanha e as Duas Sicílias pertenciam aos Bourbons. O rei da Sardenha era sogro de dois irmãos de Luís XVI. O imperador e o eleitor de Colônia eram irmãos da rainha da França. Encontram-se indicações dessas reflexões em uma denúncia endereçada ao Comitê dos Eleitores em 26 de julho por um advogado do Parlamento, vindo de Mailly e filho do tenente-general do bailiado de Laon. Ele afirmava ter conseguido suas informações a partir de um deputado da sua província, cujos informantes, ligados a membros da Corte, já o tinham podido prevenir, no momento da demissão de Necker, do golpe que estava sendo preparado e do perigo que ameaçava sua segurança pessoal. "Ele me assegurou [...] que o partido aristocrático estava longe de se considerar vencido; que ele urdia na surdina um segundo plano, ainda mais odioso do que o primeiro; que ele propunha reunir suas forças para realizar um novo ataque contra Paris, para obter, com o dinheiro, tropas estrangeiras, trazê-las aqui durante a noite por atalhos, por meio dos bosques, tirando proveito da excessiva tranquilidade de espírito dos moradores da capital, e de apagar, se possível, a vergonha da sua primeira derrota; que era sob esse intento que o conde de Artois, o Príncipe de Condé, o príncipe de Lambesc e o marechal de Breuil iriam se reunir". Assim, desde o mês de julho de 1789, o conluio entre a aristocracia e os países estrangeiros, que teve um peso tão grande na história da Revolução Francesa, foi considerado como certo.

Ora, na segunda quinzena de julho, entre as inumeráveis causas de insegurança que agitavam o Reino e o "complô da aristocracia", realizou-se repentinamente uma síntese, que se tornou a causa determinante do Grande Medo.

Para todos aqueles afetados pela penúria e pela alta dos preços, o início disso tudo já datava de tempos. Como todo o mundo cria no açambarcamento de cereais e como esse crime era imputado ao governo, aos seus agentes, aos dizimeiros e aos nobres, não se deixava de supor que, quando o conflito político e social se agravou, os conspiradores buscassem subjugar o Terceiro Estado por meio da fome. Desde 13 de fevereiro, o livreiro Hardy notou que "ouvia-se dizer às pessoas que os príncipes teriam açambarcado todos os seus cereais para conseguir maior êxito na demissão de Necker [...]. Já outros pretendiam, de fato, que fosse o próprio diretor-geral das financeiras o chefe e o primeiro responsável de todos os açambarcadores, com o consentimento do rei; e que ele empreendia e mantinha isso com todos os seus esforços para obter dinheiro de Sua Majestade, com maior rapidez e em maior quantia, a fim de assegurar o pagamento das rendas da Câmara Municipal de Paris". Em 6 de julho, Hardy retorna à acusação: vê-se "com muita certeza" que foi o próprio governo que açambarcou todos os cereais e que ele fará a mesma coisa em relação à colheita futura, com vistas a obter o dinheiro, de que precisará "no caso de os procedimentos dos Estados Gerais vierem a não ter mais continuidade". As *Vérités Bonnes à Dire* atribuíam, por outro lado, esta maquinação aos inimigos do "restaurador da nação". Caso consigam expulsá-los, "o projeto deste conluio é fazer uma ilusão momentânea sobre a grandeza e a realidade de tal perda, fazendo com que se abrissem os celeiros que mantinham fechados, e que se vendesse, nesse momento, o pão a um preço bem baixo. A história de séculos não oferece nenhum exemplo de uma conspiração tão sórdida quanto a que essa aristocracia decadente acabou de urdir contra a humanidade". Mas o povo foi ainda mais longe: acusou a aristocracia de querer se vingar dele, fazendo-o morrer de fome. E se a burguesia, por sua vez, era mais racional, suspeitava-se, contudo, de que o açambarcamento poderia servir a fomentar motins que conturbariam o Reino e comprometeriam o sucesso da Revolução ao generalizar a anarquia.

As mesmas reflexões eram oportunas quando se ouvia dizer que malfeitores ceifavam os grãos ainda verdes e que a colheita iria ser destruída. As *Révolutions de Paris* zombaram da credulidade popular, mas não convenceram ninguém, já que o perigo não era imaginário, uma vez que a própria Administração, como se viu, também acreditava nele. Um deputado da nobreza da Provence escreveu, em 28 de julho: "Não se sabe a que atribuir essa infâmia de cortar o trigo ainda verde. O povo vê nisso apenas um projeto da aristocracia moribunda, dos nobres e do clero, que querem se vingar da capital e do golpe que ela lhe deu com sua energia, subjugando-a por meio da fome e da destruição da colheita. Outros temiam que os bandidos sejam tropas disfarçadas que procuram atrair a milícia de Paris para emboscadas, em que ela poderia ser aniquilada. Em todo caso, vê-se nesses estragos obra de um conluio dos ministérios e da aristocracia".

Eis-nos aqui, no limiar do Grande Medo: espalha-se o rumor de que os vagabundos, tão temidos, foram alistados a serviço da aristocracia. Já se sabia que muitos iam se refugiar em Paris: eles trabalhavam nas casas de caridade, sobretudo em Montmartre, vadiavam pelas ruas e pelo Palácio Real. Que havia muitos deles nas cercanias, o próprio governo o assegurou publicamente, utilizando isso como pretexto para justificar a reunião do exército que ameaçava a Assembleia. Nós sabemos de que se tratava de operários sem trabalho e de camponeses exasperados pela miséria. Mas, sobretudo, o rei e a burguesia não tinham qualquer consideração por essa gente pobre, a que o próprio Taine aplicava o epíteto de bandidos, como se eles fossem bandidos de profissão. Era evidente que eles podiam ser subornados para alimentar os motins, e cada parte, tanto os privilegiados como o Terceiro Estado, acusava o adversário de não hesitar em fazê-lo. Por ocasião do motim de Saint-Antoine, já se havia buscado com zelo os instigadores: a burguesia via nisso obra da Corte, ao passo que a Corte via aí obra do duque de Orléans. Desde que as agitações começaram, em 12 de julho, todas as confusões foram postas na conta do "complô aristocrático", acusando-se os conspiradores de terem querido associar bandidos à operação que eles urdiam contra Paris. Hardy, mais uma vez, relata, em 17 de julho, que "existira o complô infernal, segundo o qual se fariam ingressar, na noite do dia 14 para o dia 15, 30 mil homens na capital, com os bandidos logo atrás". Aqueles que, nos dias que se seguiram, aguardavam ver o retorno dos príncipes com saqueadores estrangeiros, pensaram naturalmente que eles pagariam, às suas custas, todos os bandidos do Reino. Quando Mailly anunciou que tropas estrangeiras iriam avançar em segredo "através dos bosques", ele não apenas preparava o país para aceitar, sem discussão, a notícia de que o conde de Artois comandava um exército, tal como se anunciou tão frequentemente ao longo do Grande Medo. Ele condenou também todos aqueles que criam verdadeiramente em suas denúncias a identificar como cúmplices da aristocracia todos aqueles pobres-diabos que pululavam no interior das florestas. Na própria Assembleia Nacional, o presidente, ao ler, no dia 23, cartas recebidas "de diversas cidades, que demandavam socorro para dissolver as tropas de bandidos que, sob o pretexto da penúria de grãos, infestam o país e causam sublevações", confirmou de maneira clara as suspeitas do povo.

Assim nasceu, em Paris e Versalhes, a ideia básica que generalizou o medo. Seria um grande engano supor que o campo, por iniciativa própria, fosse incapaz de chegar a semelhante conclusão. Mas todos os olhos estavam dirigidos para a Assembleia e para a capital. Todos os ouvidos recolhiam avidamente as notícias que dela provinham. Assim, os rumores que se espalharam nesses locais tiveram uma importância essencial. Com maior ou menor rapidez, todos eles se espalhavam pelo Reino. Mas por quais caminhos? Isso precisamos saber.

2

A propagação das notícias

As grandes cidades que eram alcançadas pelas rotas do correio recebiam diariamente as notícias, como Lille, Lyon e Marselha; ou então, recebiam-nas de três a seis vezes por semana. Havia seis partidas semanais do correio de Paris para Estrasburgo, cinco para Nantes, quatro para Bordeaux e três para Toulouse. Ao final do Antigo Regime, as remessas circulavam, nas grandes estradas, em seges de posta ou em malas postais. Alhures, continuava-se a carregá-la sobre o cavalo escoltado por um correio e um postilhão. A sege podia fazer, em média, de 10 a 12 quilômetros, o que punha Orléans, Sens, Beauvais, Chartres, Évreux a aproximadamente 10h de Paris; Amiens, Rouen e Auxerre, a 14h; Châlons, a 15h; Valenciennes, Tours e Caen, a 20h; Nevers, a 22h. Eram necessárias 27h para chegar a Moulins, Poitiers, Rennes, Cherbourg e Nancy; 29h para Dijon; 32h para Calais; 41h para Mâcon. Eram precisos dois dias inteiros para chegar a Lyon (49h), Bordeaux (53h) e Brest (60h); três dias para Avignon (77h), Marselha (90h) e Toulouse; quatro dias para Toulon e para as cidades da região dos Pirineus. Nas grandes cidades de comércio, os negociantes mantinham a preço normal correios regulares, provavelmente mais numerosos e mais rápidos: Le Havre teve conhecimento dos eventos de 14 julho pelo correio do comércio no dia 17, às 3h.

Fora disso, não se podia ser prontamente informado, a não ser que se pagassem as taxas dos correios especiais ou dos velozes estafetas. A notícia da reunião das três ordens foi levada a Lyon em 36h, na velocidade de 13,5km/h, incluindo a muda dos cavalos. A da tomada da Bastilha chegou a Lons-le-Saunier por correio em 35h. Um mensageiro idêntico poderia alcançar Brest em 54h. Mas esses prazos eram bastante variáveis: durante a noite, cavalgava-se mais lentamente. Em 1791, um correio, vindo de Meaux para anunciar a fuga do rei, partiu de Châlons em 21 de junho às 22h e alcançou Bar-le-Duc apenas no dia 22, às 8h, tendo feito apenas 8km/h, ao que parece. Por outro lado, tendo deixado Bar às 9h30, ele chegou à Toul às 14h, o que dá, por hora, 14,5km percorridos. Este meio era caro e apenas se o empregava em circunstâncias excepcionais. Os negociantes de Lyon dividiram entre si o valor para pôr seus colegas, que estavam na feira de Beaucaire, a par dos eventos dos dias 14 e 15 de julho, pedindo-lhes que fizessem semelhante sacrifício para repassar a notícia a Montpellier. Foi provavelmente dessa forma que Cambon pai soube da notícia no dia 21. Béziers foi avisada no mesmo dia. Nîmes, por sua vez, no dia 20, às 20h. O governo também tinha correios de gabinete, mas o público só parece tê-lo utilizado uma vez, durante os primeiros meses dos Estados Gerais. Quando Luís XVI foi trazido à Assembleia, em 15 de julho, o governo se apressou em divulgar a notícia, esperando, assim, evitar agitações. Langeron, que era comandante no Franco-Condado, recebeu a notícia pelo correio de gabinete, em Besançon, no dia 17, às 18h. Rennes recebeu no mesmo dia, às 11h. Dijon, Poitiers e Limoges tiveram a notícia, provavelmente pelo mesmo meio, durante o mesmo dia.

As pequenas cidades eram informadas mais lentamente ainda. Em Bourg, o correio chegava por Mâcon. No dia 20 de julho, observou-se que o correio do sábado, dia 18, não chegara, como de costume; chegou apenas na segunda-feira. O tenente da polícia se ofereceu para doravante mandar pegar as cartas aos sábados. Em Villefranche-sur-Saône, foi por Lyon que se recebeu a notícia dos acontecimentos de Paris. Parecia que, até Le Puy, eram precisos, de ordinário, de seis a sete dias para receber uma mensagem da capital. A carta do ministro Villedeuil a respeito dos acontecimentos de 15 de julho chegou a Verdun e a Saint-Dié apenas no dia 19. Louhans foi informada apenas no dia 21, Perpignan e Foix apenas no dia 28. Era comum, também, que se recorresse, quando premidos pela inquietação, a cidadãos de boa vontade: Machecoul enviou dois habitantes para que se informassem em Nantes. Eles percorreram 46 quilômetros em nove horas. Como devem ter passado à 1h em Nantes, eles foram tão rápidos quanto os estafetas do correio. Os particulares utilizaram também os seus criados: foi principalmente por este meio que se veiculou o Grande Medo.

Em maio e em junho, o correio, para satisfazer a curiosidade, trazia apenas cartas. Os jornais de Paris, com efeito, demoraram a fazer relatórios das sessões da Assembleia. A *Gazette de France* permaneceu muda, e o primeiro boletim de Garat, no *Journal de Paris*, data de 20 de maio. Criaram-se, de fato, novos jornais, de caráter nitidamente político, mas, no começo, o governo tentou proibi-los, de forma que eles só se multiplicaram a partir de julho. No campo, a imprensa parisiense era pouco difundida. Young se surpreende e queixa-se disso incessantemente. Em Château-Thierry não havia um jornal sequer. O mesmo acontecia de Estrasburgo até Besançon. Na capital do Franco-Condado só se podia encontrar a *Gazette de France*. Em Dijon, "um triste café à praça" e um único jornal que passa de mão em mão, porque se deve esperar uma hora. Em Moulins, "era mais fácil que me dessem um elefante do que um jornal". Em 6 de julho, em Poitiers, o conselho da cidade decidiu, tendo em vista as circunstâncias, comprar "a coleção daquilo que havia de mais bem escrito a respeito dos Estados Gerais". Custava caro. O deputado de Guérande avisou seus representados a respeito da despesa e relatou, em 10 de julho, que o *Point de Jour*, de Barère, custava seis libras a menos em Versalhes, e chegava ao campo, com os custos do correio, custando 15 ou 18 libras. Quanto aos jornais provinciais, eles se mostravam ainda mais tímidos em reproduzir os de Paris. Os *Affiches du Poitou* começaram a falar dos Estados Gerais apenas em 11 de junho. Em 16 de julho, eles ainda estavam comentando a sessão de 10 de junho. Como antes da Revolução, as notícias provinham sobretudo por meio de correspondências privadas e por conversas com viajantes. Saint-Pierre-le-Moûtier teve conhecimento dos eventos de 15 de julho por meio de "um monte" de cartas particulares. Em Charleville e Sedan, a notícia da tomada da Bastilha foi trazida, no dia 17, por um ourives parisiense. Châteauroux foi informado no mesmo dia por viajantes. Em Vitteaux, em Auxois, foi um alfaiate, oriundo da região, que, caminhando sem cessar por dois dias e duas noites, veio informar seus concidadãos.

Por ocasião das eleições, as assembleias do bailiado, vigiando seus deputados e sabendo que viriam de Versalhes apenas notícias fragmentadas e com atraso, tinham felizmente tomado as suas precauções e ordenado aos eleitos que lhes mandassem relatórios. Alguns haviam inscrito essa obrigação no próprio caderno, como em Toul e em Bourg. Muito frequentemente, os eleitores, tanto os nobres, como o clero e o Terceiro Estado, escolheram, dentro da comunidade, um Comitê de Correspondência Permanente sob o pretexto de que os deputados poderiam ter de consultar seus eleitores a respeito de questões que os cadernos não haviam examinado. De fato, esses Comitês deviam manter contato por carta com os deputados e comunicar ao público tudo o que eles tivessem sabido. Alguns, é verdade, não funcionaram: a municipalidade de Saint-Jean-d'Angély reclamava de não ter jamais recebido correspondência dos comissários da senescalia. Mas, em geral, eles cumpriram as suas funções com bastante zelo. A gente do interior se submeteu espontaneamente às mesmas preocupações dos parisienses, cujas assembleias de distrito e de eleitores não se dissolveram após as eleições, de forma que continuaram a se reunir intermitentemente. Foi na Bretanha que a organização se mostrou mais perfeita, e isso não deve causar surpresa, uma vez que, em 1787 e 1788, a nobreza e seus parlamentares, lutando contra o poder real, criaram em todos os locais Comitês de Correspondência que também funcionavam como Comitês de Ação, encarregados de trabalhar a opinião e de organizar a resistência, como A. Cochin demonstrou. Bastou ao Terceiro Estado imitar seu exemplo. É preciso reconhecer, porém, que eles não chegaram à mesma perfeição, tampouco lograram instituir Comitês em todas as circunscrições. Não obstante, em algumas cidades, eles se mostraram ativos e resolutos, seja vigiando a municipalidade, seja tentando suplantá-la. A de Tréguier atingiu seus fins; a de Saint-Brieuc teve menos sucesso, mas logrou obter grande autoridade. Na Provence, onde a luta contra a nobreza fora extremamente violenta, o Terceiro Estado dispunha de um órgão central de comissários das comunas, que tinha sua sede em Aix. Nos locais em que não havia comitê, os deputados escreviam para a municipalidade da sede do bailiado, aos magistrados ou a homens de confiança. Em Bourg, o tenente do bailiado, Du Plantier, ofereceu seus bons serviços. O público se mostrava, por vezes, desconfiado em relação a esses correspondentes voluntários. Em Toul, os eleitores, incitados por François de Neufchâteau, deputado suplente, censuraram Maillot por não os informar diretamente e por endereçar suas cartas a uma municipalidade, em virtude do seu cargo, cuja supressão havia sido requerida no caderno. A satisfação era maior quando os deputados escreviam para a Câmara Literária, como em Angers, ou para o Clube de Terreaux, em Lyon. A esses relatos, quase oficiais, somavam-se outros, que tinham valor semelhante. Thibaudeau, o pai, deputado do Poitou, que tremia de medo, devia quase não escrever. Mas seu filho, futuro membro da Convenção, não faltava a uma sessão: "Eu tomava notas – contava ele – a respeito de tudo o que eu poria ao redigir a correspondência. Eu a endereçava a um de meus amigos de Poitiers para que a lesse durante a reunião dos jovens patriotas".

A correspondência dos deputados era, de ordinário, lida para a população na câmara municipal ou na praça pública. Ela incitava uma curiosidade extraordinária, e o correio era aguardado com impaciência. Em Clermont, as pessoas se amontavam, na Praça da Espanha, para ver o correio chegar e, em seguida, corriam em direção à câmara municipal. Em Besançon, quando Langeron recebeu, em 17 de julho, o despacho do governo, foi ele à câmara municipal, e encontrou-a amontoada de gente". Em Dôle, a senhorita De Mailly relata também que, no domingo, dia 19, "o correio chegou muito tarde. O povo estava na avenida principal, aproximadamente 1.100 pessoas. Os ânimos estavam fortemente exaltados". Em 10 de julho, a municipalidade de Brest escreveu aos deputados: "Nós estamos sendo atormentados como condenados aqui por um público ávido de notícias. Eles vão suspeitar que nós estamos escondendo as notícias que os senhores podem nos enviar". Em Rennes, "o afluxo de pessoas é tão grande quando chega o correio", constata o intendente, em 13 de julho, "que, posto que o salão pudesse abrigar mais de três mil pessoas, ele não é suficientemente espaçoso, tendo sido necessário escorá-lo por causa da preocupação de que ele poderia não resistir ao peso e aos movimentos de todos aqueles que ali se encontravam. Dentre estes, via-se sempre um grande número de soldados". Quando a municipalidade não se apressava em comunicar as notícias recebidas, havia reclamação. Assim, em Laon, em 30 de junho, por ocasião de uma assembleia de deputados das corporações, muitas pessoas pediram para ser postas a par dos eventos de Versalhes, de modo que o prefeito foi obrigado a fazer leitura pública das cartas que havia recebido. Por vezes, autorizava-se aqueles que queriam fazer cópia. O melhor teria sido imprimi-la: é o que fizeram os Comitês de Rennes, Brest, Nantes e Angers, cujas recolhas são tão ricas. Mas isso foi feito tarde demais: o primeiro número da *Correspondance de Nantes* saiu apenas em 24 de junho.

Em julho, os administradores acabaram por se alarmar. O intendente de Poitiers proibiu a leitura pública das cartas que o constituinte Laurence endereçava ao seu irmão no parque de Blossac. Em Tartas, no dia 23, o tenente da senescalia proibiu formalmente o advogado Chanton de ler ao público as notícias do dia: "tendo em vista a situação em que o Reino se encontra infelizmente, a leitura não é apropriada e pode produzir apenas o efeito de agitar os ânimos e levá-los a seguir os maus exemplos da insurreição e, talvez, conduzir o povo à revolta". Mas Chanton não deu importância a isso. Em Longwy, em 9 de agosto, o procurador do rei protestou contra a leitura que se havia feito, em 23 de julho, das cartas do deputado Claude: essa correspondência era "pervertida", pois era endereçada aos eleitores, que "não são nada" e não a ele, que é procurador do rei, ou aos outros magistrados. Mas, no momento em que a resistência assim começava, os eventos decisivos já tinham acontecido.

Era muito mais difícil informar as pessoas nos campos. "Eu creio não ser possível", dizia Maillot, deputado de Toul, "de pô-los a par dos meus relatos. Bastará que eles saibam que estarão na câmara municipal, onde eles terão a liberdade de se cientificar ou de fazer cópia. Diversas comunidades reunidas ou um prebostado pode nomear um síndico dentre eles que irá a Toul fazer esta cópia, ou, o que seria mais conveniente, mandar um procurador ou outra pessoa de confiança, residente em Toul, levar essa cópia para ser distribuída na região". Não parece verossímil que os camponeses tenham tido todo esse trabalho. Mas foram passados a eles, mais de uma vez, boletins escritos, que circulavam na Bretanha. O padre de Gagnac, em Quercy, escreveu ainda em 26 de outubro: "Nós vemos apenas um pobre boletim, que chega a nós por um dos deputados desta região, e que não diz grandes coisas". Todavia, é sobretudo por relato oral que os camponeses continuaram a ser informados, com todos os inconvenientes que essa forma de transmissão trazia consigo. Os deputados das paróquias nas assembleias do bailiado, mantendo contato com os da cidade, devem ter desempenhado, nesse aspecto, um papel preponderante. Quando os grandes eventos eram anunciados assim, era possível que se pedissem oficialmente maiores detalhes à cidade vizinha. Em 26 de julho, diversas aldeias enviaram comissários à municipalidade de Brive para obter explicações.

Exceção feita aos debates da Assembleia, a respeito dos quais a correspondência dos deputados dava uma noção, as notícias, até agosto, vinham apenas por cartas privadas ou por via oral. É preciso ainda observar que não eram todos os bailiados que eram informados por seus mandatários e, além disso, que, no momento mais crítico, esses últimos não escreviam mais, ou tiveram suas cartas interceptadas. Por outro lado, o autor de uma carta particular contava, de ordinário, apenas aquilo que ele ouviu dizer. O marquês de Roux nos dá a conhecer uma carta escrita em Versalhes, em 13 de julho, a um morador de Poitiers: Mirabeau e Bailly estão em fuga; os parisienses revoltosos "se amontoam no caminho de Versalhes, decididos a tudo. Eles foram detidos por um cordão de 35 mil homens, comandados pelo marechal de Broglie, e munidos de artilharia. Luta-se desde a manhã. Ouvem-se as descargas e tiro de canhão. Já se pode observar, a uma légua de Paris, muita carnificina, sobretudo entre os oficiais estrangeiros e os soldados da guarda, quase todos desertores..." O 13 de julho! E quem escreve nessa situação? O abade Guyot, secretário de Barentin. Como se espantar com que o povo exagerasse a força do exército real e que tenha imaginado que Paris estivesse a fogo e sangue? Por fim, as próprias cartas eram lidas apenas para pequenos grupos de pessoas.

A ata de uma assembleia de moradores ocorrida em Charlieu, em Forez, no dia 28 de julho de 1789, mostra-nos claramente como as notícias circulavam. O estalajadeiro Rigollet anunciou que ele hospedava um mercador que lhe havia relatado muitos fatos a respeito dos bandidos. Logo mandaram buscá-lo. Tratava-se de um joalheiro ambulante, conhecido havia mais de 20 anos em Charlieu, de nome Girolamo Nozeda. Ele contou que vinha de Luzy passando por Toulon-sur-Arroux, Charolles e La Clayette, e que a população estava, nesses locais, "com armas nas mãos"; que, em Charolles, tinha-se prendido um bandido levando 745 luíses, o que era verdade; que ele havia ouvido dizer que, em Bourbon-Lancy, outras 80 pessoas haviam vindo saquear a vila, o que era mentira; "que, por todos os lugares, fala-se apenas da bandidagem". Ouvindo isso, as línguas se soltaram. Um mercador de Charlieu disse "que, estando em Digoin há oito dias, ele viu a burguesia montar a guarda para se proteger; que um homem de Charolles, que voltava após vender seus bois em Villefranche, foi atacado na estrada; que os bandidos deram um tiro com a pistola que quebrou a coxa do cavalo, e que eles quiseram lhe roubar 100 luíses". Um outro mercador adicionou "ter ouvido dizer a mesma coisa de estrangeiros". Diversos outros assistentes contaram "diferentes feitos dos saqueadores", sobretudo que Saint-Étienne tinha sido atacada por 600 homens, mas que eles foram rechaçados pela guarnição militar e pela milícia.

O despotismo não era o único responsável por essa situação. Ela resultava também do estado material e moral do país. A tradição oral era a única acessível à imensa maioria do povo francês. Que poderia a maior parte deles fazer com os jornais? Eles não sabiam ler, e de cinco a seis milhões dentre eles desconheciam a língua nacional.

Porém, para o governo e para a aristocracia, esse modo de transmissão era bem mais perigoso do que a liberdade de imprensa. Ele fomentava, por si só, a multiplicação de notícias falsas, a deformação e aumento dos fatos e a germinação de lendas. As pessoas mais ponderadas, não dispondo de qualquer meio de controle, também ficavam impressionadas. No grande silêncio da província, o menor relato encontrava uma ressonância extraordinária e se tornava a palavra de Deus. Por fim, o boato chegava aos ouvidos de um jornalista que, ao imprimi-lo, conferia-lhe nova força. A *Quinzaine Mémorable* anunciava que a senhora De Polignac teria sido morta em Essonnes. As *Verités Bonnes à Dire*, que o povo de Clermont-Ferrand teria massacrado um regimento militar. A *Correspondance de Nantes*, que o marechal de Mailly teria sido decapitado em seu castelo.

E, afinal, o que mais é o Grande Medo senão uma gigantesca "notícia falsa"? O objeto deste livro é explicar por qual razão ele pareceu tão digno de crédito.

3

A reação do interior contra o "complô"
As cidades

As notícias de Versalhes e de Paris encontraram, no campo, ouvintes complacentes, absolutamente dispostos a crer no "complô da aristocracia". É natural que a população das grandes cidades tenha pensado como os parisienses e tenha igualmente manifestado pronta tendência a suspeitas. Um "escrito", condenado em 20 de maio pelo Châtelet d'Orléans, acusava "os príncipes, ligados por interesse à nobreza, ao clero e a todos os parlamentos", de ter "açambarcado todo o trigo do Reino". "Seus abomináveis objetivos são impedir a reunião dos Estados Gerais, espalhando a fome pela França, para fazer perecer uma parte da população pela fome, e para pôr outra parte do povo contra o rei". Nas pequenas cidades, o poder dos nobres era, talvez, ainda mais sensível. Era possível observar mais de perto. O sentimento altivo que eles tinham da sua superioridade e sua insistência em conservar suas prerrogativas honoríficas, que marcam as distâncias, mostravam-se abertamente. Era difícil crer que eles se resignariam sem resistência à perda dos seus privilégios. Como em Versalhes, muitos comentários viam o burguês com desconfiança, ao mesmo tempo em que tais comentários irritavam os fidalgos. Contava-se, em Lons-le-Saunier, que um conselheiro do Parlamento teria dito: "se se enforcasse a metade dos habitantes, seria possível perdoar o restante". Em 3 de julho, em Sarreguemines, um tenente dos fuzileiros de Flandres exclamou: "Todos aqueles do Terceiro Estado são uns filhos da p...![9] Eu mesmo matarei doze deles, e ainda enforcarei Necker". No dia 9, em Châlons, Young conversou com um oficial de regimento que marchava para Paris. Ele sabia que a Assembleia ia ser subjugada e se alegrava com isso: "Era preciso. O Terceiro Estado estava se tornando muito

---

[9]. No original, "j... f...", abreviatura de *"jean foutu"*, espécie de abuso verbal que significa literalmente "João fodido". Trata-se de vitupério aparentemente comum no Antigo Regime francês, mas que, na documentação escrita, figura quase sempre na forma abreviada [N.T.].

forte e merecia uma boa correção". A ideia de um complô estava em germe ou já eclodia quando vieram de Paris as notícias que a tornaram mais precisa e forte.

Porém, desde logo, foi aos deputados que se atribuiu sua paternidade. Em 15 de junho, o informante de Montmorin incrimina tal correspondência: "Estou a par e sei, por uma boa fonte, que muitos deputados dos Estados Gerais, e sobretudo os padres, prestam contas de suas ações, que mantêm correspondências perigosas, e que procuram agitar o povo contra a nobreza e o alto clero. É possível deter seu curso, e eu penso que seria prudente ocupar-se disso. É verdade que alguns deputados tomam a precaução de expedir mensageiros, mas os particulares, para evitar esta despesa, ingenuamente fazem uso do correio comum". De fato, quando a corte começou a preparar o golpe de Estado, as cartas dos deputados foram interceptadas, ao menos em parte. Há lacunas, no curso de julho, nas correspondências que chegaram até nós. Em Bourg, não se recebeu nada entre 28 de junho e 26 de julho, e o deputado Populus atribuiu isso à censura postal. Mas era tarde demais, e, em 13 de julho, o intendente de Rennes se queixava discretamente: "Seria absolutamente desejável que não se enviasse nada para o interior, a não ser boletins moderados e apropriados para manter a tranquilidade. Até o presente momento, porém, o espírito de facção predomina em tudo o que veio de Versalhes. Vieram até mesmo cartas ditadas pela imprudência mais marcante, cartas cheias dos erros mais grosseiros, e cuja leitura – eu o sei – foi feita na câmara municipal da cidade de Rennes na presença da multidão". Quais erros? Depois do 14 de julho, a aristocracia vencida pretendia que os deputados tivessem, concertadamente, insuflado a população à insurreição, e esta afirmação teve o seu sucesso. Tanto que o Terceiro Estado estava convencido, em 1789, que tinha havido um complô urdido contra ele, e há toda uma literatura do século XIX até os nossos dias que garante ter havido um complô plebeu. A questão é importante, pois as agitações urbanas desempenharam um papel fundamental na preparação do Grande Medo e, ademais, não faltou quem, uma vez trilhado esse caminho, atribuísse o Grande Medo às manobras dos conspiradores.

Na realidade, nenhuma correspondência conservada incita à insurreição. Dir-se-á possivelmente que as cartas comprometedoras teriam sido destruídas. Mas é bastante surpreendente que nenhuma tenha escapado e que não haja sequer uma menção feita a respeito. Em todo caso, não se pode considerar uma hipótese sem qualquer embasamento, em contradição com o caráter, as ideias e a tática política dos deputados do Terceiro Estado. Tratava-se de homens da boa burguesia, frequentemente de idade madura, que temiam as agitações da rua. Temiam pela gente de sua classe e por sua causa; afinal, os excessos populares podiam comprometê-los. Eles esperavam vencer pacificamente, explorando a desordem financeira do governo e a pressão da opinião pública, da mesma forma que os Parlamentos haviam logrado no ano anterior. Até o dia 14 de julho, eles não defendiam o armamento defensivo. Suas cartas revelam um tom moderado, por mais que este se eleve, pouco a pouco, à medida que o conflito se torna mais ardente. Vê-se, assim, Maupetit, deputado de Laval, criticar "as ridículas pretensões da maior parte dos cadernos" e a intransigência dos bretões: "Não se tem ideia da veemência, da paixão dos moradores dessa região". Por vezes, são os representados que recomendam aos seus deputados firmeza e ousadia. Falando a respeito do voto por ordem, a municipalidade de Brest escreveu, em 1º de junho: "O senhor sentirá como esse modo de deliberação tende a manter a aristocracia que, de há muito, onera o Terceiro Estado, e, sem dúvida, o senhor se oporá, com toda a energia que lhe é conhecida, ao fortalecimento da aristocracia". E, no dia 24: "Todos os nossos compatriotas desejam que seja tomada, na Assembleia, uma decisão que revele todos os que desertaram a causa para fazer a corte aos privilegiados". Um dos deputados, que a carta assim exortava, Legendre, achou muito ruim que o Comitê de Correspondências tenha comunicado *in extenso* suas cartas ao público: "Os fatos são e continuam sendo precisos, mas as reflexões, igualmente verdadeiras, que os acompanham, trazem consigo, por vezes, uma liberdade que não deve ser transmitida ao público senão após análise e triagem dos materiais que eu lhes entrego em estado bruto, pois não tenho tempo para torná-los palatáveis, para reuni-los ou mesmo para ler minhas cartas". Legendre tremia ao pensar em se comprometer. Uma recomendação semelhante excluía toda ideia de correspondência secreta e sediciosa.

Porém, por mais moderados que fossem, esses deputados do Terceiro Estado eram firmemente decididos a não desistir do pleito do voto por cabeça e, justamente por eles contarem com a força da opinião, era-lhes preciso esclarecer seus representados a respeito de sua importância. "É por meio de correspondências semelhantes, estabelecidas em todas as regiões entre os deputados e seus representados – escreve Maillot, deputado de Toul, a 3 de junho – que se formara o espírito público que se imporá ao governo". Eles repetiam, assim, que o alto clero e a nobreza estavam em conluio para manter a sua dominação: "Nós temos necessidade desse apoio – continua Maillot – na situação presente, em que todas as grandezas do céu e da terra, isto é, os prelados e os nobres, reúnem-se em conjunto e conspiram para tornar eternas a servidão e a opressão do povo". Em 22 de maio, o próprio Maupetit admite que "não será possível contar com qualquer estabilidade se a divisão das ordens for aprovada". Bazoche, deputado de Bar-le-Duc, anunciando a 3 de junho que o Terceiro Estado vai se constituir logo em Assembleia Nacional, adicionou: "Essa situação é, sem dúvida, crítica, mas, se nós adotarmos o voto por ordem, isso será permitir que voltem nossos grilhões, que nos submetam eternamente a uma aristocracia opressiva, que aprovem nossa velha servidão". Erros desastrosos? Aos olhos de um intendente ou dos contrarrevolucionários, certamente; mas, do ponto de vista do Terceiro Estado, eram verdades evidentes. Julgamentos e expressões desmesuradas? Pode ser, mas são gritos de guerra. De qualquer forma, o que há de certo é que tudo isso era propício a fazer frutificar a ideia de um "complô de aristocracia" e é isso que importa aqui. Mas onde está o maquiavelismo? Aquilo que os deputados escreviam era o que eles pensavam – e, no fundo, eles tinham razão.

A partir de 20 de junho, após ser ameaçados de dissolução e talvez de coisa pior, eles pediram a seus representados que lhes emprestassem apoio de forma concreta. Mas, ainda desta vez, não se pensava em recorrer à força. Eles pediram que fossem enviados à Assembleia manifestos de apoio, que ela tornará públicos e porá sob os olhos do rei. Veio um grande número de manifestações, mas a estatística exata ainda está por ser feita. Nós lemos 300 delas, que podemos dividir em quatro séries: a primeira visa à sessão real de 23 de junho e apoia a decisão do dia 17, transformando o Terceiro Estado em Assembleia Nacional; ela se distribui entre 25 de junho e 7 de julho. A segunda, que vai de 29 de junho a 13 de julho, faz menção à reunião das ordens, regozijando-se disso. A terceira, de 15 a 20 de julho, exprime os sentimentos apaixonados despertados pela demissão de Necker e a ameaça de um golpe militar. A quarta, suscitada pela tomada da Bastilha e pela capitulação do rei, começa em 18 de julho e prolonga-se até 10 de agosto, ou ainda depois. Ela manifesta as felicitações e os agradecimentos das regiões à Assembleia, ao povo de Paris e a Luís XVI.

Esses documentos, que emanavam principalmente – mas não exclusivamente – das cidades e dos burgos, testemunham um movimento muito mais amplo do que as súplicas apresentadas ao rei, no fim de 1788, para pedir-lhe a "duplicação" e o voto por cabeça, obra das municipalidades. Por vezes, é verdade, essas últimas tentaram conservar seu monopólio nisso. Assim, em Angers, a câmara municipal recusou-se a reunir os habitantes, temendo evidentemente ter sua autoridade contestada e enfraquecida. Ela redigiu um manifesto apenas em 8 de julho. Mas, no dia 7, a assembleia, ainda que tivesse sido proibida, reuniu-se e, no dia 16, decidiu, em nova sessão, que o manifesto dos oficiais municipais não tinha qualquer valor; apenas o seu teria valor legal. Quase sempre, a municipalidade, para evitar o acirramento dos ânimos, reuniu os notáveis que ela mesma havia escolhido. Porém, não se contam mais de 36 deliberações tomadas em assembleias que tenham sido formadas assim. Outras 14 deliberações provieram de eleitores do bailiado reunidos espontaneamente; houve, ainda, 144 formadas pelas "três ordens" da localidade e 106 por "cidadãos". No total delas, 250 das 300 deliberações exprimiram a opinião de grande parte dos habitantes. Na maior parte das cidades, o afluxo de pessoas foi enorme. Em Lons-le-Saunier, em 19 de julho, reuniram-se 3.260 pessoas, das quais 1.842 deram sua assinatura. O fato de que as pequenas cidades, os burgos e as aldeias utilizaram, por vezes, os termos dos manifestos cujas cópias as grandes cidades, como, por exemplo, Grenoble e Lyon, haviam-lhes enviado, nada depõe contra essa constatação.

Essa constatação é, por outro lado, reforçada pela profunda sensação que provocaram o salão do Terceiro Estado, em 20 de junho, e a sessão real do dia 23. O governo enviou aos intendentes o discurso do rei e as duas declarações que ele havia feito ler, para fazê-las públicas durante a homilia e afixá-las nas paróquias, o que levou as autoridades locais a se alarmar. O intendente de Moulins adiou a afixação, ao passo que, em Meulan, o procurador do rei queixou-se contra a distribuição dos impressos e aconselhou não fazer uso deles, com medo de que isso agravasse a agitação. Em Granville, onde a afixação havia ocorrido, um cartaz foi arrancado. Na Bretanha, sobretudo, a reação foi forte. Os manifestos de adesão se exprimiram aí com muito mais violência do que se fazia na Assembleia. As comunas de Pontivy "ficaram sabendo com a maior consternação que a autoridade real utilizou a força das armas para dispersar a Assembleia Nacional, proibindo-a de entrar no templo da pátria" (28 de junho). Dinan declarou que "isso só pode ter ocorrido como consequência de uma sedução criminosa e de um ataque feito contra Sua Majestade". Em Lannion, foi-se ainda mais longe: em 27 de junho, a municipalidade, os nobres, os burgueses e os moradores, "depois do silêncio que expressava sua dor e sua consternação, declararam traidores da pátria os vis impostores que, em razão de seus desprezíveis interesses pessoais, tentariam ludibriar a religião e a justiça de um rei benfeitor".

A reunião das ordens foi recebida com alegria e trouxe um momento de alívio. Mas a cólera tornou-se ainda maior com as notícias que se seguiram. Desde 7 de julho, expressava-se, em Thiaucourt, na Lorena, o temor de ver "as tropas que se reúnem em Paris e em Versalhes obstar a liberdade da Assembleia". Todos os documentos testemunham que, diante da notícia da demissão de Necker, "a sensação e a consternação" foram gerais. Como em Paris, julgou-se que a fusão das ordens teria sido apenas uma manobra. Deste modo, proclamou-se, em Pont-à-Mousson, em 27 de julho, o seguinte: "Uma reunião dissimulada de aristocratas com patriotas foi o meio vil" empregado para enganar a nação.

A reação foi imediata e vigorosa e, dessa vez, é impossível considerar os deputados ou os jornais parisienses como seus responsáveis. Decerto, a surpresa e a emoção foram muito pronunciadas na Assembleia: "Eu estava bem longe de pensar, no sábado passado [11 de julho], quando eu lhe escrevia", admite Malès, deputado de Brive, "em todas as infelicidades que nos ameaçavam. Os grandes movimentos de conluio que quer proteger os abusos e os Comitês frequentes da facção Polignac me fazem temer os novos reveses, mas eu nunca pude imaginar na vida uma trama tão sórdida como esta, que foi preparada em aproximadamente três semanas e que nós vimos, de repente, manifestar-se com a maior clareza. O senhor Necker desapareceu no sábado à noite sem que ninguém suspeitasse disso, e apenas no domingo pela manhã nós ficamos sabendo que ele havia sido obrigado a partir para o exterior como forma de se salvar. No mesmo dia, correu o boato de que nós não estamos seguros! E o povo nos olha como outras tantas vítimas, fadadas ao cárcere ou à morte". No meio deste perigo, os deputados mostraram presença de espírito, mas isso não era um motivo para se jogar na boca do lobo. Se não é impossível que algumas pessoas tenham ido a Paris com vistas a entrar em acordo com os patriotas para organizar a resistência armada, é algo totalmente distinto confiar um chamado às armas à administração dos correios e até mesmo à dos correios privados. Além disso, os eventos se sucediam tão rapidamente que mal se tinha tempo de escrever: a carta de Malès é do dia 18 e, depois disso, o contato foi suspenso. "Pode ser que isso seja bom", escreveu Populus, o deputado de Bourg. "Eles teriam levado o terror e o desespero para as províncias". É possível estar seguro, ao menos, que não foi sua a responsabilidade pela ação vigorosa de seus compatriotas. Foi apenas no dia 15, após a visita do rei à Assembleia, estando a crise resolvida, que os deputados puderam dar instruções aos seus amigos. Entre a notícia da demissão de Necker e aquelas do dia 15, a província ficou dois ou três dias sem informações. Apesar disso, em muitas cidades se tomaram resoluções próprias para resistir ao golpe de Estado e ir em auxílio da Assembleia. Trata-se de um fato essencial que deve ser destacado. Em geral, é comum que se date a revolução "municipal" do momento em que a informação a respeito da tomada da Bastilha chegou aos camponeses. Na verdade, a sua ação, por mais que fosse menos eficaz que a dos parisienses, começou simultaneamente, e, sem isso, nenhum acordo teria sido possível.

Antes de mais nada, uma terceira série de manifestos de apoio é enviada a Versalhes. Desta vez, eles são claramente revolucionários. Em Lyon, no dia 17, a Assembleia das três ordens, convocada no dia 16, declarou pessoalmente responsável pelos infortúnios presentes e futuros os ministros e conselheiros do rei, "de qualquer patente, estado ou função que possam ter". Se os Estados Gerais forem dissolvidos, o pagamento de impostos cessará. No dia 20, em Nîmes, os cidadãos reunidos consideram "infames e traidores da pátria todos os agentes do despotismo e os que auxiliaram a aristocracia, os generais, oficiais e soldados, estrangeiros ou nacionais, que ousaram apontar na direção dos franceses as armas que haviam recebido para defender o Estado". Eles ordenam a todos os habitantes de Nîmes "que estiverem no exército a desobedecer às ordens atrozes de derramar o sangue de seus compatriotas, caso eles recebam alguma ordem desse tipo". Os pequenos burgos não se revelaram menos violentos: os habitantes de Orgelet, no Jura, declararam-se, no dia 19, "prontos para marchar ao primeiro sinal" para a defesa da Assembleia, "de sacrificar o seu repouso, seus bens, tudo enfim, até a última gota de seu sangue" e de fazer aos culpados "uma vingança terrível [...] sobre suas pessoas e seus bens".

Mas o papel aceita tudo; é preciso que se julgue com base nas ações. O primeiro movimento consistiu em retirar das autoridades locais todos os meios de ajudar o governo. Em Nantes, Bourg e Château-Gontier, o erário público foi apoderado. Foram apropriados sobretudo os armazéns de pólvora e os arsenais de armas. Em Lyon, quis-se expulsar as tropas, mas estas prometeram fidelidade à nação. Em Le Havre, no dia 16 ainda, o povo se opôs terminantemente a todo envio de grãos ou farinha para Paris, "temendo fornecer víveres às tropas que eles acreditam estar acampadas nas cercanias de Paris". No dia 15, tendo corrido o rumor de que os hussardos haviam embarcado em Honfleur para vir tomar os grãos, as tropas foram expulsas do porto; e, chegando um barco carregado de soldados, disparou-se contra eles, obrigando-os a se afastar. Além disso, milícias passaram a ser formadas; os Comitês, que doravante exercerão o poder, passam a se associar ou a substituir as municipalidades suspeitas. Isso ocorreu em Montauban, Lyon, Bourg e Laval. No dia 19, as comunas das paróquias de Machecoul elegem um Comitê Executivo e decidem organizar uma milícia pronta "para pegar em armas ao primeiro sinal de que as circunstâncias o exigem". Em Château-Gontier, desde o dia 14, a milícia estava criada "com vistas a marchar e a socorrer a nação oprimida". Já se esboçavam pactos federativos: Em Château-Gontier, escreveu-se aos "irmãos" de Angers, de Laval e de Craon para fixar "o momento em que os ditos habitantes de Château-Gontier se reunirão a eles para ir ao socorro dos deputados que estão em Versalhes e em defesa da nação". Em Machecoul, elegem-se desde logo comissários para fazer acordo com "os irmãos de Nantes". O Comitê de Bourg imprime um apelo às paróquias das zonas rurais para convidá-las a lhes enviar seu contingente de homens ao primeiro sinal.

Os incidentes mais graves se verificaram em Rennes e em Dijon. Na primeira cidade, o comandante militar, Langeron, assim que soube, no dia 15, da demissão de Necker, redobrou a guarda e pediu reforços a Vitré e a Fougères. No dia 16, os moradores se reuniram, criaram uma milícia, apoderaram-se do erário público e suspenderam o pagamento dos impostos. Um grande número de soldados se reuniu a eles. Pilhou-se o depósito de armas e, por fim, apropriaram-se dos canhões. No dia 17, as novidades de Paris chegavam, e Langeron cedeu: ele prometeu não movimentar as tropas, renunciou ao pedido de reforços e perdoou os soldados. No dia 19, o arsenal foi invadido, e a tropa desertou. Langeron abandonou a cidade. Em Dijon, foi ainda pior: no dia 15, com a notícia da demissão de Necker, a multidão se apoderou do castelo e das munições, estabeleceu uma milícia, e, além disso, prendeu o comandante militar, senhor de Gouvernet, e deteve os nobres e padres em suas casas. Ademais, como em Besançon, as comunicações oficiais do dia 15 de julho chegaram a tempo para evitar as agitações. Os mais jovens "anunciavam aos gritos que, durante a noite, eles acabariam com todos os membros do Parlamento".

Com certeza, a prudência predominou frequentemente. Se nos esquecêssemos disso, acabaríamos por enfraquecer a influência "eletrizante" da tomada da Bastilha. Quando Young, em 15 de julho, soube, em Nancy, da queda do ministro popular, ele constatou que o efeito era "considerável", mas, quando quis saber da conduta que se adotaria, respondeu-se-lhe que "é preciso ver o que acontecerá em Paris". Os cidadãos de Abbeville esperaram também para saber como as coisas se desenrolavam para anunciar aos parisienses que eles compartilhavam suas aflições e que eles "queriam ter podido partilhar da sua ousadia patriota". Em Châtillon-sur-Seine, o síndico, tendo reunido os habitantes no dia 21 para lhes pôr a par dos acontecimentos, declarou ingenuamente: "Enquanto o sucesso dos Estados Gerais era incerto [...] os senhores oficiais municipais temiam comunicar os alarmes que os atormentam, temor que os senhores compartilham. Eles se limitaram aos votos mais ardentes pela conservação da pátria". Depois do primeiro momento de efervescência, os Comitês responsáveis esboçaram, por vezes, um movimento de retrocesso. Em Château-Gontier, ao se ter notícia de que o rei se reconciliara com a Assembleia, reprovaram-se tanto a tomada do erário público como também os termos demasiadamente claros das deliberações. Em Bourg, desde quando as agitações rurais haviam começado, anunciou-se apressadamente às comunidades rurais que não se tinha mais necessidade de seu auxílio, e que elas deveriam permanecer tranquilas. Houve também resistência, mesmo após a notícia da tomada da Bastilha. No dia 22 em L'Isle-Bouchard, Charles Prévost de Saint-Cyr, capitão da cavalaria e prefeito de Villaines, convidou novamente os deputados das paróquias a adotar dois projetos de manifestação endereçados ao rei e à Assembleia que ele havia redigido, e a formar uma milícia, assegurando, ao que parece, que ele recebera "ordens" dos Estados Gerais. Porém, os deputados da paróquia Saint--Gilles se recusaram a fazê-lo, denunciando-o a Versalhes. Mas os exemplos citados acima demonstram que se trata, de fato, de um movimento nacional.

Isto tudo havia se adiantado à tomada da Bastilha, mas tais ações asseguraram seu sucesso e seu desenvolvimento. Tendo o rei sancionado a vitória do Terceiro Estado, os inimigos do povo haviam se tornado também inimigos do rei, e agora era possível perseguir juridicamente todos os partidários da contrarrevolução. Assim como em Paris, julgava-se que eles eram perigosos e que estavam prontos a realizar um retorno ofensivo. Imaginava-se bastar que eles dominassem uma região e, então, tornassem-na a base de um ataque contra a capital, sobretudo se eles conseguissem levar o rei para lá: nesse caso, tornar-se-ia muito mais fácil a entrada de emigrados e de tropas estrangeiras. Era preciso desconfiar. Um dos membros do Comitê de Machecoul exortava: "Não nos deixemos convencer pela mera aparência de paz e de tranquilidade. Que o restabelecimento momentâneo da ordem não nos deslumbre de forma alguma. Um conluio infernal foi feito para levar à destruição da França. Ele é ainda mais perigoso quando rodeia o próprio trono. Deixemo-nos levar pela alegria, estando, porém, intimamente convencidos de que, se nós deixarmos, por um momento, que triunfem os inimigos do povo, jamais veremos a regeneração da França. Fiquemos sempre em guarda contra o tríplice despotismo: dos ministros, da nobreza e do alto clero".

Foi então que os deputados, senhores da situação, tornaram-se audazes. Alguns – como Populus, quando escrevia à cidade de Bourg – limitaram-se a aprovar as precauções que foram tomadas. Mas outros, preocupados em completar a derrota da aristocracia e de manter a ordem, deram conselhos e recomendaram duas coisas: enviar à Assembleia manifestos de adesão, mas também formar milícias. Assim, Barnave, dirigindo-se, a 15 de julho, aos seus amigos de Grenoble, dizia: "Que se deve fazer? Duas coisas: múltiplos manifestos à Assembleia Nacional e milícias burguesas prontas para se pôr em marcha... Os ricos são os mais interessados no bem geral. A maior parte da milícia de Paris é da boa burguesia, e é isto que a torna tão segura para a manutenção da ordem pública e tão temível para a tirania. É preciso que essas ideias circulem logo em todas as partes da província... Eu conto totalmente com a energia de vossa cidade, a que cabe dar início a este movimento. O mesmo acontecerá em todas as províncias, já que se organizou tudo por aqui". E Boullé, deputado de Pontivy, ao responder a uma carta do dia 20: "Orgulho-me de ver meus caros concidadãos se mostrarem dignos da liberdade e dispor-se a defendê-la, sem se esquecer, por um instante sequer, que a falta de moderação é o abuso mais funesto. Continuem a abster-se de toda violência, mas façam respeitar os seus direitos. Aperfeiçoem, caso julguem necessário à sua segurança, o estabelecimento de uma milícia burguesa: todas as cidades se apressaram para formar, com seus próprios homens, tropas nacionais. Quem não se sentiria honrado em ser um soldado da pátria...? Se a pátria exige, vocês estarão prontos no primeiro momento. Ela ainda é ameaçada por perigos de diversas espécies... Há traidores em nosso meio... Continuem a se corresponder com as outras cidades da região: é por meio dessa união, é por meio do socorro mútuo que vocês conseguirão afastar todas essas calamidades". Bastou que não se considerassem as datas da correspondência para concluir, com base em cartas semelhantes – e particularmente com base na de Barnave – que os deputados patriotas eram os únicos responsáveis pelo movimento provincial. Mas, nessa época, eles apenas o fomentavam e não ocultavam isso. Em 18 de julho, Martineau propôs à Assembleia generalizar a instituição das milícias e, pouco depois, Mirabeau aconselhou a reorganização das municipalidades. A Assembleia não adotou tais iniciativas, mas um deputado do Cambrésis, Mortier, escreveu aos seus concidadãos de Cateau como se a decisão tivesse sido outra: "Decidiu-se que nós teremos em todo o Reino uma milícia nacional composta de todos os cidadãos honestos. Não se discute mais a proposta de desarmar os camponeses, nem se trata de os molestar de forma alguma. Trata-se de uma liberdade de que todos os cidadãos devem gozar... Todas as pessoas que se armaram contra a aristocracia devem conservar suas armas e sua coragem em benefício da nação e do rei".

Na Alsácia, os deputados da aristocracia, o barão de Turckheim e o barão de Flaxlanden, afirmavam que alguns de seus colegas teriam aconselhado, em termos bastante claros, a tomar a ofensiva. Turckheim assegura ter tido em suas mãos cartas "nas quais se incitavam os síndicos da nossa região a combater com todas as suas forças os senhores e os padres; e que, se isso não fosse feito, tudo estaria perdido". Mais tarde, a própria comissão intermediária incriminou a correspondência de Lavie e de Guettard, deputados de Belfort. Quando se lembra do famoso discurso de Barnave, feito em plena Assembleia após a morte de Foulon e de Bertier ("Será que este sangue é tão puro a ponto de que se tenha de lamentar tê-lo derramado?"), quando se conhece a carta da senhora Roland a Bosc ("Se a Assembleia Nacional não promover um processo judicial completo contra duas cabeças ilustres, ou se Décios generosos não as abaterem, vocês estarão todos f..."), ler-se-iam sem surpresa, na correspondência dos deputados, intentos ainda mais ousados que os relatados por Turckheim. A se crer em Young, ele estava presente em todas as situações para reproduzir os relatos mais imprudentes que corriam a respeito da conspiração. Quando jantava em uma estalagem de Colmar, em 24 de julho, ele ouviu alguém dizer "que a rainha havia tramado um complô, que em breve se realizaria, de explodir a Assembleia Nacional colocando uma mina e fazer marchar, de imediato, um exército em direção a Paris para massacrar seus habitantes". E, como o oficial se mostrava cético, "muitas vozes" se elevaram: "Foi o que escreveu um deputado. Nós lemos sua carta e, por conseguinte, não havia a menor dúvida".

Assim como em Paris, muitos incidentes mantiveram ou excitaram a desconfiança. O movimento das tropas, que refluíam das cercanias de Paris em direção aos seus quartéis, era observado com inquietação. Algumas aldeias fecharam as suas portas. Recusavam-lhes o fornecimento de víveres, e eles eram habitualmente injuriados e apedrejados. Assim, o Royal Allemand foi muito malrecebido em Châlons no dia 23, e em Dun, no dia 26, pois, como o povo achou que havia reconhecido em seu comboio as bagagens de Lambesc, eles foram detidos até a decisão da Assembleia. Em Sedan, no dia 17, após a chegada do marechal de Broglie, o motim estourou e ele foi obrigado a deixar a cidade. A região viu circular grande número de nobres e clérigos que haviam fugido de Paris, mudado de domicílio ou emigrado. Havia grande suspeita a respeito dos deputados que haviam deixado Versalhes: achava-se que eles desertariam a Assembleia para elidir as consequências da fusão das ordens e para poder, em seguida, arguir a nulidade dos decretos. Deteve-se, também, o abade Maury em Péronne, no dia 26; o abade de Calonne em Nogent-sur-Seine no dia 27; o bispo de Noyon em Dôle, no dia 29; o duque de La Vauguyon, um dos ministros do 11 de julho, em Le Havre, no dia 30. Se Paris alarmou o interior, este não contribuiu pouco para confirmar os temores da capital. Esta observação vale particularmente para tudo o que está relacionado ao conluio entre a aristocracia e as forças estrangeiras. Em 1º de agosto, o *Patriote Français* publicou uma carta de Bordeaux, datada de 25 de julho, que dizia: "Somos ameaçados por 30 mil espanhóis, mas nós estamos bem-dispostos a recebê-los". De Briançon, um dos comissários das comunas escreveu assim ao presidente da Assembleia Nacional: "Nós ficamos sabendo de todas as calamidades e revoluções ocorridas em Versalhes e em Paris, e o perigo evidente ao qual a Assembleia Nacional e a capital foram expostas. Nossos alarmes e nossos temores não se dissiparam ainda. Eu acreditei, Senhor, que devia pesquisar e informar-me a respeito do estado atual das coisas, e estou convencido de que, se os relatos que me foram feitos são verdadeiros, 20 mil piemonteses, solicitados pelos antigos ministros de Sua Majestade ao rei da Sardenha, foram-lhes concedidos pelo conselho, reunido para tomar essa decisão, ainda que tenha vertido lágrimas – sem dúvida, de arrependimento. Nós vivemos em permanente alarme. Nós temos um major que comanda esta região e que, segundo cremos, está de acordo com os desastres e desgraças que nos ameaçam". Como já se disse, parece que a conspiração tramada para entregar Brest aos ingleses teria vindo da Bretanha. Em 31 de julho, a *Correspondance de Nantes* anunciou que um homem chamado Serrent teria sido retido em Vitré: "ele pretendia incendiar Saint-Malo. A correspondência do governador desta cidade com os nossos inimigos foi interceptada".

Os nobres protestaram com indignação contra as acusações de traição, sobretudo na Bretanha. Frequentemente, eles desautorizaram abertamente, junto com o clero, os ataques da corte contra a Assembleia, participaram das reuniões em que se preparavam os manifestos de adesão aos decretos e apuseram sua assinatura em meio à dos camponeses. Assim ocorreu com Elbée (em Beaupréau). Alguns abstiveram-se de toda a solidariedade com a sua classe. Assim agiram, em Nantes, o marechal de campo, Visconde de La Bourdonnaye-Boishulin – que, por isso mesmo, foi feito pouco depois coronel da milícia – e, em Rennes, du Plessis de Grénédan, conselheiro do Parlamento. Da autoria deste último, a *Correspondance de Nantes* publicou uma carta: "Eu jamais professei os princípios que são censurados à nobreza. Pelo contrário, eu os combati com todo o meu poder". As comunas receberam isso aceitando seu "arrependimento "e honraram-no com "uma coroa cívica". Em quase todas as regiões, os motins urbanos e as revoltas agrárias levaram a que a alta burguesia acolhesse, de bom grado, as crianças pródigas, admitindo-as nos Comitês permanentes. Muito frequentemente, confiou-se-lhes, como ocorreu em Nantes, o comando da milícia. Essa reconciliação, que Caraman notara na Provence, durante o mês de março, com tanta satisfação, fez-se mais sensível no fim de julho e começo de agosto. Mas, na Bretanha, a conciliação foi menor: exigiu-se que os nobres se retratassem dos juramentos que haviam feito em janeiro e em abril. Enquanto isso, eles foram postos sob a proteção das autoridades, mas, como "estrangeiros à nação", tudo era feito "absolutamente longe deles", como, por exemplo, em Josselin e em Machecoul. Ademais, a pequena burguesia, o artesanato e o populacho não aprovaram de forma alguma a condescendência da burguesia mais abastada. Em Nantes, após terem admitido diversos nobres no Comitê, em 18 de julho, eles se viram obrigados a excluí-los logo após o protesto das comunas. Em Fougères e em Bourg, teve-se de fazer o mesmo. Ao longo do mês seguinte, uma das características da vida municipal foi o esforço das classes populares, com maior ou menor êxito e constância, em excluir os nobres de todas as suas funções.

Por todas essas razões, viu-se um grande número de cidades imitar, após 14 de julho, aquelas que haviam corajosamente se pronunciado no auge da crise. Em Angers, no dia 20, ocuparam-se o castelo e o erário público. Em Saumur e Caen, no dia 21, tomaram o castelo. Em Lyon, enviou-se uma guarnição militar a Pierre-Encize. Em Brest e em Lorient, as autoridades marítimas foram supervisionadas de perto, além de se ter feito guarda para proteger o arsenal. As comunas de Foix, no dia 26, repudiaram a obediência aos Estados Provinciais, de forma a não reconhecer senão "as leis votadas pela Assembleia Nacional". Em todos os locais, as milícias visitam os castelos para desarmá-los, tal como ocorria nos arredores de Paris. Os representantes do rei não opuseram séria resistência. Como tudo isso acontecia com diversos incidentes tumultuosos, alguns acabaram sendo expostos a grande perigo. No Mans, no dia 19, o tenente de polícia que havia proibido o içamento da *cocarde*[10] por pouco não foi massacrado. Em Aix, no dia 21, viu-se chegar um bando de Marselha, conduzido pelo abade de Beausset, cônego de Saint-Victor, que liberou aqueles que haviam sido presos durante as agitações de março. O intendente fugiu.

Suprimidas ou reduzidas à impotência, as municipalidades do Antigo Regime ficaram para trás. Elas queriam conservar as suas milícias burguesas e armar apenas os abastados, como Barnave lhes recomendou. No entanto, elas foram obriga-

---

10. Insígnia em forma de três círculos concêntricos com as cores francesas (azul, branco e vermelho). Foi progressivamente se tornando um símbolo dos revolucionários [N.T.].

das a alistar todo o mundo. Seu poder de polícia tornou-se vão: tanto as milícias como a própria multidão atribuíam a si mesmas tal poder. A França se cobriu de uma rede de finas malhas de comitês, milícias e de investigadores sem mandato que, durante diversas semanas, tornaram a circulação quase tão difícil quanto no ano II sob os olhos dos Comitês de Supervisão. Daí surgiram as prisões de que se falou. Em Saint-Brieuc, fizeram-se buscas nas casas dos suspeitos, e a Câmara Literária, julgada contrarrevolucionária, foi dissolvida. Uma estreita solidariedade de classe uniu os membros do Terceiro Estado. A *cocarde* tornou-se obrigatória. Em Nantes, chegou-se a proibi-la "aos plebeus desertores da causa do povo". A todos os desconhecidos, perguntava-se com alguma ingenuidade: "O senhor é a favor do Terceiro Estado?" Quase custou caro a uma família nobre que, no dia 19, encontrando-se no Mans e indo a Savigné, foi questionada como de rigor. Uma criada de quarto, que havia posto o nariz à portinhola, respondeu aturdidamente que não. Evidentemente, a pobre jovem não estava a par das notícias, sendo até possível que ela sequer soubesse quem era esse Terceiro Estado. Mas Comparot de Longsol, em Nogent-sur-Seine, onde entrou durante a noite do dia 19, teve melhor sorte. Ao ouvir o tumulto, ele se informou com o postilhão, que lhe respondeu sem rodeio: "A milícia armada vai lhe perguntar gritando: Viva a quem? Se o senhor não responder 'Ao Terceiro Estado', eles vão lhe f... junto ao rio". Comparot, um homem sensato, não desdenhou de tal informação. Young, pouco depois, agiu como ele. Nem um nem outro levaram esse desacordo de forma trágica. Em 1789, ainda que o povo estivesse desconfiado, ele não era extremamente exigente quanto a demonstrações de fé, de forma que se podia passar facilmente por "patriota".

Ainda que as municipalidades tentassem aceitar tudo isso, não era possível lhes perdoar o fato de não terem sido livremente eleitas pelos seus moradores. Assim, exigia-se que a organização e a direção das milícias fossem confiadas a Comitês eleitos. Pouco numerosas foram as cidades em que, como em Béziers, a municipalidade pôde prescindir, por muito tempo, de um ou de outro. Pelo contrário, em grande parte das cidades, ela desapareceu em razão dos motins. Assim ocorreu em Cherbourg no dia 21, em Lille no dia 22 e em Maubeuge no dia 27. Em circunstâncias semelhantes, o Comitê "permanente" herdou todos os seus poderes. Mas esses foram casos extremos. Ainda que não possamos realizar uma estatística, podemos garantir que a maior parte das municipalidades continuaram existindo. Algumas sobreviveram aos motins, como em Valenciennes e em Valence; mais frequentemente, elas evitaram os motins, seja por terem cedido às manifestações, como em Clermont e em Bordeaux, seja por terem diminuído o preço do pão, como na Flandre Marítima. Mas, cedo ou tarde, elas tiveram de dividir a autoridade com os Comitês e foram perdendo poder progressivamente.

Muitos desses motins foram causados pelo preço do pão. As agitações ligadas ao preço dos víveres nunca tinham sido tão numerosas quanto foram durante a segunda quinzena de julho. Elas ocorreram em quase todas as cidades da Flandres, do Hainaut e do Cambrésis. Próximo a Amiens, na noite do dia 22 para o dia 23, a escolta de um comboio teve de enfrentar uma verdadeira batalha. Na Champagne, houve motins em Nogent e em Troyes no dia 18; na província de Orléans, houve em Orléans e Beaugency no dia 19; na da Borgonha, em Auxerre no dia 17, em Auxonne no dia 19, em Saint-Jean-de-Losne no dia 20. Alguns foram marcados por mortes. Em Tours, morreu o mercador Girard no dia 21. Em Bar-le-Duc, houve a morte de outro mercador, Pellicier, no dia 27. As cercanias de Paris foram particularmente afetadas pelas agitações. No dia 17, um moleiro de Poissy foi levado a Saint-Germain e assassinado. No dia 18, uma representação da Assembleia teve grande trabalho para salvar, na mesma cidade, um fazendeiro de Puiseux. Foram observados motins também em Chevreuse no dia 17, em Dreux e em Crécy-en-Brie no dia 20, em Houdan no dia 22, em Breteuil e em Chartres no dia 23, em Rambouillet no dia 25, em Meaux no dia 26 e em Melun na noite do dia 28 para o dia 29. O sul do país, porém, não estava mais tranquilo. Foi logo após um motim semelhante que Toulouse formou sua milícia, no dia 27 de julho. Com a redução do preço do pão, o povo adicionou, em quase todos os lugares, uma nova pretensão política que já havia se manifestado na Provence por ocasião das agitações de março. Ele exigia a abolição do *octroi* e parou de pagar a gabela, os subsídios, o imposto do selo e os impostos sobre a circulação. "Há quinze dias", escrevia, em 24 de julho, o diretor de Subsídios de Reims, "nós vivemos sob alarmes constantes. As repartições fiscais são ameaçadas de incêndio, de forma que os cobradores que as habitam retiraram já os seus móveis e não têm coragem de dormir em suas casas".

Essa "revolução municipal" se relaciona com o Grande Medo de forma mais ou menos direta, mas sempre evidente. De um lado, a insurreição parisiense e os motins urbanos alarmaram os campos. De outro lado, encorajaram os camponeses a se sublevar, de modo que essas agitações rurais, por sua vez, tornaram-se uma causa de temor.

4

A reação do interior contra o "complô"
O campo

Das cidades, a notícia do "complô da aristocracia" se espalhou para os campos pelas vias que nós conhecemos. No entanto, a respeito daquilo que era dito ou imaginado nas aldeias, nós não sabemos muita coisa, pois os camponeses não escreviam. Suas reflexões, que alguns padres puseram por escrito em seus registros paroquiais, mostram que eles partilhavam da opinião dos cidadãos, de forma que é bem possível imaginar que seus fiéis pensassem da mesma forma. No Maine, tais registros são particularmente explícitos: "Os aristocratas, o alto clero e a alta nobreza", escreve o padre de Aillières, "empregaram todos os tipos de meios, uns mais indignos do que outros, sem conseguir fazer fracassar os projetos de reforma de uma infinidade de abusos, gritantes e opressores". O padre de Souligné-sous--Ballon critica "muitos grandes senhores e outros que ocupam os altos cargos do Estado, que tiraram secretamente todos os cereais deste Reino e os mandaram para o estrangeiro, de forma que todo o Reino passasse fome, revoltasse-se contra a Assembleia dos Estados Gerais, provocasse a desunião da própria Assembleia e impedisse-lhe o sucesso". O padre de Brûlon, que, mais tarde, recusou-se a jurar a Constituição Civil do Clero, ao resumir os eventos do ano precedente, assinala, a respeito da proposta de demissão de Necker, a existência de "uma conspiração infernal para massacrar os deputados mais zelosos pela nova constituição e de trancafiar os outros, com vistas a conter as províncias em caso de insurreição". A rainha, o conde de Artois e muitos outros príncipes, junto da casa de Polignac, e ainda outras grandes personalidades que previam as mudanças que estavam por acontecer... toda essa gente e mil outros desejam o fracasso da Assembleia Nacional". Um morador de Bugey, em um manuscrito conservado nos Arquivos do Ain, relata, de sua parte, que a rainha, segundo se dizia, teria tentado destruir todo o Terceiro Estado: "Ela escreveu uma carta para sua irmã, a Imperatriz, em Vienne, na Áustria, para pedir a vinda de 50 mil homens com vistas a destruir o Terceiro Estado, que nos apoiava; e, ao fim da carta, ela pedia a seu irmão que matasse o mensageiro. Por bondade, o pobre mensageiro foi detido em Grenoble pelo Terceiro Estado, que tomou sua carta". O mesmo morador reproduz uma carta, cuja cópia circulava em Valromey, tendo-se dito que fora encontrada "em um bolso do senhor Fléchet, chefe do partido da juventude de Paris, e que lhe fora endereçada pelo conde de Artois", em 14 de julho: "Eu conto com o senhor para a execução do projeto que nós elaboramos e que, nesta noite, entre as 23h e a meia-noite, deverá ser realizado. Como chefe da juventude, o senhor poderá conduzir sua marcha para Versalhes até o horário acima indicado. Nesse horário, o senhor também poderá esperar me ver chegar à frente de 30 mil homens absolutamente devotados à minha causa e que livrarão o senhor dos 200 mil que estão sobrando em Paris. E caso, contra minhas expectativas, o restante não retornar à mais cega obediência, nós mataremos todos com o fio da espada". Toda essa fantasia apenas confirma as versões relativas ao complô que apareceram nos jornais. Nelas, percebe-se um eco da mensagem de Besenval a Launey, e da morte de Flesselles. Não se conhecem outros exemplos, mas é possível que se suponha, com alto grau de certeza, que muitos rumores do mesmo tipo foram transmitidos oralmente.

Ao tomarem em armas, as cidades e as aldeias confirmaram oficialmente a existência de um complô urdido contra o Terceiro Estado. Em Bourg, no dia 18 de julho, decidiu-se fazer um pedido às paróquias, e muitas delas, ao longo dos dias seguintes, ofereceram seus contingentes. No bailiado de Bar-sur-Seine, os eleitores se reuniram no dia 24 de julho e constituíram-se em comitê. Eles decidiram criar uma milícia em cada aldeia e foram imediatamente obedecidos. Os do bailiado de Bayeux tentaram igualmente formar, em 1º de agosto, um comitê de oposição àquele que a municipalidade da capital instituíra em 25 de julho. No Dauphiné, a iniciativa veio dos amigos de Barnave, que puseram em movimento a comissão intermediária dos Estados. Em 8 de agosto, o procurador-geral do Parlamento escreveu, a respeito da revolta rural: "No dia 19 do mês anterior, enviamos uma ordem às comunas das cidades, burgos e comunidades da província para que pegassem em armas. Aí está o *genuit* de todas as nossas calamidades: em todos os lugares, pegou-se em armas e estabeleceu-se uma guarda burguesa em cada lugar". Em Aix, os comissários das comunas, fazendo referência ao estado conturbado da Provence, incitaram, em 25 de julho, as vigairarias a formar suas milícias.

Porém, diversos incidentes testemunham claramente que os camponeses nem sempre tiveram necessidade de semelhantes exortações para cooperar com a burguesia das cidades. Por eles é que o duque de Coigny foi preso em Ver-sur-Mer, em Calvados, no dia 24 de julho, e Besenval em Villenauxe, no dia 26. As aldeias das fronteiras montaram também a guarda. Da mesma forma, os aldeões de Savigné, próximo ao Mans, interromperam, no dia 18, a viagem dos senhores de Montesson e de Vassé, deputados da nobreza, e jogaram o carro deles no rio. Diversas anedotas mostram o campo em alerta, vigiando a passagem de suspeitos. Young também foi detido duas vezes próximo a L'Isle-sur-le-Doubs, em 26 de julho. Depois em Royat, em 13 de agosto, e em Thueys, no dia 19. Próximo de L'Isle, foi-lhe ordenado que usasse a *cocarde*. "Foi-me dito que se tratava de uma ordem do Terceiro Estado e que, se eu não era um senhor, eu deveria obedecer. Mas suponhamos que eu fosse um senhor, o que me aconteceria, meus amigos? O que aconteceria? Então, eles me responderam com um ar severo: 'o senhor teria sido enforcado, pois é provável que o senhor o merecesse'." Era apenas maneira de falar, pois eles não enforcaram ninguém.

Seria um erro supor que, se, nos campos, todos acreditaram no complô de aristocracia, isso seria responsabilidade exclusiva das notícias vindas de Versalhes e de Paris. Intimamente, os camponeses temiam tal complô desde quando souberam da convocação dos Estados Gerais. Afinal, haviam entendido o pedido do rei como um anúncio de sua liberação e nem por um instante supuseram que os senhores se conformariam com isso: isso seria contra a natureza deles. Por mais que o povo não conhecesse com exatidão os eventos históricos, ele ainda guardava uma noção lendária deles. Se eles tinham conservado uma vaga lembrança dos "bandidos", eles tampouco puderam esquecer-se de que cada revolta dos *jacques, croquants, va-nu-pieds* e de outros grupos pobres contra os senhores tinha sempre terminado banhadas em sangue. Da mesma forma que as pessoas do bairro de Saint-Antoine tremiam de medo e de ira sob a sombra da Bastilha, os camponeses viam, ao horizonte, o castelo, que, desde o princípio dos tempos, havia inspirado em seus ancestrais mais temor do que ódio. Em alguns casos as coisas pareciam menos severas. Seus canhões haviam se calado já havia algum tempo, as armas já haviam enferrujado e não se viam mais soldados, apenas lacaios. Porém, o castelo ainda estava lá, e como se poderia saber o que acontecia lá? Por acaso, o temor e a morte não poderiam ressurgir outra vez? Ao menor indício, concluía-se que estavam sendo realizados preparativos e reuniões para "massacrar" o Terceiro Estado.

No oeste, esses temores foram confirmados de forma singular. Na Lorena, o marechal de Broglie ordenou que se desarmassem as comunidades. O intendente de Metz transmitiu a ordem no dia 16 de julho e quando o marechal, fugindo, chegou a Sedan, no dia 17, ele fez executar de imediato essa ordem nas cercanias. A medida deve ter sido concebida à época da demissão de Necker, e, mesmo que não se possa afirmar com certeza que ela tenha se baseado na intenção de um golpe de Estado, era impossível vê-la de outra forma. No Franco-Condado, o caso do castelo de Quincey foi ainda mais grave. No domingo, dia 19 de julho, após as festividades comemoradas em Vesoul em razão da notícia da tomada da Bastilha, soldados da guarnição, misturados com alguns moradores, dirigiram-se, à noite, ao castelo do senhor de Mesmay. Eles asseguravam terem sido convidados a festejar lá os eventos recentes. De qualquer forma, os criados os receberam bem e lhes deram de beber. Próximo da meia-noite, eles se retiraram. Quando atravessavam o jardim, um barril de pólvora explodiu em um pequeno depósito. A construção foi pelos ares. Cinco homens morreram, e muitos outros foram feridos. Foi um acidente: não há dúvida de que um dos que bebiam, provavelmente já ébrio, entrou no depósito com uma tocha. No entanto, todos disseram a mesma coisa: eles tinham atirado contra o Terceiro Estado em uma emboscada abominável. Em Paris e mesmo na Assembleia Nacional, ninguém pareceu duvidar disso. Da mesma forma, o caso teve uma ressonância extraordinária em toda a França. No Franco-Condado, ela deu o estopim da revolta agrária que gerou o Grande Medo do oeste e do sudeste. Por mais que os historiadores tenham falado pouco a respeito, trata-se de um dos eventos mais importantes do mês de julho de 1789.

Estando convencidos de que os aristocratas haviam se concertado para fazer cair o Terceiro Estado, os camponeses não se limitaram a prestar socorro aos burgueses das cidades. Surgia um outro meio de conseguir uma vitória estrondosa contra seus inimigos. Como se queria manter o regime feudal, eles se recusavam a pagar as rendas e, em muitas regiões, sublevaram-se para exigir a abolição do regime, queimando os arquivos e até mesmo os castelos. Fazendo isso, eles acreditavam agir de acordo com a vontade do rei e da Assembleia. Como já vimos, eles interpretaram, a partir da mera convocação dos Estados Gerais, que o rei pretendia melhorar sua vida e que seus pedidos seriam, de antemão, atendidos. A conspiração teria suspendido o efeito das intenções do soberano e da Assembleia Nacional. Mas as autoridades anunciaram que, em 15 de julho, Luís XVI havia se reconciliado com os deputados e que, no dia 17, ele havia aprovado a revolução parisiense e, por conseguinte, condenado os conjurados. Liquidar as autoridades corresponderia, portanto, aos seus desejos. Ele mesmo teria dado ordens para que se fizesse justiça ao seu povo. Essas ordens, de fato, não foram tornadas públicas. Elas foram escondidas, e os próprios padres se abstinham de lê-las durante a homilia. Essa dissimulação faria parte do complô. Todos os camponeses revoltosos manifestavam convicções semelhantes. No Dauphiné, desde meados de julho, murmurava-se contra as autoridades que "escondiam as ordens do rei" e contava-se que ele havia permitido queimar os castelos. Na Alsácia, espalhou-se o "surdo rumor" de que ele havia autorizado os camponeses a pilhar os judeus e a recuperar os direitos que lhes haviam sido subtraídos pela aristocracia. Em Laizé, no Mâconnais, "os bandos diziam que marchavam sob ordens superiores e que tinham apenas oito dias para saquear todos os castelos, visto que eles haviam deixado passar intempestivamente as duas primeiras semanas do total de três que lhes haviam sido dadas para saquear". Por vezes, essas narrativas adquiriam uma ingenuidade saborosa. Em Saint-Oyen, os camponeses se queixavam a um burguês "por terem muito trabalho a fazer" e, em Saint-Jean-le-Priche, um homem falante disse que não deveriam tardar demais, "pois ainda lhes faltava muito trabalho a fazer saqueando os castelos até Lyon". Nos limites entre a Lorena e o Franco-Condado, o barão de Tricornot tentou tirar do engano um grupo que ele havia encontrado. "Senhor – disseram-me furiosos – nós temos ordens do rei. Elas estão impressas. Porém, o senhor não tem que se preocupar. O senhor não está na nossa lista, e, caso precise do nosso socorro, nós estaremos à sua disposição". No castelo de Rânes, no bosquete normando, eles se desculparam por serem obrigados a usar da violência contra o seu senhor: "Eles mostraram muito constrangimento em relação a essas ordens imperativas que os forçavam a agir assim, em face de um senhor tão bom. Mas eles souberam que essa era a vontade de Sua Majestade".

Que os camponeses tenham suspeitado de que os aristocratas escondessem deles as ordens do rei que lhes fossem contrárias é bastante compreensível. Mas como se passou da suspeita à afirmação? Diversos indícios fazem pensar que isto foi obra de indivíduos mais ousados que os outros, frequentemente revestidos de autoridade oficial, como síndicos, coletores de impostos e guardas campestres; ou ainda quase oficiais, como os deputados da Assembleia do bailiado, cuja ambição ou temperamento os converteram em líderes. No Mâconnais, diversos acusados diziam ter obedecido às ordens dos síndicos e dos coletores de impostos. Um viticultor de Lugny asseverou que Dufour, de Péronne, teria lhe ordenado marchar, declarando que ele tinha ordens, exibindo um papel impresso, com a ameaça de prendê-lo se ele não obedecesse. Em Revigny, no Barrois, o motim de 29 de julho foi obra de dois sargentos de polícia que, depois do julgamento da justiça prebostal, "abusaram dos seus cargos", e publicaram, ao som de tambores, que, segundo o rei e por ordens que eles portavam, eles procederiam à venda a preço tabelado do trigo de diversos produtores. Em Saint-Maurice, no vale do Moselle, provou-se que um dos condenados "divulgou para o público que ele teria recebido cartas anunciando que ao povo era lícito fazer qualquer coisa". Na Alsácia, um bando tinha como chefe um tecelão que, adornado com um cordão azul, passava-se por irmão do rei. Mais ainda, em Sarreguemines, um cavaleiro da polícia de Sarrelouis foi acusado pelo prefeito e por diversas testemunhas de ter dito que "havia uma lei que permitia a todos regressar, dentro de seis semanas, às propriedades que haviam sido usurpadas". E que apenas a pessoa do produtor rural deveria ser respeitada pelos membros das comunas que haviam sofrido açambarcamento pelos senhores, mas que os seus bens, estes "podiam ser todos saqueados". Esses líderes tinham se autossugestionado? Será que eles interpretavam equivocadamente uma frase ouvida por acaso? Será que todos estavam de má-fé? É impossível dizer.

Provavelmente, cada explicação é válida de acordo com o caso, e, ainda mais provavelmente, todas valiam para cada caso.

Para sustentar suas afirmações, eles sofriam fortemente a tentação de exibir uma placa impressa ou um manuscrito aos camponeses que não sabiam ler. Muitos cederam a essa tentação. No Mâconnais, encontrou-se um viticultor de Blany, que foi posteriormente enforcado, na posse de decisões do Conselho de 1718 e 1719, que ele havia roubado durante uma pilhagem e que, segundo se suspeitava, ele teria mostrado para empolgar a multidão. Em Savigny-sur-Grosne, um fazendeiro viu-se presenteado por um viticultor com um livro roubado de um castelo com a afirmação de que ele "conteria ordens do rei". "O deponente teve a curiosidade de abrir o livro e viu que se tratava simplesmente de uma brochura relativa a um processo da casa de La Baume-Montrevel. Isto o levou a dizer ao dito Sologny que, se ele não tivesse ordens melhores do que aquelas, era melhor que ele se mantivesse obedecendo às regras". Em todas as regiões revoltosas, afirmou-se que circulavam falsas placas com o nome do rei. Vê-se, por esses exemplos, como esse rumor pôde nascer. Todavia, não há dúvida de que alguns instigadores redigiram ou mandaram redigir placas manuscritas. No Mâconnais, o padre de Péronne disse, em depoimento, ter lido "um papel manuscrito com grandes caracteres: Por ordem do rei, é permitido a todos os camponeses ir aos castelos do Mâconnais pedir os registros dos direitos feudais e, em caso de recusa, é permitido saquear, incendiar e pilhar, que nenhum mal lhes será feito". De acordo com o notário de Lugny, o portador dessa ordem era Mazillier, vendedor de sal e de tabaco em Saint-Gengoux-de-Seissé, que foi enforcado em Cluny. As autoridades de Cluny e as de Mâcon requereram reciprocamente um exemplar da placa criminosa. O senhor de Gouvernet, comandante militar da Borgonha, ouviu falar a respeito, e o próprio governo acabou sendo informado. Mas não se pôde encontrar a placa. Por acaso, encontrou-se outra similar, cujo texto reproduzimos no apêndice. Ainda que não possamos precisar a data, ela foi provavelmente afixada durante as revoltas agrárias de julho e de agosto e até mesmo antes, pois está datada de 28 de abril de 1789. Ela foi afixada à porta da igreja de Beaurepaire e das paróquias vizinhas, em Bresse e nas cercanias de Louhans. O acusado, um tal de Gaillard, operário nas salinas de Lons-le-Saunier, anteriormente banido por furto de sal, recusou-se a dizer quem escrevera a placa. Mas a confecção grosseira e sua ortografia incerta mostram que ela foi produto de um escrivão da aldeia, senão do próprio Gaillard.

Os rumores a respeito da placa foram se espalhando e, como os outros, também se deformaram. Já o notário de Lugny assegurava que a placa mostrada ao padre de Péronne era impressa. O senhor de Gouvernet afirmava que a carta tinha sido espalhada por um notário. Tratava-se provavelmente de Giraud, notário em Clessé, que se tornara chefe dos revoltosos. Desta forma, o partido aristocrático pôde vincular as revoltas agrárias ao complô de que, pouco depois, ele incriminaria os seus adversários. Não há embasamento para a tese de que a Assembleia Nacional e a burguesia das cidades, em conjunto, tenham organizado as *jacqueries*. Basta lembrar que a Assembleia só decidiu depois de muita hesitação desferir um golpe no regime feudal, ao passo que a segunda, geralmente proprietária dos direitos senhoriais, cooperou ativamente com a repressão ao ponto de se mostrar, por vezes, implacável. Decerto não é impossível que alguns burgueses isolados tenham instigado os camponeses. O ataque realizado contra a abadia de Cluny bem que poderia ter sido recomendado por habitantes de Mâcon. Chevrier, historiador da Revolução no Ain, reproduz o texto de um libelo que teria circulado após 14 de julho, conclamando os camponeses a se insurgir: "Aos senhores do Terceiro Estado. Os senhores serão surpreendidos pela nobreza se não se dedicarem a devastar e incendiar seus castelos, passando ao fio da espada esses traidores que nos farão perecer". Em Montignac (no Périgord), o senhor de La Bermondie acusou, depois, o médico Lacoste, futuro membro da Convenção, de ter subido ao púlpito da igreja, em 19 de julho, e de lá ter sustentado intentos incendiários: "Eu lhes farei a leitura de alguns documentos da capital que nos anunciam uma conspiração da maior parte da nobreza, que lhe fará desonra para sempre, e, sustentando que nós somos todos iguais, eu lhes posso assegurar, em nome da nação, que as vítimas imoladas, com justiça, pelo povo de Paris, são-nos uma séria garantia de que nós podemos imitar corajosamente os mestres desses grandes atos, que fizeram perecer aristocratas como Bertier, Foulon, de Launay etc." Outros teriam lido ao povo uma carta falsa "por meio da qual eles caluniavam o monarca, dizendo que ele pôs a cabeça de sua augusta esposa ao preço de 100 mil francos".

Mas a acusação foi reforçada, principalmente, pela presença de um grande número de burgueses do campo na qualidade de líderes dos revoltosos, como Johannot, diretor da manufatura de Wesserling, no vale do Saint-Amarin, e, mais tarde, presidente do diretório do Haut-Rhin; o antigo oficial de infantaria La Rochette (em Nanteuil), próximo de Ruffec, e de Gibault, senhor de Champeaux, no Mesnil, próximo de Briouze, nos bosquetes normandos. Ao lado deles, encontram-se até mesmo nobres como Desars-Dorimont, senhor de Verchain-Maugré, no Hainaut, que conduziu seus camponeses até a abadia de Vicoigne. Todas essas personagens, assim comprometidas com a causa, alegaram que eles teriam sido levados à força, o que era decerto verdadeiro para a maior parte deles. Porém, a atitude de alguns é duvidosa, não nos permitindo dizer até que ponto eles consentiram livremente em participar. Em La Sauvagère, nos bosquetes normandos, um mestre de fundição chamado La Rigaudière, membro da municipalidade, e seu filho, advogado em La Ferté-Macé, parecem ter desempenhado com bastante ardor seu papel de líderes improvisados. O padre acusou o pai de ter dito "que iríamos queimar o arquivo de La Coulonche e que, se não o encontrássemos, nós queimaríamos o castelo, o de Vaugeois e, talvez, os presbíteros". Quando La Rigaudière foi preso, sua mulher fez soar o alarme dos sinos para amotinar os camponeses e liberá-lo.

Não seria de surpreender que essa personagem sentisse certa animosidade em face do seu senhor e nem se trataria de caso único. Afinal, ainda que não estivessem em uma situação tão ruim, um grande número de pessoas foi acusado de ter posto lenha na fogueira para satisfazer suas inimizades pessoais. Na mesma região, em Saint-Hilaire-la-Gérard, os irmãos Davoust, dos quais um era padre, foram apontados pelo intendente como responsáveis pelas agitações. Eles tinham inveja, de acordo com ele, de sua prima germana, senhora naquele local, que, bem menos rica do que eles, gozava, porém, de prerrogativas honoríficas na paróquia. Em Lixheim, na Lorena alemã, um oficial municipal incriminou o tenente-general do bailiado que, após a leitura de uma carta que relatava as mortes cometidas em Paris, teria afirmado "que, se os burgueses de Lixheim tivessem coragem, eles teriam feito o mesmo" a três membros da municipalidade que ele designou por nome. Na Alsácia, em Guebwiller, foi, pelo contrário, o bailiado que acusou o magistrado, apontando até mesmo o dispositivo legal que o punha em conflito de jurisdição. No Franco-Condado, os concessionários da fornalha de Bétaucourt imputaram a destruição de sua usina à inveja de diversos burgueses de Jussey. O padre de Vonnas, na Bresse, foi acusado pelo senhor do local pela pilhagem do castelo de Béost. Em Châtillon-sur-Loing, o senhor denunciou um magistrado municipal "que se tornara popular em meio à ralé" por lhe prejudicar. O diretor da arrecadação de Baignes, na Saintonge, atribuiu o motim do qual ele fora vítima aos curtidores da região e ao agente que o duque de La Vauguyon teria encarregado de explorar sua floresta de Saint-Mégrin. Eles queriam, segundo ele, vingar-se das investigações realizadas em razão de suas fraudes.

Porém, nada disso permite supor um conluio. É fácil de explicar que palavras desabridas tenham sido pronunciadas no dia seguinte à tomada da Bastilha. Ademais, em todas as *jacqueries*, que nos são bem conhecidas, como, por exemplo, as de 1358 na França, a de 1381 na Inglaterra e a de 1525 na Alsácia, na Suábia e na Francônia, viram-se, ao longo do tempo, burgueses, nobres e padres, pondo-se ao lado dos camponeses pelos motivos mais variados, que fazem excluir qualquer ideia de conluio. Nas revoltas agrárias de julho de 1789, incitações desse tipo puderam realizar apenas ações episódicas. Os camponeses tinham seus próprios motivos para agir, e eles eram mais do que suficientes.

5

As revoltas camponesas

As sublevações camponesas não se diferenciam, em sua essência, das ocorridas durante a primavera. Se o 14 de julho aumentou e precipitou o movimento, ele não é a sua causa. Na origem das sublevações há, mais do que nunca, a miséria que a penúria e o desemprego geravam. As mais violentas se verificaram nas montanhas do Mâconnais, nos bosquetes normandos, nos planaltos do Franco-Condado, na região campestre de Sambre – "a má região", onde os cereais eram raros. Como na primavera, os revoltosos se insurgem, seja contra os impostos e os agentes do rei, seja contra os privilegiados e, mais frequentemente, contra ambos. Na região do Eure, a questão era baixar o preço do pão a 2 soldos ou 2 1/2 soldos por libra e de suspender o pagamento dos subsídios. Nas encostas orientais da Perche, a população dos bosques, lenhadores e ferreiros, que nunca deixou de estar conturbada desde o inverno, deu o estopim: em 15 de julho, em Laigle, o motim causou vários estragos. De lá, prosseguiu na direção leste: no dia 19, foram pilhados os escritórios de arrecadação de Verneuil; no dia 20, houve motins nos mercados da mesma cidade e, nos dias 22 e 23, em Nonancourt. O mesmo vale para a Picardia: desde as agitações de maio, a pilhagem dos comboios e dos armazéns não havia jamais cessado; agora, ela fora retomada vigorosamente. As repartições de arrecadação, os armazéns de sal e os depósitos de tabaco foram saqueados; todos os pagamentos foram suspensos ao longo da fronteira aduaneira entre o Artois e a Picardia. O caso de Ardennes é semelhante: as pequenas aldeias do vale do Meuse deram o exemplo. Mas, nessas regiões, ainda que nem o dízimo e nem os direitos feudais fossem ainda pagos com exatidão, não houve assalto aos castelos. A situação é plenamente diversa no Maine, onde o movimento, muito violento contra a gabela e as taxas, culpou os senhores. No Hainaut, o movimento, suscitado pela carestia, dirigiu-se contra os abades. No Franco-Condado, na Alsácia e no Mâconnais, ele foi essencialmente antissenhorial.

Essa acentuação do seu caráter antissenhorial, provocada claramente por influência do complô da aristocracia e da insurreição parisiense, diferencia o movimento de julho dos distúrbios da primavera. Ainda que se deva atribuir o primeiro estopim às agitações que conturbaram as cidades – isto é, o mesmo que ocorrera nos casos anteriores – não há dúvida de que, em muitos vilarejos, surgiram homens suficientemente ousados para pregar a revolta contra a aristocracia e dar o primeiro sinal. Porém, a Assembleia não havia decidido a respeito do dízimo e dos direitos feudais; a burguesia jamais falara de suprimi-los à força, menos ainda sem nenhuma indenização. Os camponeses tomaram em suas próprias mãos a sua causa.

Além disso, convém também recordar que, nesse aspecto, não é possível traçar uma linha demarcatória muito clara entre as regiões de *jacquerie* e as outras. A hostilidade contra as rendas manifestou-se em todos os lugares. Nos lugares em que os camponeses não se sublevaram, ao menos praticaram uma resistência passiva e, recusando-se aos pagamentos, arruinaram o Antigo Regime. Em 29 de julho, o bispo de Léon declarou que seus fiéis haviam acordado não pagar o dízimo, ou, no mínimo, não pagar sua taxa habitual. O ministro lhe respondeu: "Infelizmente, esta sublevação não se limita à sua diocese, pois se manifestou também em outros lugares". A Provence, o Dauphiné, a Bretanha, a Picardia, a Flandre Wallonne e o Cambrésis persistiam na resistência adotada já bem antes do 14 de julho. Os habitantes do Artois recusaram o pagamento de dízimos e do imposto sobre os cereais, conforme consta de um decreto do Conselho do Artois de 1º de agosto. O mesmo vale para a Champagne: "Eles já se consideram liberados", escreveu o comandante de Thuisy em 23 de julho, "e muitas paróquias planejam organizar-se para assegurar à força que nunca mais tenham de pagar". Nos dias 21 e 22, o marquês de Rennepont foi obrigado, próximo a Joinville, a assinar uma renúncia de todos os seus direitos relativos aos senhorios de Roches e de Bethaincourt. A abadia de Saint-Urbain-lez-Saint-Dizier foi invadida no fim do mês e, em Hans, próximo de Sainte-Menehould, o conde de Dampierre, que, mais tarde, por ocasião das agitações de Varennes, foi morto pelos camponeses, já fora ameaçado de incêndio. Na região de Paris, os senhores e seus agentes tinham muitas razões para se queixar. Desde o dia 19, o bailiado e o intendente de Brie-Comte-Robert vieram pedir socorro à Assembleia dos Eleitores. No dia seguinte, o bailio de Crécy-en-Brie teve de fugir. No dia 27, o senhor de Juvisy protestou contra as humilhações que lhe haviam sido direcionadas por instigação do procurador fiscal de Viry e de Savigny-sur-Orge. No dia 17, o senhor de Epinay-sur-Orge ordenou a morte de todas as suas pombas para tranquilizar os ânimos. Em Beauce, segundo dizia o padre de Moreille, em 28 de julho, "em razão do rumor de que tudo irá mudar", os moradores não quiseram pagar nem o dízimo nem a jugada, "pois, segundo dizem, a nova lei que será promulgada há de autorizá-los a não pagar".

Porém, para estudar a história do grande pânico, interessam particularmente as sublevações à mão armada que tiveram lugar nos bosquetes normandos, no Franco-Condado, na Alsácia, no Hainaut e no Mâconnais. Por sua amplitude e por sua violência, elas tiveram muito maior importância do que as outras agitações. Como sempre, os que intervieram nelas receberam a alcunha de "bandidos", o que contribuiu, em grande medida, para que o alarme tivesse maior difusão. Porém, também não se pode duvidar de que as revoltas do Franco-Condado e do Mâconnais foram causas diretas dos pânicos.

A agitação dos bosquetes teve como antecedente os motins urbanos que se multiplicaram na parte ocidental da Perche e na planície normanda logo após a notícia da tomada da Bastilha. Em Caen, no dia 20, taxou-se o trigo no mercado e, no dia 21, ao mesmo tempo em que caía o castelo, tomaram-se as rendas das gabelas e dos subsídios. Revoltas semelhantes tiveram lugar em Mortagne e em Mamers nos dias 21 e 22, e em Argentan. Porém, Falaise havia se adiantado a outras cidades nos dias 17 e 18, e deu o primeiro impulso aos bosquetes. No dia 19, quando houve o ataque ao conde de Vassy, que voltava de Versalhes após a notícia de que suas propriedades estavam sendo ameaçadas, ele foi atacado nas cercanias, e toda a região se agitou. A leste de Orne, não se verificaram incidentes verdadeiramente graves. O abade de Villers-Canivet foi ameaçado de pilhagem, mas a milícia de Falaise o salvou. Em Ronay, nos dias 27 e 28, os camponeses ingressaram no castelo, queimaram alguns documentos e trancaram o pombal, mas não causaram maiores estragos. A oeste de Orne, os acontecimentos tiveram um caráter mais grave. O marquês de Ségrie foi obrigado a fugir diante de seus vassalos, refugiando-se em Falaise, onde, no dia 22 de julho, pôde salvar seu castelo assinando uma renúncia a todos os seus direitos. O conde de Vassy, que havia se instalado em Clécy, foi atacado nos dias 22 e 23, seus arquivos foram destruídos, e, no dia 27, também teve de renunciar a seus direitos. Em Thury, o castelo do duque de Harcourt foi parcialmente saqueado. Nos dias 24 e 25, no vale do Noireau, em Caligny, o marquês de Oillamson viu seu castelo ser pilhado e seus documentos serem queimados. O movimento não progrediu mais do que isso na direção oeste. Mas, ao sul, ele pôde avançar. Entre os dias 23 e 25, a maioria dos castelos sitos entre Orne, Flers e La Ferté-Macé foram assaltados: Durcet, Saint--Denis, Briouze, Saires, Lignon e Rânes. Como regra geral, pedia-se a entrega dos documentos sem que se fizessem muitos estragos. No entanto, a rebelião adquiriu maior violência a oeste e ao sul de La Ferté-Macé. Em La Coulonche, nos dias 24 e 25, lenhadores e ferreiros do bosque de Andaine foram a La Coulonche reclamar os títulos dos direitos senhoriais e inspecionaram em vão o castelo. No domingo, dia 26, o conde de Montreuil fez com que os padres de La Coulonche e La Sauvagère anunciassem, durante a homilia, que eles renunciavam a todas as suas prerrogativas. Mas foi em vão. Tiveram, da mesma forma, que entregar o arquivo de La Coulonche e apenas conseguiram que, em vez de destruídos, fossem selados. No dia 27, em La Sauvagère, o castelo de Vaugeois foi saqueado, o conde teve de pagar um resgate, e seus documentos foram queimados. Depois, no mesmo dia, as duas aldeias desceram até Couterne, onde se reunia o restante da população. O marquês de Frotté teve de entregar seus títulos de direitos senhoriais e assinar uma renúncia. Foi ainda pior em La Motte-Fouquet, nos dias 27 e 28: o marquês de Falconer, que comprara alguns anos antes essas terras, havia conquistado o ódio do povo ao se apoderar das terras de uso comum e ao proibir a entrada nos bosques. Não satisfeitos em incendiar os documentos e exigir a habitual renúncia, os camponeses molestaram o velho já debilitado e seus hóspedes. Puseram-no tão próximo da fogueira, que ele chegou a sofrer algumas queimaduras. A revolta se propagou até Sées: em Carrouges e em Sainte-Marie-la-Robert, Leveneur conseguiu sair dessa situação abandonando seus direitos. Mas, no dia 29, em Saint-Christophe-le-Jajolet, e em 2 de agosto em Saint-Hilaire-la-Gérard, imitou-se a queima de arquivos. A onda continuou, atravessou Mayenne e penetrou no bosquete do Mans até chegar a Coévrons. No dia 28, o bando de Couterne renovou seus estragos em Madré e em Saint-Julien-du-Terroux. No dia 30, vários vilarejos chegaram até o castelo de Hauteville em Charchigné pedindo a restituição das multas e a entrega dos arquivos. Mais tarde, foi dito que se tratava do nono arquivo destruído na região de Lassay. Daí, podemos deduzir que não conhecemos todos os prejuízos que causaram. O último incidente parece datar de 3 de agosto. Neste dia, o preboste de Mayenne, La Raitrie, chegou a tempo de salvar o castelo de Bois-Thibault, próximo a Lassay. Mas os armazéns de sal continuaram ameaçados. Em 3 de agosto, os lenhadores de Fontaine-Daniel foram pilhar o de Mayenne, e, na noite do dia 5 para o dia 6, os camponeses das cercanias de Lassay penetraram no burgo e tentaram apoderar-se à força do sal. Não há dúvida de que mesmo fora do centro da *jacquerie* também houve muitas agitações. Uma carta enviada de Domfront a um jornal de Paris relatava que "todos os camponeses aqui pegaram em armas" e observava que eles haviam autorizado, em Mortain e em Tinchebray, a percepção dos direitos senhoriais devidos ao duque de Orléans. Na direção leste, a senhora De Grieu d'Enneval teve de concordar em pagar à paróquia de Sap, ameaçada de pilhagem, três mil libras de custas por um processo que ela havia ganhado a respeito do direito de ter um banco na igreja. No campo de Caen, em 26 de julho, o senhor Avenel, que se fez atribuir a propriedade do pântano de Ranville, viu sua casa ser parcialmente devastada e, nos dias seguintes, viu como se apropriavam daquilo que até então havia sido terra comunal. Em outras aldeias em que não se usou de violência, tomou-se a decisão de pôr fim aos censos ou de regular como quisessem. "Algumas paróquias", dizia, no dia 27, o padre de Sainte-Marie-la-Robert, que havia ajudado Leveneur a salvar seu castelo, "foram feitas Assembleias para pagar o dízimo em uma quantia arbitrária, fixada por eles mesmos em suas deliberações. Outras resolveram não pagar absolutamente nada". O mesmo acontecia no Haut-Maine: nos arredores do Mans, os arrendatários acordaram em se liberar dos direitos senhoriais. No dia 22, em Teloché, antes do pânico que eclodiria à noite, um bando se apresentou diante do castelo de forma ameaçadora. Mas, apesar de tudo isso, a *jacquerie* dos bosquetes foi bem menos grave do que aquelas do leste, pois ela não deu causa a incêndios de castelos.

No Franco-Condado, a agitação, como já dissemos antes, foi violenta desde o fim de 1789, pois a nobreza e os parlamentares haviam protestado com obstinação e ostentação contra as pretensões do Terceiro Estado e contra a "duplicação" que o rei havia concedido, bem como em razão de o regime feudal ser ali muito pesado. Havia mais de 100 aldeias submetidas à mão-morta no bailiado de Amont, que foi o centro da insurreição. O parlamento de Besançon havia envidado todos os esforços para favorecer as exigências feitas pela aristocracia, bem como o seu domínio sobre as terras comunais e sobre os bosques. A aldeia de La Vôge, particularmente famosa, logo se rebelou, e suas primeiras incursões na direção do sul datam, provavelmente, de antes de 14 de julho. Em todo caso, no dia 19, os lenhadores de Fougerolles, após terem ouvido a notícia da tomada da Bastilha, desceram a Luxeuil e saquearam os escritórios do Fisco. O povo pressionou o intendente para que ele fizesse os nobres, que faziam tratamentos de cura nas águas, assinar uma renúncia, devendo avisá-los para que deixassem a cidade dentro de 24 horas. Em Vesoul, os ânimos estavam tão alvoroçados quanto em Besançon: no dia 16, insultaram-se os fidalgos que vieram assistir à Assembleia convocada para o dia seguinte, na qual eles deveriam dar maiores poderes aos seus deputados. Já nos portões da aldeia, o senhor de Mesmay, senhor de Quincey, conselheiro do Parlamento e famoso "protestante", foi particularmente visado, de forma que se falava corriqueiramente da destruição de seu castelo. Ele julgou que estava perdido e fugiu na tarde do dia 17. Decerto, a situação era muito perigosa, mas era possível que, passando dois dias sem incidentes, o regime feudal teria ali também desaparecido sem grandes agitações, como na maior parte da França. No entanto, no dia 19, perto da meia-noite, os moradores de Vesoul e das aldeias próximas foram acordados pela explosão do castelo de Quincey, de que já falamos anteriormente. Uma hora depois, o castelo ardia em chamas, e, durante todo o dia 20, todo o mundo atacou ferozmente as propriedades do senhor de Mesmay, que perdeu 200 mil libras. No dia 21, toda a região estava conturbada.

Não se realizou nenhum estudo metódico sobre a sublevação do Franco-Condado, sendo possível que jamais se possa, com efeito, traçar um quadro preciso do que ali ocorreu; afinal, nunca se realizou uma investigação judicial ou administrativa, diferentemente do que aconteceu no Mâconnais e no Dauphiné. As informações que nós recolhemos são fragmentárias e, em geral, não estão datadas. Por isso, não podemos seguir de perto a difusão do movimento. Porém, não há dúvida de que ele se difundiu em todas as direções dos arredores de Vesoul. O incidente de maior repercussão ocorreu no leste: segundo parece, no dia 21, incendiou-se o castelo de Saulcy, que foi o único que teve o mesmo destino que o de Quincey. Nos dias 21 e 22, destruiu-se a abadia de Lure sob os olhos dos moradores da cidade, que só reagiram no dia 23, quando julgaram que sua segurança estava ameaçada. Da mesma forma, a abadia de Bithaine foi submetida à mesma ação, ao passo que os castelos de Saulx, Montjustin, Mollans, Genevreuille, Francheville e Châtenois foram testemunhas de cenas mais ou menos violentas no dia 3 de agosto. Nessa direção, o movimento não ultrapassou Oignon, pois foi contido pela guarnição militar de Belfort, cujo chefe, o conde de Lau, foi enviado rapidamente por Rochambeau. Chegou no dia 23, e seu destacamento de cavalaria se apressou a conter os ânimos nas aldeias. Na direção norte, toda a região até Saône e Coney foi atingida. O castelo de Charmoille foi destruído, os de Vauvillers, onde morava a senhora De Clermont-Tonnerre, de Sainte-Marie e de Mailleroncourt foram devastados. A abadia de Luxeuil foi saqueada no dia 21. As abadias de Clairefontaine e de Faverney, assim como o priorado de Fontaine, foram danificados e tiveram de pagar resgate. Em Fontenoy-le-Château, a secretaria judicial foi atacada.

De Vôge, a revolta ameaçou a Lorena. No Val-d'Ajol, no dia 23, pilhou-se o arquivo judicial, e destruiu-se a serraria do senhor e, no mesmo dia, invadiu-se o priorado de Hérival. Os moradores das aldeias resolveram exigir das cônegas de Remiremont que renunciassem a todos os seus direitos, mas a cidade resolveu se defender e pediu tropas a Épinal. Apesar de tudo isso, os camponeses conseguiram penetrar nesses locais, ainda que não tenham causado nenhuma conturbação. Isso marcou o fim das devastações nessas regiões. Mais distante de Coney, nas fontes do Saône, o arquivo judicial de Darney e as abadias de Flabécourt e de Morizécourt escaparam ao saque em parte graças aos burgueses de Lamarche; assim, os atos de violência não avançaram mais. No entanto, na direção oeste, parece que as agitações tiveram amplitude maior. Destruiu-se o castelo de Scey-sur-Saône, propriedade da princesa de Bauffremont. Entre Saône e Oignon, a abadia de La Charité e o castelo de Frasnes também foram atacados. As revoltas seguiram até a abadia de Cherlieu e o vale do Amance, onde os monges de Beaulieu, próximo a Fayl-Billot, tiveram de abandonar os processos em curso e renunciar aos direitos de compáscuo. Ali, já se estava às portas de Langres. Na direção de Dijon, nossas informações, muito sucintas, não dão conta de nenhuma devastação. Porém, a milícia e a guarnição militar de Gray tiveram de circular permanentemente pelo campo para as impedir: a abadia de Corneux e a senhora de Rigny pediram socorro. Young, logo após jantar com senhores que haviam fugido de seus castelos, resume assim a conversa que tiveram: "A descrição que fizeram sobre o estado dessa parte da região, de onde eles vêm, à estrada de Langres a Gray, é terrível. O número de castelos incendiados não é considerável, mas, em compensação, três de cada cinco castelos foram alvos de saque". Por fim, no sul, no vale do Oignon, o castelo de Avilley foi destruído e, mais distante, as aldeias que dependiam da abadia de Trois-Rois, próximo de L'Isle-sur-le-Doubs, saquearam-na. Com isso, já se estava em Doubs; não tardaram a atravessá-lo entre L'Isle e Baume-les-Dames. Do dia 26 até o dia 29, as abadias de Lieu-Croissant e de Grâce-Dieu e os priorados de La Chaux e de Lanthenans assistiram à passagem dos camponeses das paróquias que vinham reclamar seus títulos; porém, todos puderam se salvar sem consequências muito graves. Através do planalto de Ornans, a rebelião prosseguiu até o sudeste, fenecendo apenas no alto do vale do Doubs, onde Pontarlier, que havia, no dia 21, rebelado-se contra os arbítrios e privilégios, converteu-se em um centro de agitação. Já no dia 23, houvera agitações em Vuillafans. No dia 25, em Valdahon, os documentos das senhorias, que se tentavam transportar para Besançon, foram tomados e destruídos; logo depois, o castelo de Mamirolle foi saqueado. Estes dois domínios pertenciam à senhora De Valdahon, que gozara de certa fama graças aos seus casos com um mosqueteiro que depois se tornou seu marido, bem como aos seus problemas com seu pai, o marquês de Monnier. Nos dias 28 e 29, foi a vez de a abadia de Mouthier-Hautepierre ser assaltada. Por fim, no dia 29, 6 mil moradores desceram das montanhas em direção a Vuillafans e Chantrans, onde os notários que guardavam os arquivos de diversos senhores se tornaram vítimas. Durante esse tempo, o priorado de Mouthe, situado próximo às fontes do Doubs, foi invadido na noite do dia 27 para o 28, e a abadia de Sainte-Marie, mais ao norte, foi seriamente ameaçada. Por fim, no dia 31, os vassalos da abadia de Montbenoît foram a Pontarlier reclamar os títulos que estavam depositados lá.

As agitações do Franco-Condado foram ainda mais variadas do que as dos bosquetes. Não apenas se exigiu dos senhores e de seus notários que entregassem seus registros, mas também que destruíssem os documentos dos arquivos, isto é, das justiças senhoriais. Visaram-se sobretudo as fábricas, as fundições e as serrarias que os senhores haviam autorizado em grande número e que devastavam a floresta, prejudicando fortemente o uso comum. Assim, a serraria de Val-d'Ajol, a fornalha de Bétaucourt e a retenção de águas da fundição de Conflandey foram destruídas. Porém, sobretudo os atos violentos foram mais graves e chegaram a atingir pessoas. Os nobres fugitivos encontraram diversas dificuldades para escapar através de uma região que estava toda armada. Nas cartas e nas memórias do marquês de Courtivron, parente de Clermont-Tonnerre, e da senhora Gauthier, que se encontravam nas termas de Luxeuil, bem como em uma "carta aos seus comitentes", escrita por Lally-Tollendal, que havia sido informado por seus parentes e seus amigos, há uma descrição comovente e provavelmente exagerada das humilhações a que os fugitivos tiveram de se submeter.

É sobretudo no relato de Lally-Tollendal que abundam incidentes dramáticos. A senhora de Listenay fugindo do castelo de Saulcy em chamas com suas filhas; o cavaleiro Ambly arrastado pelo esterco, com os cabelos e sobrancelhas arrancados; o senhor e a senhora Montessu detidos, logo após saírem de Luxeuil, e maltratados pela multidão que ameaçava jogá-los no pântano; o senhor de Montjustin suspenso sobre um poço, enquanto se discutia se deviam deixá-lo cair ou não. Exceto no caso da fuga da senhora de Listenay, os documentos encontrados não nos permitem verificar os relatos mencionados. Não se pode duvidar da veracidade de Lally, mas ele não foi testemunha ocular, tampouco estamos certos de que seus correspondentes o foram. A sorte da duquesa de Clermont-Tonnerre, surpreendida em Vauvillers, foi menos trágica: ela se escondeu em um celeiro de feno e foi liberada por um destacamento de caçadores que matou ou feriu uns vinte camponeses. Courtivron assegura que a procuravam para matá-la, mas não podemos nos fiar absolutamente nisso, pois, por mais que tenha havido muitas humilhações, morte não houve nenhuma. Somos bastante céticos a respeito de um incidente escandaloso, que teria acontecido em Plombières, e que apareceu relatado em um folheto dessa época e em um artigo do *Journal de la Ville*. Três senhoras, conhecidas por terem comemorado a demissão de Necker, teriam sido surpreendidas durante o banho e levadas nuas à praça, onde elas teriam sido obrigadas a dançar.

Como já foi dito, a guarnição de Belfort, que havia conseguido manter a ordem na cidade, conseguiu também dominar o campo de Doubs até Vosges; seus destacamentos estiveram em Delle, ao sul, e em Giromagny, no norte. Chegaram até Doller e tranquilizaram Masevaux, cuja abadessa havia fugido para Belfort. Também ocuparam o castelo de Schweighausen em Morschwiller, propriedade do senhor de Waldner, pai da baronesa de Oberkirch. Porém, quem mais pôde se alegrar pela atividade do conde de Lau foi o príncipe Frédéric-Eugène, regente de Montbéliard no lugar de seu irmão, o duque de Wurtemberg. Ele tremia de medo em seu castelo de Étupes, junto de sua mulher, Doroteia da Prússia. Não sem razão, pois os aldeões estavam bastante dispostos a imitar os moradores do Franco-Condado. No dia 23, eles devastaram as salinas de Saulnot. Em Montbéliard, o alarme era contínuo: por isso, uma guarnição francesa se instalou lá. Apesar disso tudo, a infiltração dos revolucionários venceu todos os obstáculos. Uma vez saqueado o castelo de Saint-Maurice, em Pont-de-Roide, prosseguindo-se ao longo dos limites de Porrentruy, chegou-se a Ajoie. Ao norte, através da montanha, o vale do Thur foi ameaçado. No dia 26 de julho, o diretor de arrecadação de Thann estava em "terrível sobressalto havia três dias", pois "havia um bando de saqueadores de Vôge que, segundo se diz, é composto de 900 homens prontos para saquear, violentar, incendiar e atacar todos os conventos, matar os agentes fiscais etc." O exemplo do Franco-Condado pode ter também contribuído para desencadear os motins da Alta-Alsácia, a despeito da diferença de idiomas. Todavia, a Alsácia estava já madura para a sublevação, e como as agitações se iniciaram na Baixa-Alsácia, avançando do norte ao sul, pôde-se acreditar que as notícias provenientes da província vizinha atuaram apenas lateralmente.

Desde o edito que, em 1787, havia criado a assembleia provincial e dado às comunidades o direito de eleger os membros das suas municipalidades, que até então eram nomeadas pelos senhores ou por minorias privilegiadas, as cidades da Alsácia agitaram-se violentamente. A nobreza e as oligarquias municipais haviam oferecido uma vigorosa resistência à reforma e, em 2 de junho de 1789, o rei decidiu conservar sem mudança alguma a administração das cidades imperiais e de todos os lugares onde a burocracia municipal provinha de eleições, ainda que nominal. Nos locais em que uma nova municipalidade havia sido constituída, ela se chocava com o *Gericht* ou o *magistrat*, composto de oficiais indicados pelo senhor, que pretendiam manter com a justiça uma enormidade de atribuições administrativas que o Antigo Regime não distinguia com clareza. Depois do dia 14 de julho, a burguesia, apoiando-se mais ou menos publicamente no povo, resolveu o conflito conforme lhe convinha. Em Estrasburgo, um terrível motim deu o primeiro sinal no dia 21 de julho. Em Colmar, no dia 25, houve manifestações, que as pequenas cidades imitaram. Saverne e Haguenau, Barr e Obernai, Kaysersberg, Munster – cujo magistrado fugiu no dia 25 –, Brisach e Huningue. Nos campos, a carestia não parece ter sido grave, mas se reclamava igualmente do preço e do imposto real. Como no resto do país, o camponês não queria continuar pagando o dízimo e sentia grande animosidade contra o senhor, seus funcionários e seus guardas, especialmente nas regiões de montanha, onde se discutia o uso dos bosques e, como consequência, a situação era muito tensa. Como indicamos anteriormente, já na primavera, fora notada uma agitação crescente que inspirava muitos temores; tanto, que o marechal de Stainville, comandante militar, havia proibido as assembleias e as reuniões. Mas ele morreu, e Rochambeau o substituiu apenas a partir de julho. As agitações urbanas conseguiram desorganizar a resistência e funcionaram como um sinal para o começo das sublevações.

Já no dia 25, Dietrich, que se tornara chefe da burguesia revolucionária de Estrasburgo – mas que, no vale do Bruche, possuía desde 1771 a senhoria de Ban-de-la-Roche, composta de oito comunidades –, havia sido informado de que seu castelo de Rothau corria sério perigo. No mesmo dia, os habitantes dos vales de Sainte-Marie-aux-Mines e de Orbey desceram em direção a Ribeauvillé, onde estava a sede da chancelaria do duque de Deux-Ponts, conde de Ribeaupierre. Foram assaltadas também, no dia 26 e no dia 28, as religiosas de Saint-Jean-des-Choux, nas proximidades de Saverne. Um pouco depois, houve agitações em Bouxwiller, em La Petite-Pierre e nas cercanias de Haguenau, onde foi preciso proteger a abadia de Le Neubourg. Mais ao sul, as abadias de Andlau, Marbach e de Marmoutiers também pediram socorro. Em toda essa região não houve destruições. Dietrich cedeu, no dia 28, às reclamações de seus vassalos. A repartição intermediária de Colmar interveio em diversos lugares e logrou alguns acordos: o duque de Deux-Ponts concedeu tudo o que lhe fora pedido. Porém, no sul da Alta-Alsácia, a situação foi diversa. Já o vale do Fecht estava bastante conturbado: do dia 25 ao dia 29, Munster foi palco de manifestações tumultuosas que repercutiram no vale; por exemplo, no dia 27, em Wihr-au-Val. No vale do Saint-Amarin e em Sundgau houve verdadeiras sublevações. No domingo, dia 26, em Malmerspach, um morador relatou, na igreja, logo após a missa, os eventos de Paris e, em seguida, o povo foi atacar a abadia de Murbach, as casas dos guardas e as repartições fiscais. No dia 27, no alto do vale do Lauch, o cabido de Lautenbach foi atacado e eclodiu um motim em Thann, onde a burguesia, em vez de apoiar o magistrado, declarou-se contra ele. Viu-se, então, os habitantes do vale descerem em direção a Guebwiller. O cabido fugiu, e seus funcionários assinaram os acordos que os camponeses lhes impuseram. Veio, então, a vez de Sundgau: a iniciativa parece ter partido de uma aldeia das cercanias de Huningue. Nos dias 27 e 28, quando se transportam para essa cidade os arquivos de diversos senhores, Hesingen e Ranspach tentaram detê-los, e, na noite do dia 27 para o 28, Blotzheim saqueou as casas dos judeus. Os acontecimentos mais graves ocorreram nos dias 29 e 30 no vale do Ill, ao sul de Altkirch: foram completamente devastados os castelos de Hirsingen – pertencentes ao conde de Montjoie –, de Carspach e de Hirtzbach, este último barão de Reinach. Em Ferrette, no dia 29 à noite, a casa do bailio Gérard foi incendiada. No vale do Saint-Amarin e em Sundgau, os privilegiados não foram as únicas vítimas. Ao longo de todo o caminho, os amotinados visaram os judeus, destruindo suas moradias e expulsando-os de suas aldeias, sem esquecer de exigir-lhes a anulação de tudo aquilo que deles era devido. Este é o caráter original da sublevação da Alsácia. Com toda a rapidez, as tropas de Rochambeau e a justiça prebostal liquidaram essa nova "guerra dos camponeses", mas não se logrou restaurar o regime feudal, nem receber o pagamento dos censos, muito menos proteger os bosques.

As agitações do Hainaut são menos famosas, mas também foram graves. Aos portões de Mortagne, a abadia do castelo foi assaltada por todos os lados e teve de ceder a todos os pedidos. No vale do Scarpe, ocorreu o mesmo com as abadias de Marchiennes, de Flines e de Vicoigne. Ao sul de Sambre, a abadia de Maroilles foi saqueada no dia 29, e faltou pouco para que as abadias de Liessies e de Hautmont tivessem a mesma sorte. Porém, como o Cambrésis estava ocupado militarmente desde o mês de maio, não foi possível haver nenhuma sublevação, e o ar de insurreição se encontrava assim limitado. Não obstante, tampouco se pôde exigir lá o dízimo e a jugada.

Quanto ao Mâconnais, a região superou, em termos de excesso, até mesmo o Franco-Condado. Com base em alguns documentos judiciais, conhecemos muito bem esse caso, que é bastante complexo. Nota-se aqui com clareza a influência exercida tanto pelas eleições para os Estados Gerais como pelas manobras da burguesia revolucionária. A região conservara uma espécie de Estados Provinciais presididos pelo bispo, de forma que o Terceiro Estado estava representado apenas pelos deputados de Mâcon, Cluny e de Saint-Gengoux-le-Royal. Desde janeiro de 1789, a burguesia pedia uma renovação do modelo político com base no do Dauphiné. Porém, alguns de seus membros defenderam os interesses dos aristocratas e quiseram postergar toda exigência até que as três ordens, convocadas do modo tradicional, entrassem em acordo. A maior parte dos magistrados de Mâcon concordava com Pollet, procurador do rei, que discordava de Merle, prefeito recentemente nomeado e que aspirava a ser escolhido deputado. As discussões foram candentes, e, quando foram realizadas as eleições nas paróquias, os partidos tentaram assegurar a maioria. O povo de Mâcon apoiou o prefeito e, em 18 de março, quando se realizou a eleição do bailiado, rodeou a Assembleia e quis assassinar Pollet. Por fim, Merle foi eleito. Não há dúvida de que, desse modo, nasceu uma série de relações bastante estreitas entre a burguesia revolucionária das cidades e os deputados das paróquias. Pollet foi para os camponeses apenas um bode expiatório, e, quando as revoltas se multiplicaram nas cidades, depois do 14 de julho, os camponeses já estavam muito bem-dispostos a reproduzi-las. No dia 19, inaugurou-se um comitê em Mâcon. No dia 20, o povo confiscou o trigo que passava pelo lugar. No dia 23, reuniu-se novamente para ir até Flacé, a fim de destruir a casa de Dangy, antigo intendente. Entre os dias 19 e 21, houve contínuas agitações em Pont-de-Vaux, quando os camponeses foram pedir que fosse suprimido o *octroi*. Em Chalon, houve um motim no dia 20 pela mesma razão.

Toda a região – a costa viticultora e a montanha campestre – sofria a penúria. No dia 26, Dezoteux, senhor de Cormatin, reuniu os prefeitos das cidades da região de Huxelles e tomou, junto deles, medidas para regulamentar e limitar a circulação dos grãos, e sobretudo sua exportação para fora da região. No dia 27, entre Mâcon e Lyon, às portas de Villefranche, o castelo de Mongré foi saqueado logo após uma busca ter revelado uma grande quantidade de grãos a estragar. Desde cedo, a agitação tinha se voltado contra o dízimo. Durante a instrução judicial, o padre de Clessé declarou que estava "convencido de que a insurreição de todas as paróquias vizinhas da sua tinha como causa principal o desejo da liberação dos dízimos". Uns dias antes da eclosão, um dos fiéis havia se negado a pagá-lo, declarando, frente a testemunhas, "que ele havia entendido que não devia mais pagá-los, pois havia uma rebelião geral contra o dízimo para a sua liberação, e que, se quisessem obrigá-lo a pagar, ele havia de queimá-lo na paróquia". No dia 21, o Comitê de Mâcon redigiu um anúncio para lembrar aos camponeses que, enquanto se aguardavam as decisões da Assembleia, eles não tinham o direito de se recusar a pagar o dízimo ou os direitos feudais, como estavam fazendo. Alguns párocos cobradores do dízimo eram tão malvistos que um tanoeiro de Azé repetiu em diversas localidades, durante os motins, "que não se tinha nenhuma necessidade de párocos". Não obstante, essas manifestações não foram tão frequentes, e parece que "muitos de seu grupo ficaram escandalizados". Os direitos feudais também eram atacados. O senhor de Montrevel, deputado da nobreza, tornara-se odiado pelo povo. Em diversas paróquias, uma das queixas mais importantes era a de que os senhores monopolizavam as terras comunais. Foi um conflito dessa natureza que deu o pontapé inicial para a insurreição.

Por outro lado, é provável que os camponeses da região de Mâcon tenham resolvido agir seguindo o exemplo de seus vizinhos ou, então, dos habitantes do Franco-Condado ou, ainda – quase certamente – os da Bresse. No dia 18, os camponeses de Bourg e dos arredores ameaçaram o castelo de Challes, que teve de ser protegido pela milícia de Bourg. No dia 20, o bispo de Mâcon se viu forçado a conceder aos trabalhadores mais pobres da paróquia de Romenay, na Bresse, onde possuía um castelo, a remissão dos seus foros pessoais. Isso, porém, não os satisfez, pois a agitação continuou, de forma que, no dia 28, ele teve de fazer novas concessões.

Por último, o Grande Medo havia se apoderado já do sul do Franco-Condado e da Bresse. De Bourg, chegou a Mâcon no dia 26 e transpôs Saône. No dia 27 à tarde, montou-se a guarda para impedir que bandidos eventualmente entrassem na região. Particularmente em Senozan, o administrador do senhor de Talleyrand, irmão do bispo de Autun, reuniu os camponeses e manteve-os ali por toda a noite. Na manhã seguinte, quando se soube que os habitantes das montanhas estavam descendo, correu a Mâcon para pedir ajuda, ao passo que seus vassalos se dispersaram quando perceberam que apenas os castelos seriam atacados. Não demorou muito para que se unissem aos que chegavam. Nos dias 28 e 29, alegava-se aqui e acolá a necessidade de que se dirigissem armados até Saône para impedir a passagem dos bandidos e para convidar ou obrigar os camponeses hesitantes a se juntar aos revoltosos. Assim, o Mâconnais prenunciou as revoltas agrárias que serão consequência do Grande Medo e, sobretudo, as que ocorreriam no Dauphiné. Porém, a sublevação é anterior ao Grande Medo e começou no domingo, dia 26, antes de se ouvir falar qualquer coisa a respeito de Igé.

Desde o dia 21, os camponeses haviam pedido ao senhor que lhes devolvesse uma fonte que ele havia murado. Como se negava obstinadamente a fazê-lo, os camponeses passaram a agir e, no dia 26, após a missa, demoliram os muros e um celeiro vizinho. O povo de Verzé, a quem desde cedo se pediu ajuda, vieram reforçar o movimento. O inquérito revelou os nomes de vários dos líderes: o vendedor de aguardente Pain, o antigo guarda Protat e, em particular, um tal Courtois e seu genro. Courtois era um antigo trabalhador da pedreira de Berzé-le-Châtel. Ele tinha pouca instrução, e sua ortografia era fonética, mas estava bem de vida. Nós sabemos apenas, por diversas alusões, que ele foi preso logo após uma altercação com uma personagem importante e, sem dúvida, isso o deixara amargurado. Durante a tarde, o grupo se dirigiu ao castelo para fazer novos pedidos ao senhor, mas, como ele havia fugido, resolveram saquear o castelo. No mesmo dia, em Domange, o castelo dos monges de Cluny teve o mesmo destino.

No dia seguinte, toda a região montanhosa se agitou. Os habitantes de Verzé, Igé e Azé, após terem destruído os castelos do senhor de la Forestille em Vaux-sur-Verzé e em Vaux-sur-Aynes, e do senhor Vallin em Saint-Maurice, seguiram pelo norte. Uma parte desceu em direção a Péronne, que se tornou, por sua vez, um centro de agitações, enquanto a maior parte prosseguiu para devastar a fazenda dos monges em Bassy, penetrando em Saint-Gengoux-de-Scissé. Durante a tarde, afluíram habitantes de todas as partes a Lugny, onde o castelo do senhor de Montrevel foi incendiado. Depois, seguiram até Viré, onde chegaram às 21h sob forte chuva. Os registros dos direitos senhoriais, depositados com os notários, foram queimados, o presbitério foi invadido e o pároco foi golpeado e roubado.

No dia 28, os moradores das montanhas desceram em direção aos vinhedos e às margens de Saône, enquanto o movimento se difundia na direção norte. Ao sul, os moradores de Viré, depois de terem causado grandes estragos nos castelos de sua paróquia, avançaram em direção a Fleurville e a Saint-Albain, onde continuaram a causar danos. Os de Clessé, antes do amanhecer, apresentaram-se em La Salle, onde maltrataram o pároco e saquearam o presbitério. Os de Igé e dos seus arredores passaram por Laizé, onde destruíram o castelo de Givry. Por fim, reuniram-se em Senozan: o magnífico castelo dos Talleyrand se tornou rapidamente uma fogueira gigantesca, que podia ser avistada em Mâcon. Ao norte, os bandos de Lugny chegaram a Montbellet, devastaram o castelo de Mercey e queimaram o de Malfontaine. Alguns seguiram seu caminho desde cedo até Uchizy, onde também incendiaram o castelo dos Écuyers. Depois, marcharam em direção a Farges, onde puseram fogo na torre do bispo, e em direção a Villars, onde o arrendamento de Saint-Philibert-de-Tournus teve a mesma sorte. A cidade de Tournus, que estava aterrorizada, já se encontrava de sobreaviso. Virou-se, então, a oeste, em direção a Ozenay, onde o castelo foi saqueado. Quando veio a noite, o bando se dispersou pelas montanhas; ao norte, estendeu-se até o castelo de Balleure, ao passo que, ao sul, foi até o castelo de Cruzille; ao centro, foi até Nobles, Prayes e Lys. Todos comiam e bebiam sem causar grandes estragos, até que, no dia 29, chegaram a Cormatin.

Faltou pouco para que, nesse dia, a insurreição alcançasse uma enorme dimensão, pois aqueles que haviam incendiado Senozan dirigiam-se agora para Cluny, já que essa abadia era a maior proprietária de toda a região. Ao que parece, a ideia nasceu entre os moradores de Viré e Saint-Albain. Durante o inquérito, as aldeias se acusaram mutuamente, e cada uma culpava a outra por ter sido obrigada a tomar parte no movimento. Os boatos mais extraordinários passaram a correr: que os moradores de Mâcon avançavam sobre Cluny para defender o Terceiro Estado das tropas estrangeiras; ou que o preboste Cortambert havia se apresentado com um canhão, ordenando que todas as aldeias prestassem socorro. Como os habitantes de Viré alegavam ter recebido a ordem de Boirot, chefe do correio de Saint-Albain, não é impossível que algumas sugestões tenham vindo de Mâcon. De fato, os camponeses pensaram logo em "fazer sua parte" e se livrar dos monges. Os mais moderados queriam pelo menos "comer uma omelete no refeitório". Por isso, milhares de homens avançaram em desordem através dos bosques até o vale do Grosne; porém, a resistência já tinha se organizado. A milícia de Tournus, por um lado, avançava até Ozenay; por outro, em Cormatin, ao cair da noite, quando já tinha distribuído todo o seu vinho e seu dinheiro aos bandos que se sucediam desde a manhã, Dezoteux, que fora ameaçado de incêndio, recorreu à força – provavelmente por ter apoio dos burgueses de Tournus – e ordenou abrir fogo contra os camponeses, que fugiram derrotados. Também em Cluny, a municipalidade organizou uma milícia que barrou o caminho dos amotinados e abriu fogo contra eles. A desordem foi terrível e fizeram-se diversos prisioneiros. Apesar disso, os mais resolutos realizaram algumas incursões durante a noite do dia 29. Os de Cluny se dirigiram aos castelos de Varrange e de Boute-à-Vent; os de Cormatin, a Savigny, de onde eles avançaram para Grosne e a Sercy, onde, por sua vez, sua presença gerou o alarme em Saint-Gengoux-le-Royal à 1h. A milícia os perseguiu e logrou dispersá-los. Eles tinham a intenção de avançar até Sennecey, e não há dúvida de que, se tivessem conseguido, teriam sublevado toda a região até Chalon.

Durante esse período, a área de agitações se estendeu até o sul do Mâconnais e o Beaujolais. No dia 26, durante a celebração da *"vogue"*, ou festa votiva, de Crêches, houve reuniões secretas preocupantes. No mesmo dia, em Leynes, devastou-se um antigo campo comunal arrendado por Denamps, tenente-geral do bailiado; este exemplo foi imitado em Pierreclos, no dia 27. No dia 28, os amotinados de Verzé deram o impulso decisivo: às 23h, devastaram a casa de Pollet em Collonges e, no dia 29, avançaram ainda mais, arrastando consigo os moradores da região. Saquearam o castelo de Essertaux; a mesma sorte tiveram, em Vergisson, os domínios do burguês Reverchon. Esses atos assinalaram o começo.

Depois deles, Solutré incendiou os edifícios em que viviam os monges, Davayé destruiu o priorado deles, e Chasselas saqueou ou incendiou o castelo. Na direção oeste, o movimento chegou a Berzé-le-Châtel e a Pierreclos, onde os dois castelos do senhor de Pierreclos foram destruídos. No dia 30, avançou-se em ambos os sentidos: castelos foram danificados não apenas em Saint-Point, mas também em Pouilly e Fuissé. O movimento continuou no dia 31: ao sul, os castelos de Jullié e de Chassignole foram danificados, o de Thil foi queimado. No Mâconnais, como havia corrido o boato em Pierreclos de que os bandidos estavam em Tramayes, decidiu-se socorrer essa aldeia. Provavelmente, tratava-se de mero refluxo da notícia a respeito dos acontecimentos ocorridos em Cormatin e em Cluny: os próprios revoltosos despertavam o terror em si mesmos. Não obstante, aproveitaram a ocasião para virar tudo do avesso no burgo a que haviam afluído com o objetivo de prestar socorro. Eles devastaram as oficinas de vinho do Mâconnais, impuseram o pagamento de contribuições ao pároco e aos privilegiados e, ainda, derrubaram os cata-ventos. Foi o último episódio: a milícia e a guarda pública já percorriam todas as partes da região.

Em todas as regiões, um grande número de camponeses foi preso, seja imediatamente, seja ao longo do mês seguinte. Em todos os locais, a alta burguesia, unida, nos Comitês, aos privilegiados, cooperou de boa vontade com a repressão ou, então, coordenou-a. No Hainaut, na Alsácia e no Franco-Condado, foi sobretudo o exército que agiu. Nos bosquetes normandos e no Mâconnais, foram as milícias das cidades. A ação judicial, porém, foi bastante desigual: no Hainaut, nos bosquetes e no Franco-Condado, parece não ter havido grande número de condenações. As perseguições aumentaram, e a Assembleia acabou por suspender a atividade da justiça prebostal. Mas, na Alsácia, o preboste mandou enforcar imediatamente ou condenou às galés um grande número de camponeses e, no Mâconnais, a própria burguesia se encarregou de punir "o quarto estado": em Mâcon, Tournus e Cluny, ela improvisou tribunais e, logo após um procedimento sumário, condenou à forca 26 camponeses. Os prebostes de Chalon e de Mâcon condenaram à morte outros sete. O povo das cidades manifestou um vivo ressentimento contra essas medidas tão rigorosas. É bem conhecido que, no fim de junho, os guardas nacionais de Lyon, que voltavam de sua operação contra os rebeldes do Dauphiné, foram recebidos com uma revolta em La Guillotière. Os arquivos do Mâconnais conservaram a recordação dos protestos populares, que, sem chegar a ser uma insurreição, foram, não obstante, muito violentos. A pequena burguesia, o artesanato e os trabalhadores urbanos não aceitavam que a alta burguesia rompesse a unidade do Terceiro Estado em face da aristocracia, com o único fim de manter a submissão dos camponeses, já que isso lhes beneficiava. Sua vingança não demoraria muito.

Cada uma dessas agitações teve características originais. Porém, há mais traços de semelhança entre elas do que de diferenças. Assim como os amotinados da primavera, os de julho também são bandidos, de acordo com o vocabulário da época. Porém, se, entre os vagabundos que se uniram naturalmente a eles, há alguns indivíduos suspeitos, banidos ou marcados a ferro, a grande maioria não é de malfeitores. Conhecemos muito bem os do Mâconnais, pois muitos deles foram presos: são criados, trabalhadores dos vinhedos, caseiros ou parceiros, artesãos e pequenos comerciantes. Há também lavradores, arrendatários, moleiros e vendedores de aguardente. Entre as pessoas comprometidas com a causa, encontra-se um professor de escola, meirinhos, guardas senhoriais, dois administradores de castelos e o arquivista de Lugny, irmão do notário de Azé. Os síndicos, coletores de impostos e deputados do bailiado estão normalmente entre os primeiros a acudir, e não é por medo. Os atos de pilhagem bem caracterizados são raros: no Mâconnais foram detidos apenas dois veículos cujos ocupantes tiveram de pagar contribuição. Sem dúvida, por ocasião dos saques aos castelos, nem todos resistiam à tentação de levar consigo algum objeto, em geral de pouco valor. Frequentemente se exige dinheiro, uma vez que se trabalha em favor do rei e que não é possível perder o dia de trabalho, gastar as solas dos sapatos sem que se obtivesse alguma compensação. Come-se e bebe-se, já que não é possível viver de ar. Mas esses camponeses não se reuniram para roubar: eles vieram para destruir e dedicaram-se a isso conscientemente.

Por mais que os camponeses estivessem convencidos de que havia ordens – já explicamos o porquê –, não é possível que se fale em complô. As revoltas têm um evidente caráter de anarquia: não há plano, nem chefe. Sem dúvida, houve líderes locais, sem os quais nenhum movimento coletivo pode ser concebido. No entanto, sua autoridade, dependendo sempre das circunstâncias, permaneceu sempre bastante fraca. Quando, com base nos interrogatórios feitos no Mâconnais, traçamos no mapa os itinerários dos acusados, constata-se que eles se dispersam em todas as direções e que a região era percorrida por uma infinitude de pequenos bandos, errantes ao acaso, que só se reuniam em volta dos castelos cujo renome lhes atraía naturalmente a atenção. A única exceção está na marcha sobre Cluny. Mas como seria possível pensar que a grande abadia escaparia aos ataques? Algumas pessoas da época, que conheceram rapidamente a lenda das "ordens" e que procuraram decifrar o mistério, não se enganaram a respeito disso: "Felizmente, nessa multidão, não se encontra um só homem instruído nem suficientemente inteligente para dirigir a realização de um projeto concebido às pressas", conclui um relato que provém certamente de Dezoteux. E o tenente criminal do bailiado de Chalon, que teve de julgar 24 prisioneiros, disse: "Eles não tinham nenhum outro motivo diverso do saque e da licenciosidade a que se sentiam autorizados com base na exaltação de seus pretensos direitos. Todos haviam se reunido de comum acordo com a intenção de destruir casas e castelos e de libertar-se dos impostos, queimando os registros de direitos. Ademais, poder-se-ia adicionar ainda que também os excitava o ódio que sempre sentem os pobres contra os ricos, exacerbados dessa vez por uma conturbação geral dos ânimos. No entanto, nenhum deles nos pareceu que estivesse guiado por um impulso secreto que, nesse momento, constitui o objeto de investigação da respeitável Assembleia". Esta opinião nos parece judiciosa.

Tratava-se de se libertar dos encargos que os massacravam, como o imposto indireto, o dízimo e os direitos feudais. Como seu montante não era o mesmo em todas as províncias, nem mesmo de uma paróquia a outra, e como o regime feudal implica infinitas variantes, também as exigências dos sublevados são muito distintas. Não as examinaremos em detalhe, pois, em última instância, o fim é sempre o mesmo. Alguns consideraram talvez que fosse bastante ingênuo supor que a gabela e os subsídios seriam suprimidos em razão do incêndio das repartições fiscais e da expulsão dos arquivistas e dos coletores de impostos. Ou que se eliminaria o dízimo e os direitos feudais por se haver arrancado à força uma renúncia dos senhores, ou por terem sido queimados seus documentos. Porém, os acontecimentos demonstraram que os camponeses não planejavam tão mal, além de que nem sempre é fácil restabelecer o que fora destruído. Além disso é evidente que o desejo de vingança das injúrias passadas os impeliu tanto quanto ou ainda mais do que aqueles planos. É por isso que exigiam a restituição das multas e das custas dos processos judiciais, que destruíam os arquivos da justiça, que perseguiam e expulsavam os guardas e oficiais senhoriais. É certo também que quiseram castigar a resistência que os privilegiados haviam oferecido ao Terceiro Estado, pois atacaram exclusivamente as suas propriedades: atiravam os móveis pelas janelas após tê-los arrebentado e queimado; rompiam portas e janelas, e a armação do telhado era metodicamente arrancada. Eles sabiam que o fogo destrói mais rápido e com menos esforço, mas os camponeses hesitam frequentemente em recorrer a isso, pois temiam, com efeito, que o incêndio pudesse se alastrar para a aldeia. Não se trata, como se crê frequentemente, de atos de loucura coletiva: o povo fazia justiça à sua maneira. Todavia, em 1792, quando um guarda senhorial matara um mineiro de Littry, seus camaradas foram em ordem à casa e aos arrendamentos do senhor para devastá-las e incendiá-las sistematicamente, uma após a outra, tomando o cuidado de retirar previamente tudo o que pertencia aos arrendatários e aos criados, para que os inocentes não fossem prejudicados. A mesma coisa foi feita em todas as rebeliões camponesas. Mais ainda: até o fim da Idade Média, os burgueses da Flandres haviam usufruído do direito de *arsin*. Assim, puniam todo aquele que os ofendesse ou atacasse seus privilégios incendiando a casa do ofensor.

Porém, não é apenas o ódio que animava os camponeses. Entre os testemunhos conservados no Mâconnais, que têm um sabor muito popular, às vezes se observa, nos amotinados, na sua alegria ingênua de gozar de bons momentos, uma simplicidade irônica, que se traduz em grandes zombarias. Nota-se que eles deixam de bom grado a enxada e o martelo para tirar um dia de folga e ir, em grupo, ao mercado ou à festa *baladoire*. Era uma distração pouco comum ir ver o que acontecia. Toda a aldeia se agitava, o síndico ia à frente, conduzindo os cidadãos notáveis e, às vezes, com tambores batendo. Poucos fuzis, mas muitos instrumentos agrícolas e bastões sob a forma de armas. Os jovens eram muito numerosos e sempre desempenharam um importante papel nos movimentos revolucionários. Gritavam tanto quanto podiam: "Viva o Terceiro Estado!" Ao chegar à residência paroquial ou ao castelo, sempre começavam pedindo algo para comer e principalmente para beber. Trazia-se um tonel da adega para o adro e tirava-se sua tampa para que todos pudessem se servir facilmente. Às vezes, iam à adega buscar vinhos finos. De ordinário, porém, eles não se mostravam tão refinados, de forma que se satisfaziam com pão e vinho. Os mais exigentes queriam omelete e presunto, ou assavam as pombas depois de ter feito uma hecatombe no pombal. Quando o senhor estava presente e aceitava renunciar a seus direitos, eles se retiravam sem grandes estragos. Porém, se estava ausente, a situação ficava pior, sobretudo quando já entardecia e a gente já estava um tanto bêbada. Porém, em casos semelhantes, era possível que se ganhasse tempo dizendo que se ia buscar a assinatura do senhor. Os risos se misturavam com ameaças e atos violentos. Em Collonges, os habitantes do Mâconnais, indo à casa de campo de Pollet, estimulavam-se uns aos outros dizendo que iam "fritar esse frango"[11]. Também se disfarçavam como crianças: fabricavam um cinturão com um lençol de cama, uma tira da cortina ou da campainha. Faziam também uma *cocarde* com um cartão de loteria. Mas não havia depravação; afinal, em nenhum lugar se registraram atentados contra as mulheres. Tampouco houve sangue: a ralé sanguinária e lúbrica, de que fala Taine, não aparece aqui.

Essas revoltas agrárias importam sobretudo para a história da abolição dos direitos feudais e do dízimo, que constituíam peças fundamentais do corpo do Antigo Regime. Mas nós não poderíamos deixar de descrevê-las. Elas estão em estreito contato com os rumores a respeito do "complô da aristocracia", sem os quais o Grande Medo seria dificilmente concebível. Além disso, elas foram, em diversas regiões, sua causa imediata: no leste, no sudeste e numa parte do maciço central, o Grande Medo veio do Franco-Condado e do Mâconnais. Por fim, era preciso datá-las com toda a precisão para obter sua fisionomia exata. Em verdade, elas não eram necessárias para sublevar o camponês, como já se repetiu frequentemente; ele já estava em marcha.

---

11. Jogo de palavras entre Pollet e *poulet*, que significa frango [N.T.].

6

O temor dos bandidos

O boato de um "complô da aristocracia" tinha espalhado o alarme, e a própria vitória popular estava bem longe de ter acalmado os ânimos, já que se receava um contra-ataque. A reação do Terceiro Estado contra o complô havia provocado agitações nas cidades e nos campos. Essas agitações, por sua vez, aumentaram a insegurança. Além disso, elas multiplicaram as ocasiões de pânicos locais no momento em que, aproximando-se a colheita, o medo inspirado pelos vagabundos alcançava seu auge. De outro lado, elas generalizavam e fixaram o temor dos bandidos e a convicção, já comum em Paris, de que os vagabundos tinham ligações com a aristocracia.

Não se pode duvidar de que as cenas trágicas, para que a capital e grande número de cidades serviram de palco, não tenham abalado vivamente a imaginação e tornado os espíritos mais suscetíveis ao temor. As cartas privadas, por vezes reproduzidas nos jornais, exageravam o horror, e os relatos orais deviam ser ainda piores. "É impossível pintar o furor dos espíritos", escreve, no dia 15 de julho, um negociante de Paris cuja carta foi publicada na *Correspondance de Nantes* no dia 18. "Nós precisamos de 20 homens, e nós os conseguiremos. Nós juramos, amigos de Nantes, tirar a desforra. E, mais felizmente do que vocês, nós a executaremos". "Mais de 100 agentes dessa infame casa de jogo", diz uma outra carta publicada no número 23, "foram sacrificados sob o furor do povo, uns enforcados com as cordas usadas na iluminação pública, outros decapitados sobre os marcos e os degraus de suas casas. Seus cadáveres foram arrastados pelas ruas, decepados, jogados ao rio ou na via pública". Bellod, em Valromey, nota que, "em 14 de julho, os populares do Terceiro Estado mataram muitos nobres em Paris e carregaram suas cabeças por todas as ruas e praças, de Paris a Versalhes". Além das mortes, havia também pilhagens e incêndios de castelos. Nas regiões que se mantiveram mais calmas, as pessoas mais favoráveis à Revolução, até há pouco, duvidavam assistir, um dia ou outro, tamanhos excessos. Durante o período do Grande Medo, um alto número de alarmes locais não teve outra causa senão o temor de ver chegar seja amotinados da cidade vizinha, seja camponeses revoltosos das cercanias. Em alguns lugares correu o boato de que os patriotas das regiões vizinhas afluíam para ajudar a matar os aristocratas, como os bretões fizeram em Rennes em 1788, e os habitantes de Marselha em Aix, após o dia 14 de julho. Essa notícia alegrava alguns, mas o número de alarmados era muito maior. Em Douai, em 24 de julho, reinava o temor: dizia-se que os bretões estavam por chegar! No dia 17, escreveu-se de Rouen ao *Courrier de Gorsas*: "Está sendo dito que de 5 a 6 mil moradores da Picardia vêm ao nosso socorro com bastões de ferro e lanças". Em Montbard, no dia 26, formou-se uma milícia "contra os bandidos que os negócios de Estado tinham autorizado sob o pretexto de apoiar o Terceiro Estado". Nos bosquetes normandos, a insurreição camponesa provocou inquietação. O medo do leste e do sudeste foi causado pela revolta do Franco-Condado e de Forez através das agitações do Mâconnais. É preciso repeti-lo: o povo se aterrorizava a si mesmo.

As cidades se esforçavam para manter ou restabelecer a ordem dentro de seus limites e nos campos vizinhos. Abandonadas a si mesmas, elas entravam em acordo umas com as outras e com as aldeias de suas proximidades. Mas havia uma questão a respeito da qual não era fácil haver acordo: o problema da subsistência, mais premente do que em qualquer outro momento. A autoridade superior, tendo desaparecido ou estando impotente, sem poder mais se impor, levou a que surgissem conflitos que por pouco não se desenvolveram em guerra civil, mas que semearam igualmente o medo. Esse foi especialmente o caso nos arredores de Paris, onde o fornecimento de alimentos gerava graves preocupações. Os eleitores enviaram comissários para comprar nos mercados e acelerar as expedições. Nicolas de Bonneville na estrada para Rouen, em 16 de julho; dois outros, no mesmo dia, em Senlis, Saint-Denis, Creil e Pont-Sainte-Maxence; no dia 21, Santerre agia em Vexin. Outra missão, no dia 25, ocorreu em Brie-Comte-Robert. Não se pode duvidar da hostilidade das populações, de forma que a milícia parisiense teve de marchar para escoltar os comboios. Outros destacamentos realizaram visitas aos castelos, onde "montes" de trigo estavam armazenados, e se protegiam os moinhos e os armazéns. No dia 19, em Corbeil e nos castelos de Choisy-le-Roi e de Chamarande; no dia 27, na residência da condessa de Brienne em Limours e na da condessa de la Briche, na proximidade de Arpajon. Tendo havido uma denúncia de que havia uma grande quantidade de grãos escondidos em Pontoise, os comissários se dirigiram para lá, no dia 18, junto com uma escolta. Com essa notícia, uma violenta reação se desencadeou entre os moradores, que quase se puseram em defesa, de forma que houve dificuldades em proceder às perquirições. Foi ainda pior em Étampes, no dia 21. Três dias antes, um comissário parisiense viera buscando trocar trigo por farinha. Ouviu-se dizer por um dos viajantes, de repente, que um destacamento, acompanhado de uma multidão de camponeses, avançava em direção à cidade. Foi o estopim para um verdadeiro pânico. Os sinos de alerta dobraram, e os moradores tomaram em armas, com o intento de "defender corajosamente seus lares" e também seus grãos. Eles se acalmaram quando souberam que a milícia parisiense iria apenas fazer a escolta do comboio aguardado. De fato, ela exigia que se lhe entregasse pura e simplesmente 200 sacos. Da mesma forma, tendo-se sabido de um novo destacamento de tropas a chegar no dia 27, a agitação recomeçou.

Da mesma forma, os assaltos promovidos pelos habitantes de Saint-Germain provocaram o primeiro medo em Pontoise. Com seu mercado desabastecido, eles pilharam, desde o dia 15, os comboios de trigo vindos de Poissy. No dia 16, dirigiram-se a esse burgo e lá apreenderam 40 carroças. Ao mesmo tempo, vistoriaram os armazéns dos mercadores e dos moleiros. No dia 17, um destes últimos foi morto em Saint-Germain e, no mesmo dia, um fazendeiro de Puiseux foi raptado. Os bandos se espalharam ao sul de Vexin até Meulan e Pontoise. O medo reinava nesta última cidade desde o dia 17. Anunciava-se lá a vinda de 500 a 600 homens e que eles "matariam algumas pessoas" em Pontoise. "Todos os moradores, assustados, faziam vigílias em suas casas". No dia 18, a vinda de comissários parisienses aumentou ainda mais a agitação. A passagem do regimento militar de Salis acalmou fortemente os espíritos por essa vez. Há poucas regiões em que expedições semelhantes, organizadas ou tumultuosas, não tenham despertado certa agitação nos campos. Na Champagne, o Grande Medo parece ter tido por origem as aldeias situadas ao sul de Nogent, de Pont e de Romilly, onde os motins dos mercados haviam estourado por volta do dia 20. Da mesma forma, a vinda de camponeses para o mercado punha os cidadãos em alerta. Em Chaource, no dia 26, foram tomadas medidas de segurança que anunciavam o Grande Medo após "ameaças de algumas vilas vizinhas em razão da carestia de grãos".

Aqui está a consequência mais importante das agitações urbanas. Logo depois do dia 14 de julho espalhou-se o boato de que, tendo as municipalidades tomado medidas de segurança, os bandidos, aos quais se imputavam todos os excessos cometidos, fugiriam com vistas a escapar da repressão, espalhando-se pelos campos. Esse boato não se concentrou apenas em Paris. No sudoeste, por exemplo, ele se dispersou também na região de Bordeaux. Mas é natural que a capital tenha se antecipado a todas as outras cidades. Na gênese do Grande Medo, esse boato desempenhou um papel essencial. Assim, aqueles que diziam tudo se tratar de efeito de um plano premeditado – ainda que não pudessem fornecer qualquer prova disso – afirmavam que a saída dos bandidos tinha sido anunciada de propósito.

A ideia de que havia "bandidos" em Paris e nos seus arredores era, porém, uma ideia corriqueira, como nós mostramos. O próprio rei deu crédito a essa ideia quando a utilizou para justificar a convocação das tropas; a burguesia também, como forma de legitimar a formação das milícias. Esses saqueadores, cujo perigo era invocado também por motivos políticos, era, como sabemos, a população flutuante de Paris, composta principalmente por trabalhadores desempregados. Eram também os trabalhadores das casas de caridade de Montmartre, a ralé das paróquias dos bairros das cercanias, que aproveitava as circunstâncias para se dedicar ao contrabando, e os vagabundos que percorriam, isoladamente ou em tropas, as cercanias da grande cidade. Em 24 de julho, os eleitores ordenaram uma visita às pedreiras, onde corria o boato de que eles pernoitavam em grande número. No dia 30, prendeu-se um bando nas pedreiras de Ménilmontant. No dia 31, perseguiu-se um bando de trabalhadores de Montmartre na planície de Monceaux. "Espalhou-se o boato", assinala a *Quinzaine Mémorable* do dia 21, "que há muita gente mal-intencionada e até mesmo saqueadores em Paris, e que o bairro de Saint-Antoine foi tomado por diversos ladrões". "Durante as noites", dizem os *Annales Parisiennes* de 27 a 30 de julho, "a quantidade imensa de vagabundos que se encontravam armados durante o momento da Revolução formavam em volta dos muros da cidade patrulhas de contrabandistas e de saqueadores que favoreciam a introdução de objetos proibidos e que infestavam as cercanias". Contrabando à parte, teriam eles cometido algum delito? Os autos da polícia assinalavam alguns. Em 14 de julho, Dufresne, oficial de polícia, foi furtado às 10h em Basse Courtille por indivíduos que também exigiram dinheiro de outras pessoas. No dia 16, um advogado de Melun, indo a Paris de cabriolé, foi detido e roubado. No dia 21 à noite, um vigário de Saint-Denis foi atacado e roubado por quatro homens que se escondiam em um depósito de trigo. Os eleitores afirmaram, em uma carta à municipalidade de Évreux que será comentada mais à frente, que tinham circulado falsas patrulhas, cujos intentos eram absolutamente claros. De outra banda, diversos eventos desse tipo decerto nos escapam. Mesmo não havendo motivo para exagerar a sensação de insegurança, ela deve ter sido aumentada pelas agitações nas ruas de Paris, especialmente pelas das cercanias. As tropas reais haviam se instalado lá, e o número de desertores era considerável. Os produtores rurais estavam alarmados em razão dos motins dos mercados e das expedições semelhantes às dos moradores de Saint-Germain. Dessa forma, na quinzena que se seguiu ao dia 14 de julho, houve um só brado em todas as partes da periferia: havia uma infestação de indivíduos suspeitos que haviam saído da capital. Trata-se quase sempre do motivo exclusivo usado para justificar a tomada de armas. Assim ocorreu na cidade de Sceaux desde 14 de julho, em Suresnes no dia 16, em Gonesse e Santeny-en-Brie no dia 19, em Chevilly e L'Hay no dia 21 e em Marcoussis no dia 22 à noite. A deliberação desta última aldeia foi particularmente interessante: "Espalha-se o rumor de que, a partir do estabelecimento da milícia burguesa da cidade de Paris, com a finalidade de se opor às tropas que se haviam formado nessa capital, um número considerável de sujeitos suspeitos de más intenções afastou-se daquela cidade e se espalhalhou pelos campos vizinhos. Com vistas a se opor às suas incursões e a impedir desordens e saques a que esses sujeitos poderiam se entregar, as paróquias, sobretudo aquelas à margem da estrada nacional de Paris até Montlhéry, acabam de estabelecer milícias burguesas para a segurança de seus moradores". Marcoussis, que fica a 20km de Paris, não havia ainda sofrido o ataque dos saqueadores, que, segundo se dizia, já teriam saído de lá. Mas, no dia 22 à noite, a agitação que se verifica pode ser facilmente compreendida: as aldeias do vale do Orge estavam bastante conturbadas, e, durante a manhã, tinha-se tirado Foulon de seu retiro em Viry para conduzi-lo, em tumulto, a Paris, onde ele foi assassinado.

Em alguns locais, esses temores já tinham provocado verdadeiros pânicos. Em Bougival, foi obra do marquês de Mesmes. Advertido pelo porteiro de seu castelo de que ele estava sendo ameaçado de pilhagem e de que as paróquias vizinhas temiam semelhantemente por suas casas e por suas colheitas, "em razão dos saqueadores que, segundo se diz, estão se espalhando pelo campo", ele saiu de Versalhes, no dia 15 de julho, e pediu ao sacristão, por volta das 5h, que tocasse o sino de alerta para reunir os moradores. O padre, que tivera problemas com a justiça senhorial, opôs-se a isso abertamente, dizendo que era "indigno que um tenente-general do Exército do rei acabasse por sublevar os moradores, que estavam tranquilos". De Mesmes, sem dúvida intimidado, contentou-se em expor à população que afluiu que era "possível" que malfeitores escapassem e espalhassem-se pelo campo, e que era preciso vigiar os desconhecidos. No mesmo dia, em Sceaux, prendeu-se um homem por ter mendigado "usando de diversos pretextos, que haviam agitado e aterrorizado a paróquia". Na verdade, tratava-se de um comerciante de Marville, na Lorena, antigo desertor, munido de um passaporte de 28 de abril. Ele portava, "pendurada sobre o estômago, uma tira de sarja branca sobre a qual havia uma cruz, um pouco semelhante àquelas que portam os religiosos da Ordem das Mercês" e pedia esmolas dizendo "que ele tinha sido encarregado de pedir esmolas para que 700 a 800 bretões, espalhados pelos campos, pudessem sobreviver [...]. Que eles vinham do parque de Saint-Cloud, onde eles haviam detido a rainha aproximadamente às 8h. Que, de sua parte, ele havia lhe dado uma boa ajuda e que a rainha estava agora segura. Dizia ainda que ele trazia consigo algumas pistolas [...]. Assegurava que ele voltaria no dia seguinte". Ele se desculpou, alegando ter querido incitar a piedade, mas já havia conturbado a cidade de todos os modos. No dia 25, em Villers-le-Sec, ao norte de Paris, em uma região em que o Grande Medo seria desencadeado apenas dali a dois dias, houve uma situação de pânico, cuja causa imediata nos escapa. Um antigo merceeiro, domiciliado em Paris, rue des Cinq-Diamants, correu ao Conselho da Cidade para anunciar que essa paróquia estava "ameaçada por saqueadores" e que ele estava encarregado de solicitar uma guarda de 20 homens, mantidos por ela. Os eleitores, que viam se suceder representações que demandavam ajuda ou autorização de armamento, tentaram, na manhã do dia 27, tranquilizar os subúrbios, "depois de ter recebido informações mais positivas", justamente no momento em que o Grande Medo se alastrava.

De aldeia em aldeia, o rumor atingiu rapidamente as regiões vizinhas da Île-de-France. Chega, no dia 17, a Bar-sur-Seine; no dia 20, a Pont-sur-Seine; no dia 21, a Bar-sur-Aube; no dia 22, a Tonnerre; no dia 26, a Pont-sur-Yonne, Ervy, Chaource e Saint-Florentin. Em Évreux, o rumor já é conhecido desde o dia 20. Assim como nos arredores de Paris, as agitações locais aumentaram em razão de as autoridades locais estarem encantadas com poder desculpar os seus administrados, jogando toda a culpa sobre os desconhecidos. Era, em suma, o que já se tinha feito em Paris. Da mesma forma, em 21 de julho, uma representação da municipalidade de Saint-Germain à Assembleia Nacional atribuía a culpa do assassinato de Sauvage "aos desconhecidos que acudiram armados". Chartres explicou da mesma forma o motim do dia 23. Os intendentes aceitaram essas versões sem pestanejar e contribuíram para divulgá-las. "Uma horda de saqueadores perseguidos em Paris sublevou o populacho", e adicionou que a eleição de Dourdan estava "agitada, conturbada, saqueada por hordas de bandidos, cujo medo da punição os faz se afastar da capital". O intendente de Amiens explicou, no dia 24, que o povo da Picardia estava "agitado em razão dos saqueadores afugentados de Paris", e que, na véspera, o diretor do imposto do sal também tinha manifestado o seu temor de que "os saqueadores que vocês expulsaram de Paris" provocassem novas agitações. No dia 27, o prefeito e a repartição intermediária de Troyes afirmaram, sem pôr em dúvida, a existência de saqueadores ao intendente e à comissão intermediária de Châlons. Eles não haviam verificado, no local, os rumores que corriam, limitando-se a pedir explicações aos eleitores parisienses. Houve resposta, mas o senhor Chaudron, que estudou o Grande Medo na Champagne, não pôde encontrá-la, suspeitando de que ela poderia ter funcionado como prova de que existia uma maquinação. Seria, então, a própria municipalidade de Paris que, segundo os deputados patriotas, teria anunciado a partida de saqueadores para encorajar os camponeses a pegar em armas – como, aliás, ela fez em diversos casos, conforme tomava conhecimento da notícia. Porém, não foram apenas os habitantes da Champagne que pediram informação: a municipalidade de Évreux também pediu, e o senhor Dubreuil publicou a resposta que ela recebeu no dia 24 de julho. A carta dos eleitores resume simplesmente os fatos que nós já expusemos e limita-se a exprimir os temores que eram também generalizados na região de Paris: "Esta capital, como vocês sabem, está sempre abarrotada de vagabundos, desejosos de se ocultar dos seus vizinhos das províncias. São os homens dessa classe sobretudo que, diante do primeiro temor, correm às armas, apoderam-se delas por todos os meios e, assim, aumentam ainda mais o medo. Nossas divisões, em cada distrito, não puderam evitar, durante os primeiros dias, ver-se mescladas a esses homens, que não tinham profissão, nem domicílio. Sentiu-se logo a necessidade de arrolar, nas listas dos distritos, apenas os verdadeiramente domiciliados neles e de retirar, progressivamente, mas com consideração, as armas das mãos daqueles tendentes a usá-las abusivamente. Esse projeto foi executado na medida do possível em uma cidade tão imensa e tão populosa, mas ainda falta terminá-lo. Existem, ainda, falsas patrulhas e, por ocasião do menor acontecimento, nossas praças se enchem de grupos que, sem dúvida, não são compostos exclusivamente de cidadãos aqui domiciliados. A multidão de vagabundos que saiu de Paris terá, sem dúvida, de se dividir e, por isso mesmo, ela se tornará, conforme esperamos, menos temível para o campo". A conclusão natural era de que as cidades agiriam sabiamente se organizassem, elas também, uma milícia burguesa. Porém, por mais que não se faça menção à questão das aldeias, é evidente que, se esses homens tivessem querido semear o pânico, eles teriam se expressado de outra maneira.

Para além das regiões limítrofes da Île-de-France, a contaminação deve ter se produzido sobretudo por viajantes, por correspondências privadas, por correspondências oficiais ou pelos jornais. Na Champagne, em Villeneuve-sur-Yonne, no dia 18, o perigo que poderia resultar dos "vagabundos" foi mencionado pelo procurador da municipalidade ao longo de um relato a respeito das agitações da capital, das quais ele havia sido testemunha. Já se mostrou como o temor dos saqueadores havia se espalhado para Charlieu pelos viajantes. A *Correspondance de Nantes* publicou, no dia 25, um trecho de uma carta que atribuía as agitações de Paris aos ingleses e aos infelizes que haviam se associado a eles para "atear fogo aos mais belos monumentos [...]. Esses ingleses e seus cúmplices inumeráveis fugiram para cometer, nos campos, terríveis devastações. Em Saint-Germain-en-Laye (em Poissy), eles assassinaram, em seu furor, cidadãos irrepreensíveis, acusando-os de açambarcar cereais". As autoridades também nisso têm sua parte de responsabilidade. De acordo com o Comitê de Château-Gontier, o pânico do Maine teria sido causado pelos prefeitos de Chartres e do Mans. O primeiro teria informado ao segundo "que grande número de saqueadores teria deixado Paris e se espalhava pelos campos". O segundo teria se apressado em advertir os padres da região. Em alguns locais essa notícia foi confirmada pela passagem de indivíduos suspeitos. No dia 22, detiveram-se cinco deles em Évreux, dentre os quais um era um telhador originário da Baixa-Normandia e que retornava de Paris. "Creio que estejam livres dos bandidos de Montmartre", escreveu, em 5 de agosto, uma senhora dos arredores de Gisors, "eles passaram por aqui. Alguns foram detidos e postos na prisão". Um deles havia dito a um cavaleiro de Saint-Louis "que ele havia sido enviado pelo senhor de Mirabeau e que eles já haviam alcançado o número de 500 pessoas em algumas regiões com vistas a se informarem do que acontecia". Em Charolles, o incidente foi mais grave: prendeu-se um cocheiro que, no dia 13, havia participado do saque de Saint-Lazare. Lá, ele havia roubado 700 luíses e fugido de imediato.

Porém, não há dúvida nenhuma de que as agitações que eclodiam em todas as partes tenham feito nascer espontaneamente, nos campos, temores análogos aos que reinavam em Paris e por meio de um processo semelhante. Desde 9 de julho, os magistrados municipais de Lyon declaravam em um evento público: "Nós havíamos visto nossa cidade assaltada por bandidos que, expulsos de diversos locais do Reino em que eles tentaram realizar sedições, dirigiram-se para esta cidade para aqui executar seus projetos criminosos". É de se supor que não se há de crer em que Imbert-Colomès obedecesse a uma ordem revolucionária! Por mais que se falasse em Toul a respeito dos bandidos expulsos de Paris, no dia 29, e até mesmo em Forcalquier, no dia 30, percebe-se, porém, que a origem desses bandidos é cada vez menos precisada conforme se toma distância da capital. Em Lons-le-Saunier, no dia 19, diz-se que eles foram "expulsos das capitais". Em Saint-Germain-Laval, em Forez, no dia 20, eles "se espalhavam pelos campos". Mesmo em Toul, eles vinham de Paris "e de outros lugares". Há ainda outra prova: em Semur, no dia 22, os moradores se reuniram "a respeito de notícias que se espalharam a respeito de agitações cometidas nos campos por bandidos organizados em bandos". Não se faz menção de Paris: essas notícias vinham de Dijon e de Autun logo após os motins de Auxonne e de Saint-Jean-de-Losne, nos dias 19 e 20 de julho. À medida que avançavam, os "bandidos" recebiam reforços de condenados libertados. De fato, aqui e acolá, haviam sido abertas as prisões. Por exemplo, em Luxeuil, em Pierre-Encize e em Aix, sem contar com os calabouços da Bastilha. A municipalidade de Toul escreve, no dia 29, à de Blénod: "Os senhores devem saber que um grande número de bandidos se evadiu das prisões de Paris e de outros lugares". Daí se explica o fato de que, ao longo do Grande Medo, as pessoas falassem em bandos de condenados às galés que haviam escapado. Por fim, ouvia-se falar de regimentos militares estrangeiros que cruzavam os campos. Eram eles que o rei teria reunido em torno de Paris e que, depois, teriam sido reenviados às suas guarnições. Mas o povo os via seguir o mesmo caminho que os bandidos e, entre estes e as tropas que os déspotas haviam cedido ao conde de Artois, via pouca diferença.

Anunciados dessa forma, acreditava-se ver tais saqueadores passarem aqui e acolá, como nos entornos de Paris, de forma que logo eclodiram pânicos iniciais. Em Verneuil, no dia 20, logo após o motim de Laigle, espalhou-se o boato de que 600 amotinados armados avançavam e que estavam a apenas uma légua de distância. Em Gyé-sur-Seine, no dia 26, a presença de alguns desconhecidos bastou para "inspirar o terror". Em Clamecy, algumas horas antes da onda do Grande Medo que inundou a região, falava-se, na manhã do dia 29, a respeito de fazendas queimadas por bandidos no vale de Aillant. Tratava-se, provavelmente, de um incêndio acidental. Em Château-Chinon, no dia 28, o síndico expôs "que uma grande quantidade de bandidos e vagabundos fugiram tanto das prisões como de diversas grandes cidades do Reino. Chegou-se a ver diversas tropas que fugiam dos bosques, em torno dos quais se situa esta cidade". Em Brive, no dia 22, ao mesmo tempo em que se puseram os habitantes a par dos eventos do dia 14, a municipalidade anunciou que "apareceram bandidos do lado de Saint-Céré e de Beaulieu", isto é, ao sul, e não ao norte, como teria sido o caso se Paris tivesse sido a única fonte do boato.

Ainda que os boatos se expliquem sem a necessidade de se supor um acordo entre os revolucionários, não se pode concluir a partir disso que os oradores que, nas cidades, incitavam ao armamento por razões políticas não tenham contribuído para a sua propagação. Eles acreditaram de boa-fé nos saqueadores. Mas a notícia lhes servia, e eles a adaptaram conforme suas finalidades, mais ou menos conscientemente. Essa é a parte da verdade que pode ser discernida nas acusações feitas contra eles. Em primeiro lugar, alguns, não sabendo como as coisas se desenvolveriam, invocaram habilmente esse perigo para justificar a tomada de armas. Assim, a municipalidade de Bourg explicou, no dia 17, ao senhor de Gouvernet, comandante da região, as graves medidas que os habitantes lhe impuseram no dia anterior. Da mesma forma, o Comitê de Château-Gontier, no dia 24, fará uso do Grande Medo para legitimar sua decisão, igualmente radical, do dia 18. De outra banda, ao propor a formação de milícias, tinha-se a intenção não apenas de resistir eventualmente à aristocracia, mas também, como em Paris, de impor respeito ao populacho. Havia dificuldade em dizê-lo com clareza, pois ou ela estava presente, ou ela seria informada. Os "bandidos" surgiam oportunamente como forma de recomendar medidas de segurança destinadas a manter o povo em suas responsabilidades. Por fim, é bem possível que os saqueadores tenham servido, porém, de pretexto em face das autoridades superiores e, ao mesmo tempo, em face dos que hesitavam em que se exortasse à tomada de armas sem a permissão do rei. Nas deliberações referentes à criação de milícias, os líderes, seguindo seus temperamentos, dosavam essas diversas considerações de acordo com proporções muito variáveis. Em Lons-le-Saunier, no dia 19, um membro da assembleia não fez a menor referência aos bandidos; muito mais culpados e perigosos lhe pareciam os nobres, que ele denuncia com extrema virulência. Pelo contrário, em Autun, no dia 13, teme-se sobretudo a sedição popular: "A prudência pede a nossa organização [em milícia] com vistas a poder rechaçar prontamente os inimigos comuns e, mais ainda, a sufocar os germes da sedição, caso existam, mostrando aos antipatriotas e aos conturbadores da ordem as armas prontas para dominá-los". Em Saint-Denis-de-l'Hôtel, aldeia do vale de Orléans, o síndico deu a mesma importância às diferentes razões que se tinha para o armamento, de forma que seu relatório exprime, conforme nos parece, a opinião recorrente da pequena e da grande burguesia, das cidades e dos campos. Ele declarou, no dia 31, que "os cidadãos acreditam estar ameaçados, seja quanto aos seus bens, seja quanto às suas pessoas, desde a revolução do dia 13 deste mês que ocorreu na capital. Os motivos que alarmam os cidadãos são, em primeiro lugar, os relatos, falsos ou verdadeiros, mas publicados, que circulavam desde que eclodiu essa violenta tormenta. Ela teria destruído a capital naquele dia, não fosse o patriotismo dos cidadãos dessa grande cidade, que tomaram sérias medidas para dissipar tal tormenta, cujos efeitos se sentiram em toda a França. Em segundo lugar, a fuga da capital de uma quantidade imensa de bandidos, o que espalhava o pânico nas diferentes regiões. E, em terceiro lugar, a carestia de cereais reinante já há tanto tempo, que ocasiona boatos e revoltas populares sempre perigosas caso sua fonte não seja suprimida".

Mas, de uma forma ou de outra, os temores dos aristocratas e dos bandidos se achavam sempre associados ao ânimo da população, uma vez que se fazia apressadamente uma síntese, já realizada em Paris, do complô da aristocracia e do medo dos bandidos. A semelhança com os pânicos de 1848 é clara: temia-se, em todo o país, a vinda de amotinados que ameaçassem a propriedade e a vida dos camponeses. O menor indício exalta os ânimos já agitados e se propaga sem obstáculos, já que todo o mundo o espera. Todavia, em 1789, a agitação é muito mais profunda e muito mais extensa. Todo o Terceiro Estado crê estar ameaçado, pois os amotinados estariam a serviço da conspiração da aristocracia, ao qual se adicionavam os regimentos militares estrangeiros a serviço do rei e as tropas dos soberanos que os emigrados sustentavam. Elas não vinham apenas de Paris, mas de todas as grandes cidades. E, por outro lado, as circunstâncias econômicas e sociais, a carestia e o alto número de vagabundos favoreciam, mais em 1789 do que em 1848, os pânicos locais, cuja propagação constitui o Grande Medo. Assim se explica que o fenômeno, tomando uma dimensão extraordinária, tenha podido se tornar um evento nacional.

Terceira parte

O Grande Medo

1

Características do Grande Medo

O "medo dos bandidos", nascido ao final do inverno, atingiu o seu ápice na segunda quinzena de julho e se estendeu, em maior ou menor grau, para toda a França. Se ele gerava o "Grande Medo", é preciso fazer uma distinção. O Grande Medo tem características próprias, abaixo enumeradas. Até este momento, a vinda de bandidos era possível e, assim, temida; agora, ela se tornava uma certeza. Eles estão presentes, são vistos e escuta-se falar deles. Geralmente, essa situação acaba por levar a um pânico, mas nem sempre. Algumas vezes, o povo se contenta com a organização da defesa ou com o alarme das milícias já organizadas para garantir a segurança ou para combater os aristocratas. Todavia, esses alarmes não constituem um fato novo; nós já mencionamos diversos deles. O caráter próprio do Grande Medo é que esses alarmes se propagaram a longas distâncias e com grande rapidez em vez de permanecerem locais. Conforme se alastravam, eles levavam à criação de uma série de novas provas da existência dos bandidos e das agitações que reforçavam o medo que já existia, alimentavam-no ou, ainda, serviam-lhe de intermediário. Essa propagação se explica igualmente pelo medo dos bandidos: acreditava-se facilmente que eles chegariam justamente porque eles eram esperados. As correntes de medo não foram muito numerosas, mas elas recobriram a maior parte do Reino, e daí decorre a impressão de que o Grande Medo foi universal, de que sua propagação foi muito veloz e, ainda, de que o Grande Medo eclodiu em todos os lugares simultaneamente, "quase na mesma hora". Há aí dois erros, e ambos foram concebidos pelos próprios contemporâneos, de modo que ainda hoje é comum limitar-se a repeti-los. Tendo admitido que o pânico eclodira em toda parte ao mesmo tempo, deduz-se naturalmente que ele fora semeado por agentes determinados, tendo sido, portanto, resultado de uma conspiração.

Os revolucionários viram nisso imediatamente uma nova prova do complô da aristocracia. Eles teriam aterrorizado as populações para fazê-las submeter-se novamente ao Antigo Regime ou ainda para provocar a desordem. "Os alarmes que se espalharam quase no mesmo dia em todo o Reino", escreveu Maupetit no dia 31, "parecem ter sido resultado de um complô formado e, assim, complemento de projetos desastrosos que tinham por objetivo pôr toda a França em desordem. Afinal, não se poderia imaginar que, no mesmo dia e no mesmo instante, em quase todos os locais, teriam soado os sinos de alarme, se pessoas espalhadas não tivessem dado intencionalmente o alarme. No dia 8 de agosto, à noite, quando se declarou na Assembleia Nacional que havia sido detido um mensageiro que, tendo acabado de percorrer o Poitou, o Angoumois e a Guyenne, anunciava a chegada dos saqueadores, um membro disse: "O pacto infernal ainda não foi extinto completamente. Por mais que os líderes estejam bem dispersos, ele pode renascer de suas cinzas. Sabemos que uma multidão, tanto de clérigos como de fidalgos, havia colaborado com isso. As comunas da França não podem, portanto, ficar sob a proteção deles". O Comitê de Investigações, instituído pela Assembleia no dia 28 de julho, abriu um inquérito. Ele escreveu, no dia 18, ao bailiado de Saint-Flour, a respeito do pânico de Massiac e das agitações que se seguiram: "Parece que o mesmo impulso se verificou praticamente no mesmo dia em todas as regiões, o que nos faz supor um complô premeditado, cujo centro nos é desconhecido, mas que importa ao bem-estar do Estado descobrir". O anúncio de 10 de agosto já havia divulgado oficialmente essa versão: "Os inimigos da nação, tendo perdido a esperança de impedir, por meio da violência do despotismo, a regeneração pública e o estabelecimento da liberdade, parecem ter concebido o projeto criminoso de atingir a mesma finalidade por meio da desordem e da anarquia. Entre outros meios, eles fizeram semear, na mesma época e quase no mesmo dia, alarmes falsos nas mais diversas regiões do Reino e, anunciando incursões de bandidos que não existiam, causaram excessos e crimes que assaltaram igualmente os bens e as pessoas". Os revolucionários não suspeitaram que, ao denunciar o complô da aristocracia, eles próprios haviam preparado inconscientemente o Grande Medo.

Mas, de fato, o evento tinha se virado contra a aristocracia. O Grande Medo havia precipitado a tomada de armas pelo povo e suscitou novas revoltas rurais. *Is fecit cui prodest*[12]. Os contrarrevolucionários, portanto, atribuíram toda a responsabilidade aos seus adversários. Arthur Young, enquanto jantava em uma pousada em Turim, no dia 25 de setembro, ouviu emigrados fazendo um relato das agitações e perguntou "por quem essas atrocidades haviam sido cometidas, se por cidadãos ou por bandidos. Eles responderam que haviam sido cometidas certamente por cidadãos, mas que a origem de todas essas calamidades estava no plano tramado por alguns líderes da Assembleia Nacional, com o dinheiro de uma figura importante", isto é, do duque de Orléans. "Quando a Assembleia Nacional rejeitou a moção do conde de Mirabeau, que queria submeter ao rei um pedido de obten-

---

12. Adágio latino, que significa "fê-lo aquele a quem [aquilo que foi feito] favorece" [N.T.].

ção de milícias burguesas, mensageiros foram enviados a todos os cantos do Reino para causar alarmes por todos os lugares a respeito das tropas de saqueadores que, segundo se dizia, estavam em marcha, pilhando e saqueando tudo, instigados por aristocratas, e aconselhando o povo a se armar imediatamente em benefício da sua própria defesa. Com base nas notícias recebidas de diferentes partes do Reino, descobriu-se que esses mensageiros partiram quase ao mesmo tempo de Paris [esse fato, adiciona, em nota, A. Young, foi-me confirmado posteriormente em Paris]. Da mesma forma, foram enviadas ordens falsas do rei e de seu conselho para incitar a população a queimar os castelos do partido aristocrático e, assim, por uma espécie de magia, toda a França se encontrava simultaneamente armada, e os camponeses estavam prontos para cometer as atrocidades que haviam desonrado o Reino". Esta versão é imediatamente incorporada nos documentos da época. O padre de Tulette, no Drôme, escreveu, em seu registro paroquial, em 24 de janeiro de 1790: "Os alarmes gerais, que se espalharam por todo o Reino no mesmo dia e à mesma hora em 29 de julho, foram causados apenas pelos emissários contratados pela Assembleia, que queria armar o povo". Lally-Tollendal adotou essa versão em sua *Seconde lettre à mes commettants*. Ela passou também para as histórias da Revolução redigidas por contrarrevolucionários, como Beaulieu e Montgaillard; e também às memórias, de onde ela foi transmitida de geração a geração sem se apoiar em prova nenhuma. Beugnot relata, em suas Memórias, que tentou "retroagir à causa". Mas, tendo interrogado o camponês de Colombey que havia levado o medo a Choiseul, ele constatou que esse homem havia ouvido a notícia de um morador de Montigny e, presumindo que este último lhe daria uma resposta análoga, abandonou tal abordagem para se ocupar da presunção do complô. Teria sido necessário, com efeito, voltar de aldeia em aldeia até o Franco-Condado. Apenas o governo poderia ter esclarecido o caso por meio de uma investigação metódica, conforme foi feito em 1848. Não se absteve de fazê-lo por não ter levado em consideração as possíveis manobras de seus adversários; afinal, em maio e em junho, foram-lhe indicados indícios de conspiração, e o governo sempre envidou esforços para esclarecer os casos. Assim, em 8 de maio, prendeu-se em Meaux um indivíduo vindo de Paris "muito suspeito e movido por intentos escandalosos e sediciosos". O ministro Puységur comunicou, no dia 21, ao tenente de polícia: "É possível que esse homem seja um mero vagabundo que não merece atenção, mas também é possível que tenha sido usado por algum instigador secreto". Ele mandou enviar a Meaux um policial experiente para interrogá-lo. O prisioneiro foi transferido para o Châtelet e, em 10 de junho, o ministro admitiu "que nós não podemos extrair das afirmações desse indivíduo as consequências que havíamos previsto". Exagerou-se, assim, a despreocupação do governo. Por ocasião das revoltas agrárias e do Grande Medo, foram levados a interrogatórios aqueles que espalhavam notícias falsas, bem como os portadores de supostas ordens, como já afirmamos a respeito das agitações do Mâconnais. As respostas foram negativas. Porém, não há dúvida de que a investigação foi parcial. Se é mais difícil levá-la a cabo atualmente, hoje nós podemos, contudo, alcançar nossas finalidades, uma vez que nos é possível reunir e comparar um número muito grande de documentos. Já a autoridade daquela época, no meio de diversos eventos que se sucediam rapidamente, não teve tempo suficiente para fazer um dossiê. Nós podemos retroagir, ao menos em diversas regiões, ao incidente que serviu de origem ao pânico, esclarecer sua propagação e traçar novamente o seu caminho.

Diz-se continuamente, desde 1789, que o Grande Medo foi universal, pois ele se confundiu com o temor dos saqueadores. Admitir que os bandidos existiam e que poderiam aparecer era uma coisa. Imaginar que eles estavam presentes é outra. Porém, era fácil passar do primeiro ao segundo estado, senão não se poderia explicar o Grande Medo. Porém, tal passagem não é obrigatória, e, mesmo que toda a França tenha acreditado na existência de saqueadores, o Grande Medo não se verificou em todo o país. Regiões como quase toda a Flandres, o Hainaut, o Cambrésis e as Ardennes não o conheceram. Na Lorena, ele mal aflorou. A maior parte da Normandia não o sentiu, e muito pouco dele pode ser encontrado na Bretanha. O Médoc, a Landes, o país basco, o Baixo Languedoc e o Roussillon permaneceram quase inatingidos. Nas regiões em que estava a ocorrer a revolta agrária, como o Franco-Condado, a Alsácia, os bosquetes normandos e o Mâconnais, não houve Grande Medo. No máximo, alguns alarmes locais. Contudo, essa confusão tradicional está tão profundamente arraigada nos espíritos, que até bons autores, que se esforçaram por estudar objetivamente o fenômeno, não puderam evitá-la, de forma que suas pesquisas tomaram uma falsa direção e que suas tentativas de explicação perderam a validade. Como o temor dos bandidos veio, em boa parte, da capital – mas não exclusivamente, como já mostramos –, eles concluíram que o Grande Medo vinha também de lá, não se preocupando em investigar os incidentes locais que o haviam causado. É o caso do senhor Chaudron em relação à parte sul da Champagne, uma vez que a comparação das datas leva à conclusão de que o centro da comoção estava na própria região. A isso se deve também o fato de que muitos autores representem o Grande Medo como uma onda que se espalha concentricamente a partir dos entornos de Paris. Na verdade, porém, o Grande Medo tem diversos pontos de origem, seu traçado é, por vezes, caprichoso e, ainda, foi em direção a Paris que se dirigiu, do norte, o medo do Clermontois e do Soissonnais e, do sul, o medo do Gâtinais, prolongamento do medo de Champagne.

O mais difícil de conceber é que ainda se afirme que o Grande Medo eclodiu por toda parte simultaneamente. Os contemporâneos podem se escusar, quanto a esse ponto, pois lhes faltavam informações, mas nós as possuímos hoje em número e precisão suficientes para que não haja qualquer dúvida a respeito. O Grande Medo das Mauges e do Poitou começou em Nantes no dia 20. O do Maine, a leste da província, no dia 20 ou 21. O do Franco-Condado, que incendiou o leste e o sudeste, no dia 22. Na parte sul da Champagne, o medo veio apenas no dia 24. No Clermontois e no Soissonnais, no dia 26. No sudoeste, ele partiu de Ruffec no dia 28. Ele chegou a Barjols, na Provence, no dia 4 de agosto e, a Lourdes, aos pés dos Pirineus, no dia 6 do mesmo mês.

A tese que defende a existência de um complô, por outro lado, não resiste a um estudo atento a respeito da origem do mecanismo de propagação do pânico. Numerosos documentos citam os nomes daqueles que o propagaram. Eles não têm nada de misterioso e, sem dúvida, estavam de boa-fé. Alegar-se-á, como Beugnot, que eles eram meros instrumentos e que se deve buscar a prova do complô na origem. Porém, é justamente a essa origem que não se consegue retroagir. Ora, seu número não é maior do que dez, estando espalhados arbitrariamente no território. A que se reduz a lenda dos mensageiros enviados metodicamente?

Por fim, o argumento fundamental que, no fundo, inspirou a ideia do complô é o de que o Grande Medo favorecia, segundo alguns, a contrarrevolução, e, segundo outros, o armamento e as revoltas agrárias. É evidente que não favoreceu a aristocracia. Porém, por mais que ela tenha certamente favorecido o progresso do armamento e suscitado novas agitações no campo, não é correto afirmar que ela foi indispensável para isso. Acreditamos ter provado que o armamento começou junto com o temor dos vagabundos, acelerando-se a partir do momento em que se passou a acreditar em um complô aristocrático, muito antes do Grande Medo. Por certo, a extensão do armamento aos camponeses não estava nos planos da burguesia. As revoltas agrárias dos bosquetes normandos, do Hainaut, do Franco-Condado, da Alsácia e até do Mâconnais são anteriores ao Grande Medo. A revolta do Dauphiné é a única que se pode pôr na sua conta. Entre a revolta agrária e o Grande Medo, houve bastante independência, de modo que o segundo não aparece nos mesmos locais que a primeira, excetuado o caso do Dauphiné. No leste, ao contrário, o pânico foi gerado pela agitação do Franco-Condado, enquanto as sublevações dos bosquetes, do Hainaut e da Alsácia não provocaram pânico nenhum. Além disso, seria preciso demonstrar que a burguesia revolucionária desejava uma insurreição camponesa. Tudo, porém, vai na contramão disso.

O temor dos bandidos e dos aristocratas, a revolta dos camponeses, o armamento e o Grande Medo são, portanto, quatro fatos distintos, por mais que haja entre eles conexões evidentes. E, quando se estuda o último deles, deve-se determinar o método com base nessa noção fundamental.

2

Os pânicos originais

Contam-se cinco correntes de medo, dentre as quais uma – a do Clermontois – deve ser desdobrada. Nós conhecemos bem a origem de três delas. Em relação às outras duas, nós não dispomos de documentação suficientemente clara, mas nós podemos fazer uma ideia altamente provável delas. Quanto à do Maine, é possível apenas localizar aproximadamente seu ponto de partida em razão do estado da documentação.

Dois dos pânicos originais estão em estreita relação com as reações populares contra o complô da aristocracia e, assim, vinculavam-se à situação política da França. No leste, o medo nasceu da revolta dos camponeses do Franco-Condado. Não pode subsistir nenhuma dúvida com relação a isso, e todo o interesse do problema se relaciona com o mecanismo de propagação. A questão é mais complexa para as Mauges e o Poitou. Como nós já vimos, a cidade de Nantes se sublevou desde a notícia da demissão de Necker. Em 20 de julho, por volta do meio-dia, correu o repentino boato de que os soldados da cavalaria chegariam pela estrada de Montaigu para pôr ordem nos habitantes de Nantes. Nós não sabemos a origem desse boato, mas ele não surpreende quando já se conhecem os alarmes do mesmo tipo que haviam ocorrido em Paris nos dias 13 e 14 de julho. Os moradores pegaram em armas e obrigaram os fabricantes de armas a entregar-lhes todas aquelas que guardavam em seus armazéns. Montou-se a guarda na ponte de Pirmil, e a cavalaria burguesa partiu percorrendo toda a região até o lago de Grandlieu. Foram esses movimentos que geraram o pânico, como atesta a *Correspondance de Nantes* do dia 25 de julho: "Nós sabíamos que homens mal-intencionados haviam desnaturado o objeto dos preparativos militares feitos em Nantes e difundiram, nos lugarejos vizinhos, um enorme terror. Só quem se deleita com as desgraças da pátria pode conceber a ideia de mentir, com tanta audácia, para os habitantes de uma cidade opulenta, cujos campos, se destruídos, levariam à maior calamidade".

Infelizmente, a *Correspondance*, imputando o erro dos camponeses aos aristocratas, abstém-se de nos dizer a razão pela qual se tomaram os habitantes de Nantes por bandidos. Provavelmente, ficaram simplesmente alarmados ao avistarem de longe as tropas marchando. Um grande número de pânicos locais nasceu assim, e nós daremos o exemplo de alguns deles mais à frente. Porém, não é impossível que se tenha tido receio de que os habitantes de Nantes viessem a tomar os grãos de trigo ainda disponíveis. Desde o dia 19, um destacamento marchou em direção a Paimbœuf para apoderar-se de uma embarcação de grãos, bem como para tomar a pólvora que havia na cidade. Os despojos foram levados a Nantes no dia 20. A carestia e a rivalidade entre cidades e campo se somarão à crise política para gerar o medo do oeste.

Nas outras regiões, foram a situação econômica e o temor dos vagabundos que estiveram na origem dos pânicos. O do Clermontois teve por causa a inquietude que se sentia em relação à colheita, além de um conflito de caçadores furtivos e guardas, cujo amontoamento tumultuoso, visto de longe, aterrorizou os moradores de Estrées-Saint-Denis. "Domingo à noite", escreveu, em 26 de julho, o preboste da guarda pública ao intendente, "caçadores furtivos tiveram uma discussão muito intensa com os guardas a respeito das terras de Estrées-Saint-Denis, a quatro léguas daqui. Os moradores dessa paróquia, bem como os do campo, que sempre tiveram a ideia de que desconhecidos viriam aqui ceifar seus trigos, vendo de longe o tumulto que havia entre os caçadores furtivos e os guardas, imaginaram que se tratava de gente mal-intencionada que vinha para assolar suas terras. Soaram, então, o toque de alerta e reuniram todos os moradores. As paróquias vizinhas fizeram o mesmo". Descendo o vale do Oise, a corrente do medo assim criada foi provavelmente reforçada por outro incidente. Relatou-se, no dia 28, aos eleitores de Paris, que, em Beaumont, a agitação tinha sido causada pela pilhagem de dois navios carregados de grãos. Nesse caso, reaparece a escassez. O alarme chegou a Montmorency, onde notícias semelhantes tornaram-na mais grave. De acordo com o *Journal de la Ville*, foi "a agrimensura que precede a colheita. Prepara-se o terreno para dividir os espaços de terra que se dá para a colheita dos trabalhadores". Teriam sido tomados, porém, por saqueadores. Mais verossímil é a versão da *Feuille Politique* de Le Scène-Desmaison: "Uma tropa de trabalhadores rurais oferecera seus serviços a um fazendeiro cuja colheita estava prestes a ser feita. Tendo o fazendeiro se recusado a pagar o preço que eles pediam, o espírito de anarquia levou-os a ameaças. Eles afirmaram que, apesar de tudo isso, iriam ceifar seus trigos e arruinar sua colheita. Aterrorizado, o fazendeiro se apressou a chamar por socorro. A notícia se espalhou e aumentou. O toque de alerta ressoou em todas as paróquias vizinhas". Uma explicação análoga nos é dada a respeito do

medo do Soissonnais, que partiu da planície de Béthisy, entre Verberie e Crépy-en-
-Valois. Na verdade, é provável que ela seja apenas um ramo da corrente nascida
no Clermontois e que o caso de Béthisy constitua apenas um retransmissor do
boato. Porém, o duque de Gesvres, escrevendo, no dia 28 à noite, ao duque de La
Rochefoucauld-Liancourt, presidente da Assembleia Nacional, apresenta-a como
um foco autônomo. De qualquer forma, sua causa é do mesmo tipo: "Esses boatos
tinham como origens apenas algumas palavras ditas, segundo se diz, por cinco ou
seis estrangeiros ébrios que foram vistos dormindo próximos ao trigo que, também
segundo se conta, eles ameaçavam cortar, pois um fazendeiro lhes havia recusado
aquilo que haviam pedido". A municipalidade de Crépy-en-Valois também explica
o pânico com base na discussão de doze camponeses que brigavam entre si no
meio dos grãos ainda não colhidos. A municipalidade de Meaux relatou que alguns
ceifeiros "cortaram, nas fazendas, centeio pertencente aos fazendeiros, a despeito
de eles terem se recusado a alimentá-los". Em Roye, o incidente dos caçadores
furtivos, revoltados com os guardas da reserva de caça do rei, "na floresta de
Compiègne" somava-se ao incidente dos ceifadores, mas este último foi atribuído
a um fazendeiro *dépointé*, isto é, despedido em favor de um concorrente que havia
aceitado condições mais onerosas, teria se vingado de seu sucessor fazendo ceifar
o equivalente a dois dias de trabalho de ceifagem de trigo verde. Essas explicações
casam perfeitamente com a que se tem dos conflitos de produtores e ceifadores,
endêmicos em toda essa região, e do "direito de mercado", tão popular na Picardia, e que, apesar das leis, proibia a todos locar uma fazenda ou um mercado sem
a concordância do arrendatário anterior.

Na parte sul da Champagne, o medo nasceu, no dia 24, ao sul de Romilly, em
Maizières-la-Grande-Paroisse, Origny e "em outras aldeias adjacentes", segundo
o *Journal de Troyes* do dia 28, que confirma uma carta do subdelegado. Correu o
boato de que os bandidos podiam ser avistados no cantão; eles teriam sido vistos
entrando nos bosques. "Deu-se o toque de alerta, e três mil homens se reuniram
para expulsar esses pretensos bandidos [...], mas os bandidos eram apenas um
rebanho de vacas". O relato é aceitável, pois há muitos outros exemplos de indivíduos que deram o alarme por ter ouvido, à borda de um bosque, barulhos
misteriosos de animais que passavam, ou ter avistado de longe a poeira levantada
pela passagem de tropas. Caso seja verdade, o pânico da Champagne será aquele
que teve a causa mais insignificante de todas. Não obstante, pode-se suspeitar que
esse caso se aproxime do verificado em Nantes e que as expedições de cidadãos
em busca de víveres também tiveram sua influência por lá. Afinal, houve um motim
em Nogent no dia 18, e em Pont no dia 20. Romilly não devia estar melhor provida
do que elas.

O pânico de Ruffec, que se difundiu até o Poitou, no planalto central, e a toda a Aquitânia, relaciona-se com o medo dos vagabundos e lembra a comoção de Sceaux, de que já falamos. A causa nos foi exposta por Lefebvre, secretário da intendência de Limoges, de acordo com uma carta do subdelegado. O pânico foi provocado pela "aparição de quatro ou cinco homens, vestidos como religiosos da Ordem das Mercês e que se diziam pedintes em prol da redenção dos cativos. Eles se apresentaram em diversas casas, mas nem todas os acolheram bem. Descontentes com a modicidade dos seus ganhos, teriam deixado a cidade ameaçando voltar logo e em grande número; porém, eles não haviam sido vistos desde então. Sabia-se apenas que eles estavam retirados em uma floresta vizinha. Esse pequeno evento, relatado, com muito exagero, em lugares bastante afastados, foi a causa do temor". Nós sabemos, de outra banda, que, no dia 28, foi detido um homem que anunciava "a existência de bandidos e hussardos na floresta vizinha". O espírito, perturbado por tudo aquilo que se contava a respeito dos mendigos, acreditava tê-los visto. O temor serviu de propagador do alarme original, de forma que esse relato se difundiu. Em Angoulême, por exemplo, a questão não envolvia mendigos disfarçados, mas bandidos reunidos nas florestas. Caso se creia no pároco de Vançais, houve um outro centro difusor a oeste de Ruffec: "um bando de contrabandistas e de ladrões, escondidos nas florestas de Aulnay, Chef-Boutonne e Chizé, famintos, teria feito incursões nas aldeias vizinhas para obter pão". Com o medo dos vagabundos, o elemento essencial, em tudo isso, é a apreensão que as florestas inspiravam. Porém, um detalhe – a menção aos hussardos – denuncia igualmente a crença no complô da aristocracia.

Quanto ao medo do Maine, nós não podemos dizer qual foi o incidente que lhe deu origem, mas deve ter se produzido próximo de La Ferté-Bernard. Perto de lá, fica Montmirail, cuja floresta supria uma fábrica de vidros e que, de 1789 a 1792, foi um local de permanentes agitações a cada vez que o preço do pão subia. É muito provável que o medo tenha nascido de uma incursão de trabalhadores ou, ainda, das mesmas circunstâncias verificadas em Ruffec.

Dessa forma, os pânicos primitivos ou originais do Grande Medo tiveram as mesmas causas que os alarmes anteriores, e as causas mais importantes são de ordem econômica e social, isto é, aquelas que haviam sempre deixado os campos em alarme e que a crise de 1789 havia exasperado ainda mais. Mas, por qual razão, desta vez, o medo, em vez de permanecer local, propagou-se? Por qual razão a paróquia que recebera um alarme tinha se apressado de tal maneira a pedir socorro? A razão está em que, no fim de julho, a insegurança parecia muito mais ameaçadora do que nunca e, às vésperas da colheita, os ânimos andavam mais conturbados do que em qualquer outra época. E também porque o complô aristocrático e a notícia de que os vagabundos haviam deixado Paris e outras grandes cidades davam à aparição de qualquer andarilho um significado muito mais aterrorizante. Tendo os bandidos se tornado instrumentais para os inimigos do Terceiro Estado, parecia natural fazer apelo à solidariedade nacional e a essa federação que já se esboçava entre as cidades e os burgos. E, pelas mesmas razões, aqueles a quem se pedia socorro não duvidavam nem por um instante de que a notícia era verdadeira, de forma que eles, por sua vez, acabavam por difundi-la.

3

A propagação dos pânicos

É evidente que o pânico foi frequentemente mais difundido por pessoas sem mandato. Uns acreditavam cumprir um dever cívico ao pressionar o envio de socorro. Outros queriam pôr de sobreaviso seus parentes ou amigos. Os viajantes contavam aquilo que haviam visto ou ouvido. Eram numerosos, sobretudo, os fugitivos que se dedicaram a exagerar o perigo para que não fossem acusados de covardia. Os relatos da época abundam em incidentes pitorescos. Em Confolens, um moleiro, vindo de Saint-Michel, ultrapassou, ao entrar no bairro de Saint-Barthélémy, um tal Sauvage, serrador de pranchas. Este último corria para sua casa e pedia ajuda por ter ficado sabendo que a guarda pública estava em Saint-Georges, distante apenas 1km. Ao ver o moleiro, ele gritou que esporara seus cavalos e dera o alarme na cidade. "Não tenha medo", respondeu o outro, "todos virão". Sauvage entrou novamente em sua casa, pegou o fuzil e correu para enfrentar os bandidos, enquanto o moleiro atravessava as ruas, em grande tumulto, gritando para que a gente se armasse. Esses bons patriotas não foram recompensados por tanto zelo: quando os espíritos agitados se acalmaram, eles foram postos na prisão. Em Rochechouart, na manhã do dia 29, um senhor Longeau des Bruyères, de Oradour-sur-Vayres, chegou a cavalo pela estrada de Chabanais. E gritava: "Ele está fugindo! Ele estava vindo de Champagne-Mouton, onde viu serem decapitados velhos, mulheres e crianças pequenas. É horrível, espantoso! Tudo está em fogo e sangue. Ele está correndo à sua casa para pôr em segurança as pessoas de seu lar. Resistam! Ajudem-nos! Adeus, adeus! Quiçá pela última vez!" E desapareceu a galope. Em Limoges, o medo foi trazido sucessivamente por um clérigo da ordem de Santa Genoveva da abadia de Lesterp, próxima de Confolens, que, tendo dormido em Rochechouart, aterrorizou-se, às 2h, ao ouvir "gritos de lamento" e logo partiu, montando a cavalo. Depois, por um antigo guarda, a quem se acabara de anunciar a vinda dos bandidos enquanto ele caçava e que se apressara em vir para informar o intendente. E, por último, por um arquiteto que, voltando de viagem, havia ouvido, na estrada, a notícia na noite do dia anterior. Em Castelnau-Montratier, no Quercy, o diretor do serviço de mensagens de Cahors apareceu de repente, montado em uma muleta que lhe havia sido emprestada pelos capuchinhos, "unicamente agitado pelo toque de alerta e pela conturbação horrível da cidade". Em Samer, no Boulonnais, o medo foi provocado por "alguns viajantes". Em Saulieu, no Auxois, pelo médico do burgo que vinha de Montsauche. Ao longo do Sena, à margem esquerda, de Fontainebleau a Villeneuve-le-Roi, pelos irmãos Gaudon, negociantes de vinho, de Boignes (em Gâtinais). Um deputado nobre, cujas cartas à marquesa de Créquy nós possuímos, recebeu a confirmação da pilhagem das colheitas em Montmorency "por uma pessoa que chegava ao correio e que havia sido testemunha dos estragos causados por essa ralé".

Mas também pessoas de crédito e as próprias autoridades propagaram o pânico, se não intencionalmente, ao menos com método. Os párocos acreditavam ser seu dever informar seus colegas e os seus amigos nobres. No Maine, são os primeiros, advertidos por carta do prefeito do Mans, que aparecem em primeiro plano. Em Vendôme, a municipalidade foi advertida pelo pároco de Mazangé. Em Lubersac (no Périgord), é o vigário de Saint-Cyr-les-Champagnes que se apressa em anunciar que sua aldeia estava tomada por bandidos. Em Sarlat, foi o padre que, com todas as suas forças, veio relatar que Limeuil fora incendiada durante a noite. No Bourbonnais, o pároco de Culan escreveu ao de Verdun, o qual, por sua vez, enviou um comunicado ao de Maillet. Os fidalgos agiam da mesma forma, bem como seus administradores. No Dauphiné, o alerta de Aoste foi dado em primeiro lugar pelo abade de Leyssens, pela catedral de Aoste, pelo cavaleiro de Murinais e pelo agente da condessa de Valin, que, por sua vez, acudiu a La Tour-du-Pin. No Poitou, o administrador do castelo de Maulévrier enviou mensageiros a todos os lugares para pedir aos párocos que armassem os seus melhores fiéis e marchassem ao socorro de Cholet. Em volta de Neuvic, no Périgord, foram os padres e os nobres que difundiram a notícia. A senhora De Plaigne enviou um mensageiro ao barão de Bellinay para que ele advertisse o barão de Drouhet, o qual recebeu outras comunicações de nobres e clérigos, entre as quais a do prior de Saint-Angel, e escreveu, por sua vez, ele mesmo ao barão de Bellinay e ao pároco de Chirac. Fatos semelhantes a esses são inúmeros. Enviavam-se criados que, a cavalo, atravessavam as aldeias, difundindo os alarmes. Os camponeses nem sempre os conheciam. Assim se explicam alguns relatos que fazem menção a mensageiros desconhecidos ou misteriosos.

O papel mais curioso foi, sem dúvida, desempenhado pelas autoridades. Hoje, sua primeira medida seria informar-se por telefone antes de alertar a população. A bem da verdade, eles não deixaram de se informar e ordinariamente enviaram informantes ou encarregaram a cavalaria e a guarda pública de rondar o campo.

Mas eles sabiam que muito tempo passaria antes que o caso fosse esclarecido. Parecia-lhe mais sábio tomar imediatamente suas precauções, pondo as paróquias a par do que acontecia e de lhe pedir socorro. As municipalidades e os Comitês enviaram, assim, mensageiros, e chegaram até mesmo a redigir circulares. Assim se agiu, por exemplo, nos Comitês de Confolens, de Uzerche e de Lons-le-Saunier. O de Évreux alertou os burgos das cercanias nos dias 22 e 23 de julho e, no dia 24, enviou uma circular impressa a 110 paróquias do campo. Alguns chefes de milícia chegaram a se arrogar esse direito. O de Bellême deu o alarme a Mortagne. O de Colmar, coronel da milícia e também um dos presidentes do conselho soberano, exortou, no dia 28 de julho, as comunidades rurais a se armar. As autoridades do Antigo Regime não se omitiriam, especialmente os juízes reais e os subdelegados. Uzerche foi alertada por uma carta do juiz de Lubersac. O procurador de justiça de Villefranche-de-Belvez contribuiu poderosamente com suas cartas para difundir o medo do Périgord (no Quercy). O subdelegado de La Châtaigneraie o espalhou em todas as suas cercanias, especialmente em Secondigny. O de Moissac agiu ainda melhor: ele exortou os párocos a dar o toque de alerta. As comissões intermediárias das assembleias provinciais intervieram menos frequentemente, mas é possível citar a comissão da circunscrição de Soisson ou, ao menos, seu síndico, cujo aviso alertou a cidade de Guise e a do distrito de Neufchâteau, que incitou as aldeias a pegar em armas e a se manter preparadas "ao primeiro soar do toque de alerta". No dia 31 de julho, os comissários das comunas da Provence reiteraram às paróquias o conselho de formar milícias para rechaçar os vagabundos anunciados. Em 1º de agosto, por ocasião do primeiro alarme de Toulouse, o Parlamento proferiu uma deliberação autorizando todas as comunidades a se armar e a dar o toque de alerta.

Porém, a conduta de certas autoridades militares foi mais característica. É o caso da guarda pública de Bar-sur-Seine, que levou o medo a Landreville, e da guarda de Dun, que confirmou o medo em Guéret. O marquês de Bains, inspetor da guarda pública, fez o mesmo em Roye (na Picardia). Desde sua chegada a Belfort, o comandante do lugar, conde du Lau, advertiu as paróquias dos entornos que os vagabundos chegariam e que elas teriam de estar prontas para se defender. Por último, o marquês de Langeron seguramente contribuiu, mais do que qualquer outro, para aterrorizar o Franco-Condado, região que ele comandava. Em uma circular que chegou, em 16 de julho, a Morez e a Saint-Claude e que não pode, portanto, ser posterior ao dia 14, ele informou a entrada na região de um bando de 200 moradores de Vôge – sobre os quais não há outras informações, e cuja existência seria atestada apenas por um pânico local. Quando a destruição dos castelos começou, ele se apressou em colocá-la na conta dos vagabundos em uma circular do dia 23. Em uma terceira circular, no dia 24, ele anunciava que uma outra tropa, vinda da Borgonha, avançava igualmente através da região. Também Vernier de Bians, tenente da guarda-pública de Salins, que redigiu uma relação das agitações do Franco-Condado, não hesita em imputar a responsabilidade a Langeron e suspeita que ele tenha agido intencionalmente. Alguns analistas de Clamecy trazem a mesma acusação contra Delarue, subdelegado, juiz da castelania e, mais tarde, presidente do departamento. De fato, ele havia apenas ouvido falar a respeito da aproximação de vagabundos por uma carta que o bailiado de Coulanges havia confiado a um mestre de dança de Clamecy que, por sua vez, viera dar aulas e já retornava. Mas ele havia lido a carta em pleno mercado e fez difundir a notícia por um cavaleiro da guarda pública.

Já se suspeitou suficientemente do papel desempenhado pelos mensageiros e postilhões da administração postal. Por mais que se tenha exagerado, ele é atestado pelos documentos. Um mensageiro do correio de Conchy-les-Pots contribuiu, dentre outros, para o pânico de Roye. A primeira notícia do medo foi trazida a Limoges pelo chefe do correio de Saint-Junien. O preboste do Soissonnais deteve, em Clermont, o mensageiro que o chefe do correio de Saint-Just havia enviado para anunciar que a região estava a fogo e sangue. Em Angoulême, foi um postilhão de Churet que transmitiu o medo de Ruffec. Ele havia ouvido "de um camponês", conforme relatam dois juízes eleitorais, "que havia na floresta uma tropa de bandidos e de ladrões". A propagação do pânico pelos mensageiros é particularmente forte entre Valence e Avignon. Ela caminha de correio em correio e, assim, com grande velocidade. Mas tudo isso é muito natural. Afinal, se tantos viajantes fizeram circular a notícia da aproximação de bandidos, por qual razão aqueles que os conduziam não fariam o mesmo? E, quando as autoridades tinham de fazer a comunicação oficialmente, qual meio mais veloz do que o próprio correio? No dia 29, às 17h, a municipalidade de Angoulême recebeu um mensageiro que lhe havia sido enviado de Bordeaux para pedir mais detalhes sobre a notícia do pânico de Ruffec, de que já haviam tido notícia. Esse mensageiro levava uma carta não selada e foi-lhe instruído que, caso o alarme fosse falso, ele deveria dizê-lo em todos os locais por que passasse. É provável que, na viagem de ida, ele não tenha hesitado em mostrar e em comentar a carta que lhe havia sido confiada. Afinal, isso foi assunto na Assembleia Nacional na sessão do dia 8 de outubro.

Não se deve, porém, julgar mal o espírito crítico de tantas personagens importantes. Havia também os incrédulos. Em Lomagne (em Gimont), o barão de Montesquieu se recusava a acreditar nos bandidos. O conde de Polastron proibia, posto que sem êxito, que se tocasse o toque de alerta. Um oficial em Saint-Clair, advertido de que 4.000 saqueadores estavam em Lauzerte, escreveu ironicamente: "Eu creio que não os tenham contado direito". Caso se creia no relato feito pelo conde de Terssac em suas Memórias a respeito do medo nas cercanias de

Saint-Girons, ele não teria sido menos cético. Algumas personagens de menor importância se opuseram audaciosamente à propagação do pânico: em Saint-Privat-des-Près, nas cercanias de Ribérac, um administrador chamado Gouand fez cessar o toque de alerta malgrado a oposição do Comitê e, como era alvo de injúrias e ameaças, pôs três pessoas na prisão. O pároco de Castelnau-Montratier perguntou aos seus fiéis se "os inimigos tinham chegado em um balão" e fez cessar o toque de alerta. O pároco de Vers (em Agenais) jamais quis permitir que o toque soasse. Em Frayssinet-le-Gélat, o advogado Delord, tendo percorrido os jornais, concluiu que o pânico era sem fundamento, "pois, se os ingleses ou os espanhóis tivessem ingressado na França, não lhes teria sido possível se introduzir no centro da província de Guyenne sem que nós tivéssemos sabido de imediato; e que foram os exercícios de tiro praticados em diferentes cidades dessa região que levaram a crer que havia inimigos em seu interior". O subdelegado de Moissac manifesta a mesma opinião, o que não o impediu de tomar medidas próprias não apenas para rechaçar os vagabundos, mas também para persuadir a todos de que eles efetivamente existiam.

Isto se deve, em primeiro lugar, ao fato de que o temor dos saqueadores era tão generalizado – Bonald, futuro oráculo da contrarrevolução, então prefeito de Millau, não faz a menor objeção contra a notícia de sua aproximação –, que um administrador, consciente das suas responsabilidades e desprovido de todos os meios rápidos de informação, não deixava de ficar impressionado malgrado as reflexões mais acuradas. Dom Mauduit, prior de Saint-Angel, manifestou bem esse estado de espírito em sua carta endereçada ao barão de Drouhet: "Em suma, não há nada de muito seguro em relação a esses saqueadores [...]. Mas, como se diz, onde há fumaça, há fogo, e, segundo o que aconteceu em Paris, é bem possível que se tenha formado um grupo semelhante, de forma que todos se reúnam para fazer guardas diurnas e noturnas. Assim, o senhor não faria mal se os imitasse".

Além disso, a incredulidade também era perigosa. Aqueles que se recusavam a tomar medidas de defesa não queriam enganar o povo? Nesse caso, eles seriam considerados cúmplices dos saqueadores e, por conseguinte, dos aristocratas. Isso podia lhes custar caro. O prior de Nueil-sous-les-Aubiers, no Poitou, confortou seus próprios camponeses, argumentando que 25.000 bandidos não poderiam ter se despejado repentinamente sobre Nantes, como se dizia, e que, além disso, uma cidade de 80.000 habitantes ter-se-ia defendido contra eles. Mas, no entretempo, de 4 a 5.000 homens acorriam à cidade de Aubiers e falavam contra ele por não ter levado sua paróquia até lá: ele precisou correr a Aubiers para se explicar. O perigo nascia tão facilmente porque aqueles que haviam levado a notícia se sentiam feridos em seu amor-próprio caso não fossem levados a sério, de forma que não paravam de maldizer quem agisse desse modo. É preciso ler, para conhecer esse ponto, o relato do pânico de Limoges que nos legou o secretário da intendência, cujo nome nós já citamos. Logo à primeira notícia, o intendente de Ablois enviou a informação e pouco pensou a respeito. Um clérigo da Ordem de Santa Genoveva acorreu a Rochechouart anunciando 1.100 homens. "Senhor prior", respondeu Ablois rindo, "parece que os saqueadores foram prontamente recrutados, pois, nesta manhã, eles somavam, no máximo, 500". Num tom um pouco azedo, respondeu o interlocutor: "Senhor, eu acabo de relatar aquilo que vi e ouvi. Faça o que quiser. Eu me retiro". A situação foi diferente quando, próximo ao meio-dia, chegou, a galope e com o fuzil em mãos, o guarda Malduit. D'Ablois, que estava almoçando, disse-lhe: "Eu não podia imaginar que um guarda se aterrorizasse tão facilmente! Creia em mim, tranquilize-se e ponha-se à mesa para comer uma costeleta. Os saqueadores lhe darão um tempo". Mas o outro, desagradado, retrucou: "Senhor, eu não tenho medo. Cumpro simplesmente uma missão muito importante. Se o senhor não acredita, outros darão mais atenção ao aviso que acabei de lhe dar". Logo correu o boato, na cidade, de que d'Ablois manobrava para entregar a cidade aos cúmplices da aristocracia. Foi preciso que seus secretários apelassem à sua prudência e convencessem-no a agir. Não obstante, ele recebeu da mesma maneira, no dia seguinte, o arquiteto Jacquet, que acabara de lhe anunciar a vinda de 40 mil espanhóis. "Até agora, senhor Jacquet, eu lhe considerava um homem razoável. Mas hoje temo que o senhor tenha se tornado um louco. Como o senhor pode acreditar nisso? Quarenta mil espanhóis! Vá repousar e não comente isso com ninguém. Zombarão do senhor!" Jacquet, absolutamente descontente, contou isso a todos, e todos acreditaram nele. O caso teria, sem dúvida, tido um fim pior se o pânico não tivesse sido aliviado com informações mais positivas.

Há um fato que permite acreditar que as autoridades constituídas, desafiando os riscos, abstiveram-se de propagar o pânico e lograram deter sua marcha. Certo número de regiões não conheceu o Grande Medo. O distanciamento, a dificuldade das comunicações, a diferença das línguas e o fraco povoamento talvez tenham contribuído para lhes poupar. Porém, esses fatores também exerciam influência nas regiões que não foram poupadas pelo pânico, de modo que é mais provável que certas autoridades tenham sabido se impor com ajuda de seu sangue-frio e da ascendência que exerciam sobre a população. Esse deve ter sido o caso das municipalidades da Bretanha, cuja conduta, desde 1788, tinha provavelmente inspirado confiança e que, muito antes dos outros, tinham tomado medidas para conter a aristocracia e o populacho. Essa é a opinião do correspondente da *Gazette de Leyde*, que escreveu, em 7 de agosto: "Justamente na Bretanha, onde havia os maiores temores, há agora um clima mais tranquilo graças à boa polícia burguesa, que prontamente se armou". Muito longe de gerar a desordem, a revolução municipal e o armamento da população, ao tranquilizar o Terceiro Estado, foram adequados para restabelecer a calma. É isso que sustentava os revolucionários. Mas quando o medo eclodiu, ambos estavam em curso e, na maior parte do tempo, ninguém ousou se opor à torrente.

Apesar de tudo isso, o medo não se propagou de forma tão rápida quanto se acreditava. De Clermont, no Beauvaisis, ao Sena, distando aproximadamente 50km, foram necessárias 12 horas. De Ruffec a Lourdes, os 500km de distância foram percorridos ao longo de nove dias inteiros. Nesse caso, a velocidade caiu pela metade, mas é preciso observar que ele deve ter se propagado mais devagar à noite. É possível admitir que, durante o dia, ele percorria quatro quilômetros a cada hora. De Livron a Arles, distantes 50km, ele se propagou a 4km/h, tanto de noite como de dia. Mas, nesse caso, eram os mensageiros do correio que levavam a notícia. A sua velocidade era muito inferior àquela dos mensageiros extraordinários, sobre os quais já se comentou. Se a propagação foi espontânea, como nós pensamos, ela foi decerto rápida. Por outro lado, aqueles que a atribuem aos mensageiros intencionalmente expedidos devem considerá-la bastante lenta.

4

Os pânicos de anúncio

A notícia de que os bandidos estavam à vista levava, geralmente, ao nascimento do pânico; mas nem sempre. A respeito disso, as circulares das autoridades parecem ter tido menos poder emotivo do que a propagação oral ou as cartas particulares. Por exemplo, a maior parte das paróquias atingidas pela circular do Comitê de Évreux não parecia ter se preocupado muito. Tampouco as de Langeron provocaram agitações, mas as aldeias se limitaram a se pôr em defesa. Especialmente nesses casos, importa particularmente não confundir o temor dos bandidos com o Grande Medo. Todavia, esse sangue-frio pode ser visto como excepcional. De cada um dos pânicos originais, que não foram tão numerosos, derivaram outros, inumeráveis, que podem ser chamados de pânicos do anúncio.

Esses pânicos foram descritos diversas vezes; o grande pânico é o seu traço mais bem conhecido, ou, ainda, o único. Começa-se a dar prontamente o toque de alerta, que perdura por horas em cantões inteiros. As mulheres, já se vendo violentadas e depois assassinadas junto de seus filhos em meio à aldeia em chamas, choram e se lamentam, fugindo para os bosques ou pelas estradas, levando consigo algumas provisões e roupas reunidas ao acaso. Não raro, os homens as seguiam depois de terem enterrado aquilo que eles tinham de mais precioso e deixado o gado solto pelo pasto. Porém, de ordinário, seja por respeito, seja por verdadeira coragem, seja, enfim, por temor da autoridade tradicional, eles se reúnem a pedido do síndico, do pároco ou do senhor. Então começam os preparativos para a defesa, sob a direção do próprio senhor ou de um antigo militar. Pega-se em armas conforme se pode; os sentinelas são postos em seus lugares; fazem-se barricadas na entrada da aldeia ou na ponte; enviam-se destacamentos para a verificação dos arredores. Caindo a noite, as patrulhas circulam, e todos seguem alertas. Nas cidades, há uma verdadeira mobilização, de forma que se poderia crer estar em um local sitiado. É preciso requerer víveres, reunir a pólvora e as munições, reparar as muralhas e pôr a artilharia a postos. Em meio a essa terrível confusão, sobrevêm todos os tipos de incidentes comoventes, cômicos ou trágicos. Em Vervins, um barril de pólvora estourou e fez algumas vítimas. Em Magnac-Laval, os alunos do colégio fugiram, e o diretor comunicou a todas as autoridades vizinhas. Algumas vezes, os camponeses começavam a pôr em ordem as suas contas com Deus. O pároco de Nueil-sous-les-Aubiers, no Poitou, e os párocos de Capinghem e de Ennetières (na Flandres) deram aos camponeses a absolvição geral. Em Rochejean (no Jura), os autos, provavelmente redigidos pelo pároco, dão grande destaque às boas disposições, relatando que os moradores, acordados no meio da noite, "começaram a implorar a misericórdia divina, pela intercessão da Santa Virgem e de São João Batista, patrono da paróquia. Para isso, eles se reuniram desde as 4h para ouvir uma missa solene, em que houve exposição e bênção do Santo Sacramento com orações públicas empregadas em casos de calamidades. Eles prometeram a Deus a correção de suas condutas, o fim de toda divisão, a reparação de todos os danos, caso existam, e uma renovação sincera da piedade". Mas é preciso admitir que normalmente as cenas são menos edificantes. Poucos relatos são tão pitorescos quanto o de Jean-Louis Barge, secretário da paróquia de Lavalla, próximo a Saint-Étienne, antigo soldado que foi encarregado, desde o começo do pânico, a encorajar os moradores a enfrentar o inimigo. "O número de homens que estavam sob minhas ordens era inferior ao daqueles que haviam perdido a cabeça e fugido [...]". Champallier, que estava entre os homens que deveriam ir para a batalha, deu seu adeus à sua mulher e aos seus filhos, dizendo-lhes: "Eu não verei mais vocês!" A noite trouxe de volta os covardes, mas, no dia seguinte, após o pároco ter concedido a absolvição ao exército da aldeia, Barge, para evitar uma nova debandada, ordenou a partida "sob pena de fuzilamento imediato". As despedidas foram as mais comoventes. "Despedi-me de minha mulher, que tinha os olhos secos como um pó, e de minha mãe, que estava semimorta e com os olhos molhados de lágrimas. Ela me deu um punhado de moedas de 12 e de 24 soldos, deu-me um adeus para sempre e pôs-se a rezar". Eles estavam partindo "com boas provisões de vinho e de guisado", um pífaro e um tambor à frente, quando veio um homem de uma aldeia vizinha, gritando que o inimigo se aproximava. Tudo recomeçou: "O terror e o desespero se apoderaram de todos. Ouviam-se apenas gritos, lamentos de mulheres, de crianças e de velhos. Tratava-se do espetáculo mais triste que se podia ver. Marie Pacher, mulher de Martin Matricou, tremia tão fortemente que deixou cair toda a sopa da tigela que estava em sua mão, gritando o mais alto que podia: 'Ai, minhas pobres crianças serão degoladas!' etc. Seu marido, mesmo sendo um homem robusto, era bastante medroso e queria tranquilizá-la dizendo: 'Agarre-se a esse covarde de Fonterive. Marion, não tenha medo!' E, ao dizer-lhe isso em um tom inseguro, víamos ambos tremerem... Ele nunca quis marchar conosco". Uma parte do batalhão havia desaparecido. Puseram-se, então, em busca de soldados, que haviam se escondido juntamente de outros desertores. "Clémence, a jovem e bela criada do pároco, e a mulher de Tardy, chamada Chorel, foram encontradas praticamente sufocadas, com a cabeça enfiada no feno e o resto no ar". Por fim, Barge pôde conduzir sua gente até Saint-Chamond e, então, o pânico acabou. Foram elogiados, presenteados e mandados de volta: "ao chegarem em Lavalla, eu não vi mais nenhuma tristeza. As tavernas estavam cheias".

Caso se creia nesse relato, cheio da simplicidade maliciosa do camponês francês, os moradores de Lavalla tiveram algumas dificuldades para vencer suas apreensões, mas, por fim, conseguiram e então foram ao socorro da cidade vizinha. Essa reação contra o pânico, encontrada em todos os lugares, é usualmente bastante rápida. Na verdade, é impróprio caracterizar esses eventos como parte do Grande Medo. Eles se deram tanto pelo ardor guerreiro que despertou os franceses contra o perigo que os ameaçava, como, ainda mais, pelos sentimentos muito calorosos que os fizeram acudir, desde o primeiro movimento, uns aos outros. Trata-se de um sentimento complexo, em que a solidariedade de classe que animava o Terceiro Estado em face da aristocracia tomava decerto o principal lugar, mas também em que se pode discernir a prova de que a unidade nacional já estava bastante avançada. Afinal, ao primeiro sinal, párocos e senhores frequentemente puseram-se também em marcha. As cidades foram invadidas por enormes bandos que logo tiveram de mandar retornar, ainda que com pena, pois não podiam alimentá-los. Na costa da Dordogne e do Lot, esses grupos tomaram a forma de exércitos de campo. No dia 30, quando os portos de Limeuil, Lunel e Lalinde pediram socorro a Montpazier, o toque de alerta soou por 24h em toda a região, apresentando-se mais de 6 mil homens. 14 párocos conduziram por si sós suas paróquias. Tendo chegado no meio da noite à margem do rio, "esse populacho", diz o notário de Montaigut, "ficou fortemente surpreso ao ver, do outro lado, mais de mil fogos acesos". Tratava-se dos camponeses do Périgord, que também haviam vindo em socorro e que acampavam ao norte da Dordogne. Começou-se, então, a retroceder para aguardar os reforços. De dia, quando se pôde ter contato com eles, havia 40 mil homens. Ao mesmo tempo, 30 mil homens, sob comando dos senhores da região, estavam semelhantemente reunidos às margens do Lot, em Libos e em Fumel. Números de tal monta nos deixam certamente céticos e nos fazem recordar os exageros habituais dos cronistas da Idade Média.

Todavia, a imaginação popular foi profundamente marcada, e a lembrança do pânico se perpetuou fortemente até mesmo no século XIX. Para os camponeses da Aquitânia, 1789 foi, por muito tempo, o *anno de paou*. No entanto, foram os historiadores que generalizaram a alcunha de Grande Medo. Em diversas regiões, notadamente na Champagne, dizia-se apenas o medo, o terrível pânico, o alarme e o pavor.

Ao longo desses eventos, correram muitos boatos em que se encontrava a opinião popular sobre o porquê da propagação fulminante do pânico. Se, por um lado, os pânicos originais se ligavam principalmente às circunstâncias econômicas e sociais que haviam generalizado a insegurança, por outro, esses boatos mencionavam sempre as circunstâncias políticas da época, como a expulsão dos bandidos das cidades sublevadas e as manobras dos aristocratas. Na Vendôme, nas Mauges e no Poitou, falava-se em bandos de bretões, o que se explica, sem dúvida, pela marca profunda que as agitações da Bretanha haviam deixado e pelo papel de seus deputados nos Estados Gerais. Em Baignes (na Saintonge) e em Dozulé (na Auge), incriminavam-se os agentes fiscais, agora desempregados. Mas, por toda a parte, anunciavam-se bandidos, ladrões e condenados às galés, adicionando costumeiramente que eles provinham de Paris ou de cidades grandes. Seu número crescia minuto a minuto: em Champniers (no Périgord), tratava-se de dois mil, depois de seis e foi aumentando para 14, 18 e, de repente, para 100 mil. Ao norte de Paris, dizia-se que eles atacavam as colheitas e que as cortavam ainda verdes. O mesmo se dizia também em algumas localidades do sul da Aquitânia, como em Montastruc-la-Conseillère e em Saint-Girons. Aí também se dizia que eles envenenavam as fontes e os poços. Em Gramat (no Quercy), contava-se ainda que um indivíduo, detido em Figeac, trazia consigo oito livros sobre venenos. Mas, de ordinário, eles devastavam, queimavam e assassinavam, tudo simultaneamente, e, nos entornos de Uzerche, falava-se em pessoas portando pavios de enxofre.

Além dos bandidos, havia as tropas reais ou estrangeiras. Ao sul de Paris e na Picardia, mencionavam-se também os hussardos. O exército alemão anunciado em Limagne decerto tinha por origem a reputação do Royal Allemand, pois ele era comandado pelo príncipe de Lambesc. O imperador apareceu também em Forges (no Caux). Em Tulle, dizia-se que ele estava em Lyon e em Caylus (no Quercy). Seu envolvimento se explica pelo seu parentesco com a rainha, pois, em Forges, a senhora de la Tour du Pin-Gouvernet foi tida por Maria Antonieta. Em toda Aquitânia, no Poitou e até em Cheverny, próximo a Blois, são os ingleses que estão chegando. Na Aquitânia e no Limousin, são também os espanhóis. No Dauphiné, trata-se de piemonteses que caminham com o pânico até Figeac, Mende e Millau. Em Malzieu (na Lozère), diz-se que eles desembarcaram na costa do Languedoc, o que pode ser um eco do alarme que havia sido dado em Montpellier durante o mês de maio. Nas Mauges e no Poitou, temem-se também os poloneses, que viriam pelo mar. É evidente que a situação geográfica orientou a imaginação do povo, de forma que, no norte do Loire e nas cercanias de Paris, os estrangeiros quase nunca são mencionados. Porém, as lembranças das leituras, dos antigos soldados e da tradição oral também desempenharam seu papel. Na Aquitânia, fala-se, por vezes, de austríacos e mouros. Se os poloneses entraram em jogo, foi porque Luís XV fora genro de Stanislas. Não é difícil compreender por qual razão são mencionados bandidos oriundos de Gênova, ao norte de Toulon. Todavia, essas explicações valem apenas para suas variações locais. O essencial, isto é, a chegada dos estrangeiros, provém do complô da aristocracia e dos planos elaborados pelos emigrados.

Os príncipes, com efeito, eram frequentemente postos como líderes dos bandidos e dos invasores. No Artois, foi o príncipe de Condé que chegava com 40 mil homens; porém, era mais frequente pôr-se o conde de Artois nessa posição. Em Uzerche, ele veio de Bordeaux com seis mil homens: "sua intenção era dissolver e dispersar a Assembleia Nacional, expulsar todos os membros que a compunham e restabelecer seu irmão em todos os seus direitos e prerrogativas". Célarié, lavrador em Bégoux, próximo a Cahors, é mais falante e mescla suas lembranças clássicas aos relatos populares: "O conde de Artois vem acompanhado por 40 mil homens, todos bandidos que ele fez vir do Reino da Suécia e de outros países do norte. Recrutaram todos os condenados que eles encontraram nas galés do rei que há nos portos da França e outros criminosos que estavam nas prisões para formar sua tropa e aumentá-la. Diz-se que o tal conde, irmão do rei, faz o possível para reunir todos os fugitivos e vagabundos do Reino da França, como fizeram os vândalos no ano de 406, e, com esta temível tropa, ele quer assolar a França e domar o Terceiro Estado. Da mesma forma, ele quer fazer com que o clero e os nobres contribuam com a arrecadação real".

Aos príncipes era habitual que se ligasse toda a aristocracia. Anunciava-se, conforme escreveu o Comitê de Mas-d'Azil, a chegada de "alguns milhares de bandidos, resto odioso dos assassinos da capital, desses execráveis instrumentos da tirania e da infernal conspiração". Diversos homens mal-intencionados, conforme se dizia em Puisaye, "difundiram que eram a nobreza e o clero que enviavam essa tropa de bandidos para massacrar o Terceiro Estado". Segundo se dizia em Saint-Girons, "essa tropa é paga pelos párocos e pelos nobres que, vendo seus projetos falhar em Paris e em Versalhes, decidiram propagar a fome pelos campos". "A mera suposição de um plano do clero e da nobreza para destruir os moradores das aldeias, ainda que desprovido de todo fundamento, é muito perigosa", escreveu o conde de Puységur ao comandante do Languedoc, que lhe havia relatado que essa convicção era geral em seu distrito. O pároco de Touget (no Armagnac) também acreditava "nessa empreitada escandalosa" e, após ter visto o prior do local permanecer calmo no meio do pânico, concluiu: "Ou o tal monge não perde a calma jamais, ou se tratava de um complô *nobilium*"[13]. Tampouco modificou a opinião popular o zelo com que os senhores participaram da defesa comum. Eles teriam dissimulado, sendo vistos como reféns. Aqueles que se mostraram indiferentes

---
13. Em latim no original: "dos nobres" [N.T.].

foram malvistos. Quando se descobriu que os bandidos não existiam, pensou-se que os nobres teriam querido se vingar dos camponeses aplicando-lhes um golpe baixo e fazendo com que eles perdessem seus dias. Disso resultaram ainda novas agitações, frequentemente graves, que serão objeto de nossa investigação mais à frente. O principal resultado do Grande Medo foi, assim, aprofundar o ódio que se tinha da aristocracia e fortificar o movimento revolucionário.

5

Os retransmissores

Apesar das circunstâncias tão favoráveis à sua propagação, é de duvidar que o Grande Medo teria percorrido tantos lugares – de Ruffec aos Pirineus, do Franco--Condado ao Mediterrâneo – se seu poder expansivo não tivesse sido reforçado por novos pânicos que se multiplicaram ao longo de seu caminho, servindo-lhe como retransmissores. Para distingui-los dos pânicos originais e dos pânicos de anúncio, propor-se-á denominá-los de pânicos secundários ou pânicos de retransmissão.

Grande parte deles foi consequência mais ou menos direta de pânicos de anúncio. Após um primeiro mensageiro trazer a notícia de que os bandidos estavam chegando, outros mensageiros chegavam logo depois, vindo frequentemente de rotas distintas. Assim, em La Châtre, o primeiro alarme veio de um notário de Aigurande, informado pelo pároco de Lourdoueix-Saint-Michel. Mas, na noite seguinte, no dia 30 às 2h, um mensageiro de Châteauroux, ignorando que La Châtre já estava em alarme, atravessou o bairro conclamando o povo a pegar em armas e provocou um segundo alarme. Além disso, as medidas de defesa frequentemente mais assustavam do que tranquilizavam as pessoas. Muitas vezes, os camponeses que marchavam em direção ao inimigo foram, eles também, confundidos com bandidos. Foi isso que deu origem ao segundo pânico de Clermont-en-Beauvaisis e provavelmente também ao de Loriol, ao sul de Valence. O de Tallard, ao norte de Sisteron, proveio, ao que parece, da mesma causa. Os habitantes de Taulignan e de Valréas, avançando em direção a Dieu-le-Fit, também aterrorizaram os moderadores de Montjoyer e de La Touche, que os viram passar ao longe. O jardineiro de Trappe d'Aiguebelette correu assustado em direção a Tulette. A notícia chegou a Pierrelatte, às margens do Ródano, Bollène e sobretudo Saint-Paul-Trois-Châteaux, onde ela causará um tumulto terrível no dia 30, às 18h. O mesmo ocorreu em Orange. Esse medo prosseguiu sua difusão até Arles, onde Tarascon propagou a notícia de que Orange teria sido incendiada. Em Saint-Jean-de-Gardonnenque (nas Cévennes), na madrugada do 1º de agosto, destacamentos dos arredores que vinham defender a cidade foram vítimas de erro semelhante. Daí resultou um terrível alarme, que se difundiu por toda a montanha – da qual desceram então 3 mil homens – e que contribuiu bastante a levar o medo a Millau. Naturalmente, a noite favoreceu tais equívocos. Em Clamecy, depois do primeiro alarme, vindo do norte no dia 29 às 2h, e de um segundo, originado dos relatos imprecisos de uma patrulha que anunciava que Villiers, situada ao sul da cidade, ardia em chamas, houve um terceiro à meia-noite. Os trabalhadores do canal de Nivernais, vindos de Tannay, amedrontaram os sentinelas, que, por sua vez, conclamaram à tomada de armas. Ao voltar, esses trabalhadores infundiram medo em Amazy, onde, no silêncio da noite, percebeu-se o barulho da multidão em marcha. Correu-se a Clamecy, cujos habitantes foram acordados em sobressalto às 2h. As milícias urbanas, que possuíam mais fuzis do que os camponeses, causaram por vezes muita conturbação ao abrir fogo sem motivo. A milícia de Lons-le-Saunier, voltando, ao amanhecer do dia 23, do castelo de Visargent, julgou conveniente, antes de retornar, atirar para o alto para descarregar seus fuzis. "Com essas detonações inusitadas a tal hora, os ceifeiros que já estavam cortando o trigo nas vizinhanças da floresta, ergueram a cabeça e avistaram uniformes vermelhos e armas brilhantes. O temor se apoderou deles, de forma que se desesperaram, gritando: 'Vamos fugir, eis os bandidos chegando!' Não foi preciso mais nada para pôr toda Vignoble em conturbação. Mais frequentemente, eram os sentinelas que atiravam intempestivamente, e, em tal situação, os alarmes que desencadeavam eram muito semelhantes aos dos exércitos. Assegurava-se que, no Agenais e na parte oriental do Quercy, a causa imediata do medo teria sido o tiroteio que eclodira no castelo de Fumel, para onde o comandante da Guyenne havia enviado 50 homens para defender sua propriedade. Em Viviers e em Maurs, foram as patrulhas e as guardas que atiraram nos vagabundos. Em Saint-Felix, próximo de Saint-Affrique, alguns jovens, ao longo de um cortejo de casamento, atiraram com fuzis e pistolas em homenagem aos recém-casados, gerando pânico em Vabrais.

Mas as agitações que acompanharam o Grande Medo constituíram naturalmente retransmissores muito mais eficazes. Foi graças à revolta do Mâconnais que a corrente nascida da insurreição do Franco-Condado atingiu o vale do Loire. Foi sublevando o Dauphiné que a mesma corrente ganhou novas forças para conturbar Forez e Vivarais e atingir a Provence e Nîmes. Na Saintonge, o motim de Baignes provocou o segundo alarme de Montendre, e a corrente vinda de Ruffec parece ter sido reforçada nos entornos da Dordogne, por incidentes que nos são malconhecidos. O motim do castelo de La Roche-Chalais, situado às margens do Dronne, ao norte de Coutras, é mencionado em grande número de lugares, desde a Dordogne até Toulouse, como ponto de partida do pânico. Dizia-se que 600 nobres estavam reunidos lá para não serem obrigados a usar a *cocarde*. Eles haviam decapitado o deputado enviado pelo Terceiro Estado. Então, o povo incendiou o castelo, e eles morreram durante o incêndio. Esse relato causou naturalmente uma impressão fortíssima, mas pouco se sabe a respeito da sua origem, exceto o que dizem duas cartas da época: uma da municipalidade de Sainte-Foy-la-Grande, segundo a qual "não há outra causa senão algumas disputas entre membros da nobreza e do Terceiro Estado", ao passo que a da municipalidade de Cahuzac informava que "houvera um motim no dia anterior, dia 29, em Sainte-Foy e em La Roche-Chalais relacionado à colheita do trigo". Se houvesse, de fato, uma insurreição em Sainte-Foy, a municipalidade desse burgo teria provavelmente feito menção a ela em sua carta. Porém, o relato pode ser mais verídico no que se refere a La Roche-Chalais. Em Domme, o tumulto pode ser explicado pela sublevação de quatro paróquias das cercanias de Limeuil, "que destruíram o castelo do senhor de Vassal, entre Limeuil e Le Bug". Este rumor se propagou até Cahors, mas não há nada que o confirme, nem se sabe a sua fonte. O mesmo vale para o boato que correu em Lauzerte a respeito da tomada dos castelos de Biron e de Monségur, no Agenais. Durand, secretário da senescalia de Castelmoron em Gensac, faz menção a outro: "Nós acabamos de saber que 500 jovens de Angoulême chegaram muito tranquilamente ao castelo de Saint-Simon, queimaram-no e, depois, foram embora muito tranquilamente. Eis a causa dos nossos alarmes". Houve também alguns eventos de pilhagem na origem dos alarmes locais. Em Tannay (no Nivernais), após um segundo alarme cuja causa nós ignoramos, no dia 30, às 21h, a chegada dos moradores de Asnois provocou um terceiro alarme: "mais de 900 homens fugidos dos trabalhos do canal de Châtillon saquearam as casas para comer, diziam eles, porque tinham fome".

Uma outra categoria de eventos nos reconduz às causas que havíamos atribuído aos pânicos originais. Assim, em Loches, após ter-se difundido a notícia, vinda de Tours, no dia 27, a respeito da chegada de bandidos do Maine, e antes que chegasse do sul a corrente originária de Ruffec, um pânico local eclodiu durante a tarde do dia 29. Esse pânico subiu o Indre e teve sua origem, segundo parece, nas agitações de Azay-le-Rideau e de Montbazon, onde se haviam pilhado os grãos, ao mesmo tempo em que a milícia de L'Isle-Bouchard semeava também a inquietação na vizinhança ao retirar os grãos da casa dos lavradores. Do mesmo modo, em Clamecy, um alarme tardio, no começo de agosto, proveio, como no Soissonnais e em Montmorency, de uma discussão havida entre um arrendatário e seus lavradores a respeito de salários, o que levou diversas aldeias a soar o toque de alerta. O medo do vagabundo já pode ser encontrado cada vez mais frequentemente, sobretudo nas proximidades das florestas. Em La Châtre, o toque de alerta soou pela terceira vez porque uma patrulha parou um criado que, desempregado, vagabundeava sem dinheiro ou documentos e que – um indício de suspeita, evidentemente – usava uma barba longa. Em Limoges, um dos numerosos alarmes deve ser atribuído aos lenhadores da floresta de Aixe, que fugiram após terem visto cedinho uns estrangeiros mal-apessoados rodeando e "observando as veredas". Houve outro pânico em La Queuille, ao pé dos montes Dômes, pois foram descobertos seis mendigos refugiados em um bosque de Volx. Em Lourdes, na noite do dia 6 de agosto, a população das montanhas acudiu à cidade, já que alguns pastores os avisaram de que os bandidos se encontravam em seus vales. Afinal, eles haviam visto ao longe alguns contrabandistas. O mensageiro anunciou ingenuamente que suas aldeias estavam a fogo e sangue. Eles retornaram precipitadamente, ao passo que o mensageiro correu para Lourdes para completar sua tarefa. Então, houve o quarto alarme, no dia 6 de agosto. A circular do Comitê de Uzerche, datada de 16 de agosto, ao informar os camponeses dos resultados da investigação sobre as causas dos pânicos e pôr-lhes em guarda contra temores injustificados, cita grande número de exemplos sugestivos. Em Chavagnac, "tendo sido avistados ao longe o guarda e o pescador do conde de Saint-Marsault, cada um com um fuzil na mão", que tinham acabado de comprar tabaco, um jovem de 16 anos, que trabalhava, tomou-os por bandidos. No dia 12 de agosto, como a comissão de investigação se encontrava na mesma aldeia, uma mulher, tendo percebido isso, fugiu. Porém, capturada, ela confessou que iria dar o alarme. No mesmo dia, em Saignes, algumas crianças difundiram o alarme ao dizer que tinham visto a criada e o sobrinho do pároco de Chamberet entrar em um celeiro para repousar ali. No dia 13, um morador de Saint-Ybard, surpreso pela chuva que caíra à noite, bateu à porta de um camponês de Sainte-Eulalie para pedir abrigo. Logo começaram a gritar pedindo socorro.

Por fim, pode-se reunir em um último grupo os eventos que derivam da autossugestão. As tropas que se movimentam nos bosques ou que levantam a poeira das estradas e dos campos serviram de causa a diversos pânicos. Assim ocorreu em Châtillon-sur-Seine por causa de um vigário da paróquia de Saint-Jean. Em Rochechouart, graças a um mensageiro. Em Limoges, por causa de um tesoureiro que partira a cavalo em direção a Aixe à procura de bandidos. O clarão dos fornos de cal, a fumaça das ervas queimadas no campo, o reflexo do sol batendo nos vidros de um castelo convencem algumas pessoas de que os bandidos atearam fogo. É o caso de Saint-Omer. Em Beaucaire, no dia 30, viu-se o castelo do rei René em chamas do outro lado das margens do Ródano. Também em Saint-Félix (no Vabrais). De pouco em pouco, chegou-se aos incidentes mais insignificantes. Em Villefranche-de-Rouergue, um sentinela sentiu medo ao ouvir o barulho de uma carruagem que passava durante a noite. Em Choiseul, Beugnot viu chegar um lavrador que acreditava ter visto bandidos nos bosques "sob a luz instável da lua". Voltando à noite do dia 2 de agosto, o senhor de Terssac, nas cercanias de

Saint-Girons, encontrou um muleteiro correndo a toda velocidade e gritando: "os inimigos! os inimigos!" "Ele ouvia tambores e trompetes. Eu, porém, não ouvia nada". O senhor de Terssac desceu do cavalo e tentou compreender a causa do seu espanto. "Eram os ceifadores que trabalhavam cantando à beira do caminho. [...] Eu não vi nem ouvi nenhuma outra coisa. Além disso, a noite estava calma, e o tempo, sereno".

Adicionemos que, no dia 27 de julho, um carregador declarou ao Comitê de Besançon que, na véspera, ao voltar de Vesoul, bandidos o haviam arrastado para dentro de um bosque "onde eles tinham matado um guarda, queimado grande volume de madeira e cozinhado dois pedaços de toucinho"; ao mesmo tempo, falava também de incursões que planejavam contra uma abadia e diferentes castelos. Ele se ofereceu a servir de guia, mas as buscas foram em vão. Ao cabo, ele confessou ter inventado toda a história e foi condenado ao tronco. Dentre todos os propagadores de falsas notícias – propagadores conscientes, entenda-se – a respeito dos quais tanto já se escreveu, este é o único que pudemos encontrar.

6

As correntes do Grande Medo

Quando representamos o Grande Medo se propagando de Paris em direção às províncias por ondas concêntricas, somos naturalmente levados a supor que ele seguiu as rotas naturais traçadas, através da França, pela configuração do solo. Por exemplo, dir-se-ia que ele foi de Paris a Bordeaux seguindo o vale do Loire aproveitando a clareira do Poitou, ou de Paris a Marselha pelo sulco dos rios Saône e Ródano.

A realidade, porém, é totalmente diversa! Apenas duas correntes afetaram a capital, e, em vez de saírem dela, dirigiram-se a ela. O que ocorreu normalmente foi que o vale do Loire, em vez de oferecer um caminho ao Grande Medo, foi atingido por ele, já que viera ou de Gâtinais, a montante de Orléans, ou do Maine, em Blois ou Tours. A clareira do Poitou viu passar o Grande Medo, mas indo do sudoeste para o nordeste, de Ruffec em direção a Touraine. Não foi pelo caminho do rio Saône que o Grande Medo atingiu o Franco-Condado na direção sul, mas ao longo do Jura. Já o vale do Garonne não desempenhou nenhum papel na difusão do Grande Medo.

As montanhas não constituíram polos de repulsa, como se poderia imaginar. De Ruffec, o medo atravessou o maciço central até o Auvergne. Da região de Mâcon e de Lyon, ele atingiu diretamente Limagne, atravessando montanhas e vales. Das margens do rio Ródano, ele penetrou em Lozère e em Causes. Ele desceu o curso do rio do Dauphiné até a Provence, mas também chegou a essa região passando através dos Alpes. Seria de se esperar que se constatassem algumas diferenças entre as regiões de habitação dispersa e as de habitação concentrada. Não é o que acontece: o Grande Medo se propagou no Baixo Maine e nas Mauges da mesma forma que na Picardia ou na Champagne *Pouilleuse*[14].

---

14. Vasta região na Champanhe, de solo seco e calcário [N.T.].

Essas anomalias podem ser explicadas com base na origem e no modo de propagação do medo. Como ele nasceu de incidentes locais ocorridos ao acaso que, de imediato, irradiaram-se nas cercanias, ele não encontrou à sua disposição as rotas naturais que, segundo teríamos esperado, seriam normalmente tomadas. A população, assim que se alarmava, pedia socorro à cidade mais próxima ou acreditava cumprir seu dever advertindo a região limítrofe. Os obstáculos não os detinham facilmente. Era mais provável que um rio sem pontes limitasse mais sua boa vontade do que uma montanha. Além disso, a propagação do medo foi descontínua, fazendo-se de uma municipalidade à outra, de pároco a pároco, de senhor a senhor; e não de maneira contínua, de casa em casa. Quando a autoridade dava o toque de alerta, os moradores de uma paróquia das Mauges se reuniam tão rapidamente quanto os de uma aldeia picarda.

Não obstante, não se deve exagerar essa indiferença geográfica. Quando pôde, o medo se propagou pelos vales, como, por exemplo, o da Champagne e de Ródano, de Valence a Arles; ou, então, por rotas tradicionais, como a via que sempre uniu o Poitou ao Berry, o caminho do maciço central e a via de Limoges a Toulouse através do Périgord e do Quercy; ou, ainda, de Coutras a Béarn através do Agenais e do Armagnac. Além disso, por mais que a montanha não detivesse sua difusão, isso apenas se verificou quando não se tratava de um monte excessivamente deserto ou íngreme. Assim, o planalto de Millevaches, os altos maciços alpestres e os de Diois foram contornados, da mesma forma que o Haut Vivarais e as Cévennes. Em outros casos, parece que o medo sufocava quando subia os declives. Assim ocorreu na Champagne, quando o medo se alastrou em direção à Côte-d'Or. Por fim, as regiões desertas ou muito pouco habitadas foram poupadas, o que é absolutamente natural, uma vez que delas não se podia receber socorro. Assim aconteceu em Sologne, Landes e Dombes. Sobretudo a região de Double parecia ter desempenhado um papel importante: de Angoulême, o medo desceu na direção do Périgord, e não na da Gironde. Foi atravessando o rio Dordogne acima da sua confluência com o rio Isle que o medo atingiu o Agenais.

É impossível seguir aqui passo a passo as diferentes correntes do grande pânico sem cansar o leitor com enumerações enfadonhas. Além disso, sua marcha, apontada em um mapa, apresenta ainda diversas lacunas devidas ao estado de nossa documentação. Importa mais, assim, dar uma ideia de seu trajeto e indicar alguns dos problemas que são dignos de reflexão e de investigações dos estudiosos locais.

O medo das Mauges e do bosquete do Poitou é, cronologicamente, o primeiro, mas também é o que menos conhecemos e, como os arquivos foram em grande parte destruídos durante a Guerra da Vendeia, é duvidoso que algum dia se possa saber mais a seu respeito. Ele foi uma reação ao pânico de Nantes, que data do dia 20. Ao norte do Loire, o medo não está em questão; foi no sul que ele nasceu, provavelmente entre o Sèvre e o Lago de Grandlieu, na noite do dia 20 ou na manhã do dia 21. A primeira menção de que dispomos diz respeito à sua passagem em Clisson. A partir daí, ele sobe pelos vales do Sèvre e do Moine. Cholet foi atingido no dia 21 à tarde; a notícia alcançou Mortagne à noite, por uma mensagem privada proveniente de Baissay e por deputados de Cholet. Dessa última cidade, ele se espalhou para as Mauges; é testemunhado em Saint-Lambert-du-Lattay no dia 22, vindo de Chemillé; está em Maulévrier no dia 21 à noite, e, no dia seguinte, toda a região até Thouars, Airvault, Bressuire e Parthenay está em alvoroço. Verifica-se que ele alcança também o sul da Sèvre: La Châtaigneraie também o recebeu no dia 22. Nesse momento, o pânico atingia seu cume, e a lembrança dele por longo tempo permaneceu associada à festa de Santa Maria Madalena, que cai naquele dia. Mas, no dia 23, o medo perseguiu sua rota em direção ao sudeste. De manhã, bem cedo, ele atingiu Secondigny e aí provocou agitações a que Taine garantiu uma grande fama. No mesmo dia, seu eco chegou, ao que parece, de Parthenay a Poitiers e a Saint-Maixent. Parece que o centro do bosquete também foi afetado e, em Les Herbiers, contava-se que os bandidos haviam queimado Legé e Montaigu. A notícia chegou também a Fontenay-le-Comte, mas parece que a região marítima de Bourgneuf a Sables e Fontenay apenas sofreu o temor dos bandidos, mas não foi afetada pelo pânico. Em direção ao leste, a área de propagação se encontra delimitada por Layon e Thouet: a planície do Poitou permaneceu intocada; do mesmo modo ao sul: se a agitação do bosquete houvesse atemorizado La Plaine, isso seria natural; com efeito, tudo se passou como se a oposição que existe entre os dois territórios houvesse impedido a contaminação da região "boa".

O medo do Maine nasceu quase ao mesmo tempo, provavelmente no dia 21 pela manhã, pois a primeira menção de que dispomos o mostra entrando em Bonnétable, naquele mesmo dia, às 15h: ele vem de La Ferté-Bernard e de Nogent, aparentemente Nogent-le-Bernard, a nordeste de Bonnétable. Nós não conhecemos seu ponto de partida, mas ele seguramente foi preparado pelas notícias vindas dos mercados de Eure e de Avre, Chartres, Dreux, Nonancourt e Verneuil, bem como de Laigle, onde as sublevações eram recorrentes. Nós já falamos da carta do prefeito de Chartres a Mamers; no dia 24, uma outra anunciou que, em Dreux e em Verneuil, haviam passado mais de dois mil bandidos que causaram muitos males e "que mais de quatro mil haviam sido abatidos". De Bonnétable, o pânico se dirigiu ao norte e atravessou Le Perche através de Bellême, Mortagne, Moulins-la-Marche e Laigle. Ele se fez conhecido em Évreux desde o dia 23. Mas ele se propagou sobretudo para oeste. No dia 22, avança em direção a Sarthe, aparecendo em Mamers, em Ballon, às 21h, e no Mans, à noite. Então, um mensageiro dessa cidade o envia a La Flèche na noite do dia 22 para o dia 23. Na quinta-feira, dia 23, a "quinta-feira louca", toda a região está eriçada, de Alençon ao Mans e, ao mesmo tempo, a corrente atravessa o Baixo Maine, do Sarthe ao Mayenne, que atinge completamente, como em Lassay, Mayenne, Laval e Château-Gontier, ao fim do dia. O pároco de Brûlon, sobretudo, conservou-nos a lembrança de sua passagem. O Alto Maine, ao que parece, ainda não fora tocado, mas, no dia 23, ocorreu um incidente muito grave em Ballon: os camponeses aí reunidos massacraram Cureau, funcionário do prefeito do Mans, e seu genro, de Montesson. Esses assassinatos parecem ter engendrado uma segunda onda de medo, de modo que, depois da "quinta-feira louca", houve também uma "sexta-feira louca". Em Mortagne, foi no dia 24 que o pânico se caracterizou de modo claro. Desta vez, todo o Alto Maine foi atingido, e o vale do Loir foi atingido por Saint-Calais, de Château-du-Loir a Vendôme na noite do dia 23 para o dia 24.

O pânico do Maine correu ao oeste de Mayenne: de Château-Gontier por Craon; de Laval e de Mayenne, no dia 24, por diversos caminhos, em direção às fundições de Port-Brillet e em direção a La Gravelle, de onde os empregados dos arrendamentos alertaram o Comitê de Vitré. Também na direção sul se expandiu, até depois do Loir. O pânico alcançou Tours no dia 24, atravessando Neuvy-le--Roi. Depois, fê-lo novamente, no dia 27, vindo de Vendôme por Château-Renault. E, de Vendôme, ele se dirigiu para Blois. Tours parece ter sido o ponto de partida de uma corrente secundária, que subiu o vale do Loire pela margem esquerda, chegou a Amboise no dia 25, difundiu-se, no mesmo dia, ao sul de Blésois – onde De Cheverny, em suas Memórias, descreveu seus efeitos – e alcançou o vale do Cher na altura de Saint-Aignan. De Tours até Angers é possível que a notícia tenha sido levada aos moradores do vale por meio de Sablé e de La Flèche, mas, até o momento, nenhum documento nos informa sobre tal repercussão. Ao contrário do que se poderia esperar, nada indica que uma corrente tenha descido o Loire a partir de Tours, pois, no dia 25, Langeais pediu informações sem fazer menção ao pânico. Porém, de Tours chegou o movimento até o vale do Indre e culminou em Loches no dia 27. Na direção nordeste, o medo, tendo atravessado Le Perche, ganhou força nova ao descer o vale do Iton por Breteuil e Damville. A planície de Saint-André e a região de Ouche só ouviam falar de motins nos seus arredores. A insurreição de Rouen, de 12 a 14 de julho, foi atribuída a bandidos vindos de Paris, de acordo com o Comitê de Évreux, suscitando grandes pânicos. O mesmo ocorreu em Louviers, onde, no dia 22, pediram-se a Évreux canhões para a proteção das manufaturas. Ao longo do Sena, os comboios de grãos sofriam ameaças permanentes e, alguns dias depois, entre 26 e 28, a pilhagem de um barco na barragem de Poses quase provocou uma guerra civil entre os habitantes de Louviers e os de Elbeuf, que haviam tentando impedi-lo. Nos dias 18 a 23, revoltas tomaram conta de Laigle, Verneuil, Nonancourt e Dreux. Houve também violentas agitações, no dia 24, em Évreux e nos seus arredores. Elas chegaram até

Pont-Audemer por Le Neubourg, e o Comitê de Évreux estendeu sua duração ao enviar a circular que já mencionamos. Das nascentes do Rille, o alarme se difundiu também em Lieuvin e, por Orbec, atingiu Lisieux no dia 24 e, depois, Pont-l'Évêque. Ele desceu também o vale do Avre e, no dia 27, Nonancourt relata que o medo era geral desde o dia 23. Corre o boato de que a cidade será incendiada e de que de 600 a 700 homens virão abrir as prisões e pôr tudo a fogo e sangue. O boato percorreu também Thimerais e, de Châteauneuf, atingiu Dreux no dia 24 à tarde.

Não obstante, pelo que sabemos, o boato não passou o Eure e não penetrou em Mantois. É difícil crer que Perche Gouët tenha sido poupado, mas os arquivos de La Ferté-Bernard, de Nogent-le-Rotrou e de Châteaudun não conservaram nada a respeito desta época. A região de Orléans e La Sologne não foi atingida e, ao sul, Loches é o ponto extremo de sua expansão. Na direção oeste, não passou o vale de Auge, nem adentrou os bosquetes normandos e bretões, tendo cessado em Vitré. La Guerche e Châteaubriant parecem ter ouvido falar a respeito, mas nada além disso.

O Grande Medo, tal como nós o definimos, não se verifica na Bretanha, nem na Baixa Normandia, ainda que, nesses locais, os bandidos fossem tão temidos como o eram alhures. Na Bretanha, o alarme de Vitré causou bastante agitação, como serve de testemunha o discurso que o tenente do prefeito fez na assembleia dos moradores de Lesneven no dia 29 de julho: "Urdem-se planos, formam-se complôs. Bandos de criminosos tentam, aproveitando-se dos tumultos, saquear as pequenas cidades. Há algumas cartas privadas que indicam que sobretudo La Gravelle e Vitré estavam a ponto de ser saqueadas". Provavelmente, têm a mesma origem que as observações feitas no dia 3 de março na Assembleia da paróquia de Baud, localizada entre Pontivy e Lorient, a respeito "dos alarmes que grupos de bandidos difundem nas cercanias, e que são em número suficientemente alto para que mais de duzentos homens tenham sido obrigados, ao longo dos últimos dias, a se reunir para expulsá-los". Também na Assembleia de Paimpol, que ocorreu em 6 de agosto, contava-se que uma tropa de bandidos saída de Paris havia se espalhado pelas províncias. No entanto, é possível que em Baud se tenha tido notícia do alarme que, ao que parece, desencadeou-se na cidade de Vannes quando se soube que algumas tropas haviam sido avistadas na região de Sarzeau e Theix. Por causa disso, pediram-se a Lorient dois mil fuzis, que foram concedidos. Porém, isso ocorreu no fim de julho, não tendo relação direta com os pânicos do oeste, e explica-se de forma verossímil pelos rumores relativos ao complô de Brest.

Nos bosquetes sublevados houve apenas agitações locais, como em La Ferté-Macé e em Lassay. A revolta agrária causou grande comoção na Baixa Normandia. Em Cairon, próximo a Caen, organizaram-se patrulhas para o caso de "virem os bandidos dos bosquetes pela planície". Em Sap, criou-se uma milícia no dia

22 de julho. No dia 24, os nobres de Vire invocaram "os alarmes" para não se dirigir à Assembleia de sua ordem convocada em Caen. Os moradores de Littry, sob a organização do diretor de minas de carvão, vigiaram de perto a floresta de Cérisy, onde, segundo se dizia, haveria bandidos. Alguns burgueses de Bayeux esboçaram um movimento de pânico ao anunciar, no dia 24, em Caen, e no dia 26, em Carentan, que bandidos rondavam os entornos da cidade. Eles fizeram isso seja porque estavam inquietos com as notícias vindas de Littry, seja porque agiam sob a ameaça da revolta que, em sua cidade, resultou da prisão do duque de Coigny, que o tenente do bailiado havia autorizado a embarcar. No entanto, não houve nem pânico, nem propagação. Por fim, no dia 27, houve um alarme local em Cherbourg, quando foi anunciado que havia bandidos na estrada de Valognes. Foi bastante grave, mas não teve outras consequências. O fato de a Bretanha não ter sofrido agitações se atribuía, como já vimos, à organização mais antiga e mais sólida que a burguesia havia construído, tendo sua origem nas revoltas de 1788. No entanto, é difícil aceitar que a agitação dos bosquetes não tenha gerado uma corrente de pânico através da Baixa Normandia.

No leste e no sudeste, o medo se vincula sempre à revolta do Franco-Condado, mas a filiação é mais ou menos sólida, e, além disso, sua difusão não teve o mesmo êxito em todas as direções.

No interior da região sublevada, ao norte de Doubs, não houve nenhum pânico. Na direção oeste, para além da estrada de Gray e Langres, um único exemplo é relatado, em Chazeuil, a leste de Is-sur-Tille, ainda que sem detalhes e sem data certa. Nenhum indício nos leva a acreditar que ele tenha se difundido. Verifica-se apenas o medo dos bandidos, que se estendeu, aparentemente, até Dijon, e, talvez por essa razão, correu, no dia 26, o boato de que iriam massacrar todos os privilegiados. A inquietação também ocorre nas vertentes que margeiam o Sena da Côte-d'Or e no planalto de Langres. No dia 25 de julho, relatam-se, em Montbard, atos de banditismo, os quais são realizados "sob o pretexto de apoiar o Terceiro Estado". Mais ao sul, em Arnay-le-Duc, as notícias do Franco-Condado devem ter se reunido com as do Mâconnais. A milícia foi organizada no dia 25 devido ao boato de que os bandidos, em diversas regiões, atacavam os castelos, queimavam-nos e exigiam contribuições das pessoas mais ricas. Pode-se culpar o Franco-Condado do alarme que, no dia 25, às 3h, houve em Châtillon-sur-Seine, mas que não se propagou. É provável que o mesmo tenha acontecido em Bassigny. Langres deve ter sido palco de fortes agitações, mas seus arquivos desapareceram, e nós não sabemos de nada do que aconteceu nessa cidade e em Chaumont. Constata-se apenas que ela foi a última cidade a ouvir falar dos bandidos.

Na direção norte, registrou-se um único alarme, por Beugnot, em Choiseul, no alto do vale do Meuse. seu autor foi um morador de Colombey, que acreditou ter visto os bandidos sob a luz da lua, como nós relatamos, vindo reportar que a chegada deles estava iminente Beugnot data esse alarme dos primeiros dias de agosto. Ora, no dia 2, em Sérécourt e em Morizécourt, houve alarmes. Algumas abadias haviam sido ameaçadas, e a milícia de Lamarche marchou em seu socorro. Ao que tudo indica, é de lá que vem o rumor que chegou a Colombey. Beugnot relata que esse homem soubera das notícias por um habitante de Montigny. Isso talvez seja um erro ou uma falsa impressão, pois Martigny seria o lugar mais propício em razão da proximidade com Lamarche. Se realmente a cidade é Montigny-le-Roi, os boatos teriam vindo das agitações do vale do Amance. Beugnot, todavia, não faz qualquer menção a que o alarme de Choiseul tenha se difundido. Assim, ele não teria atingido Neufchâteau ou Chaumont, tendo cessado já em Choiseul. Graças à firmeza da municipalidade de Remiremont – é, ao menos, o que se supõe – a insurreição que aí promoveram os moradores de La Vôge não deu origem a uma corrente de pânico. A Lorena ficou muito agitada: aqui e ali houve agitações agrárias, correndo o boato de que Remiremont e Plombières tinham sido saqueadas. A municipalidade de Blénod-lès-Toul foi alertada por meio de uma carta, cuja origem ela não indica. Mas não houve o Grande Medo em específico. Le Barrois foi mais conturbado ainda devido às revoltas alimentícias de Bar-le-Duc, Révigny, Ligny e das agitações agrárias de Waly, ao norte de Triaucourt, e de Tréveray, no Alto Ornain, mas tudo parece ter se limitado, como na Lorena, ao medo dos bandidos e às medidas ordinárias de defesa. Segundo Carré de Malberg, tenente do bailiado de Varennes, que registrou suas Memórias, a inquietação foi muito forte em Argonne e Verdunois no começo de agosto. Não havia qualquer relação com o Franco-Condado. Dizia-se que "alguns grupos de bandidos vindos do exterior tinham invadido a França na direção da Meuse inferior". Com efeito, em Ivoy-Carignan, "algumas pessoas mal-intencionadas", contou mais tarde a municipalidade, "espalharam que havia mais de 400 bandidos agrupados que ameaçavam invadir esta fronteira e, sobretudo, esta cidade... Logo depois, difundiram que os empregados das fazendas que haviam sido expulsos haviam ameaçado queimar as colheitas". Encontra-se aqui o eco dos motins da região de Ardenne. Já que repercutiu na região de Argonne, é possível que aí tenha havido pânico. Porém, os episódios que acabamos de registrar não nos dão certeza disso. Além do mais, seria estranho que ele aparecesse aí sem que houvesse reação em Verdun e em Metz. Apesar disso, essas duas cidades não conservaram nenhum vestígio disso.

Após todas essas observações, podemos concluir que a onda de revolta do Franco-Condado se quebrou contra a muralha que a Lorena e a bacia parisiense desenhavam acima da planície do Saône, ao passo que ela pôde se difundir mais livremente pela Borgonha e, sobretudo, na direção sul. A leste, com efeito, o Grande Medo se manifestou em Belfort, em Montbéliard e Le Sundgau. No dia 24 de julho, o toque de alerta soou de Belfort até Altkirch, e os camponeses afluíram em socorro de Belfort, onde houve um novo alarme no dia 26 pela manhã. Houve diversos alarmes em Montbéliard. O pânico de Le Sundgau deve ter preparado a revolta do dia 28, mas ele não se propagou na Alta Alsácia. As agitações rurais deram causa aí apenas a algumas agitações locais, como em Colmar, no dia 24, e em Mulhouse, no dia 31. Não se registram na Baixa Alsácia. O episcopado de Bâle foi contaminado pelo terror de Le Sundgau. Em Porrentruy, foram tomadas medidas de segurança, fechando-se a fronteira. O medo também agitou Bâle, a que o príncipe-regente de Montbéliard havia pedido socorro quando, no dia 1º de agosto, correu o boato de que, de acordo com uma carta de Pierre Ochs, os camponeses de Brisgau tomavam parte na revolta e tinham declarado que nem forneceriam mais recrutas nem pagariam impostos.

Foi na direção sul que a revolta do Franco-Condado mostrou o seu poder emotivo. Entretanto, o Grande Medo não parece ter se iniciado com um impulso direto. É bem verdade que, no dia 26 de julho em Marnay, às margens do Ognon, houve pânico. Segundo o estudioso Laviron, também em Besançon houve medo, sem que, todavia, ele date precisamente o evento. Porém, nada ocorreu nas aldeias localizadas ao norte de Marnay. Em Pin, no dia 26, apenas alguns emissários foram enviados para se informarem; nós possuímos as respostas que lhe foram dadas. Gy e Frétigney haviam se armado, mas não se mencionam alarmes. Em Oiselay, reinava a paz. Em Gy e em Frasne, afirmou-se que os bandidos em questão eram apenas os camponeses da região que se revoltavam contra os seus senhores. Por outro lado, ao sul de Marnay, não se encontra nenhum vestígio do medo. No sudeste de Besançon, a situação é bem diferente. Lá, no planalto de Ornans, a revolta rural foi provocada por um pânico que fez os habitantes das montanhas descerem.

O Grande Medo foi principalmente produto dos avisos expedidos pelas autoridades, bem como de incidentes locais que pareciam justificar essas advertências. Em primeiro lugar, foi a municipalidade de Vesoul que, logo após o episódio de Quincey, julgou que De Mesmay estivesse se escondendo, no castelo de Visargent, em Bresse, pertencente à sua sogra, pouco ao norte de Louhans. Ela informou a respeito a municipalidade de Lons-le-Saunier, que se apressou em mandar para lá, no dia 22, uma grande tropa. A busca nada revelou, e, no dia 23, eles regressaram durante a madrugada. Então, aproximando-se de Nance, soldados improvisados deram repentinamente origem ao pânico, como já foi relatado, atirando para o ar com um fuzil, próximos de um bosque. Nas cercanias, o medo foi terrível: 5.000 homens correram para Bletterans e 3.000 para Commenailles. O pânico subiu o vale do Seille e chegou a Lons-le-Saunier, onde 10 mil homens – como afirmam – estavam reunidos antes do anoitecer, espalhando-se por toda Vignoble. Nós podemos seguir muito bem o seu caminho até o nordeste, passando por Mantry, Poligny e

Arbois, onde ela chega, no dia 23, à 1h, e, por fim, em Salins. Ela tomou a direção de Dôle, que foi posta a par da situação pelo senhor Deschaux. Como a notícia tinha vindo de Bresse, julgou-se que os bandidos viessem da Borgonha. Foi isso o que se contou em Langeron. Besançon enviou 140 homens para Dôle, e é bem possível que o medo relatado por Laviron tenha aí sua origem. É também possível que o medo do Planalto de Orléans seja apenas a continuação do medo de Visargent, ou que, de Salins, ele tenha chegado, lenta mas diretamente, à montanha, ou, ainda, que Besançon tenha servido de intermediário. As circulares de Langeron, de que já se comentou, tiveram efeitos ainda mais graves. No alto do vale do Doubs, elas foram confirmadas pelas agitações agrárias, explicando, assim, os alarmes locais, como os de Rochejean e de Morez, que são inseparáveis. Os suíços ficaram muito agitados com isso, tanto que Berne recebeu com surpresa um pedido de socorro do regente de Montbéliard e que Saint-Claude pediu a Genebra que lhe enviassem armas. Eles ainda realizaram buscas nas florestas ao longo da fronteira.

Foi também pelas circulares de Langeron que a municipalidade de Bourg justifica o pânico que a atingiu. No dia 25 pela manhã, "vindo da fronteira de Bresse, do lado do Levant", mais precisamente do vale do Ain, "as paróquias, por causa desse aviso, fizeram soar o toque de alerta. O medo foi progredindo aos poucos". Os boatos que correram em Bresse apontam a paróquia de Pont-d'Ain como o centro da sua difusão. Era um centro nevrálgico, pois lá ficava a saída do desfiladeiro de Ambérieu, por onde passa a estrada da Saboia e onde, desde o começo do mês, falava-se de uma invasão dos habitantes da Saboia. Porém, a contaminação que é relatada pela municipalidade de Bourg pode também ter vindo do norte. É pouco verossímil, com efeito, que o medo da Vignoble não tenha ecoado na direção do sul. Entre as comunas saqueadas, pode-se citar a de Toirette, que fica mais ao norte, próximo da confluência com o Bienne. O medo deve ter caminho de Lons-le-Saunier, ao longo das margens do Revermont, atravessando Orgelet e Arinthod, o que não exclui um incidente local que poderia ter feito de Pont-d'Ain ou de Ambérieu centros de agitação.

De Pont-d'Ain, o pânico se espalhou na direção oeste. Ele chegou a Simandre, no nordeste, no dia 25, às 3h. Daí, ele ganhou Treffort no dia 26 pela manhã e Coligny durante o dia. De Bourg, ele foi levado, no próprio dia 25, a Pont-de-Vaux e a Mâcon, por onde penetrou no Mâconnais. Por fim, ele desceu o Ain, chegou a Meximieux, e depois a Montluel e a Miribel. Meximieux pediu ajuda a Lyon, que enviou seus dragões. Chegou também, caminhando para leste, à paróquia de Saint-Rambert, e, assim, adentrou Bugey. Belley foi atingida em 28 de julho. De lá, a corrente foi sobre o Ródano por Seyssel até Michaille, na embocadura do Valserine; depois, para Valromey, por onde parece ter atingido Gex. À medida que o medo recuou em direção ao norte, parece se atenuar e transformar-se em um mero receio dos bandidos. Assim, o pânico contornou as altas montanhas do sul do Jura, já que Nantua não o menciona, mas onde suas agitações se converteram em agitações antissenhoriais.

De Ambérieu e de Saint-Rambert, o pânico chegou, no dia 25, a Lagnieu, que ficava apenas alguns quilômetros ao sul. Lá, após ter atravessado o Ródano, o Dauphiné lhe arranjaria um mensageiro de fundamental importância.

No início, não houve pânico. Nos dias 25 e 26, a notícia de que os bandidos estavam se aproximando se difundiu apenas entre o Ródano e o Bourbre. Desde o dia 25, essa notícia havia chegado ao vale do Guier, fronteira da Saboia, que é uma região particularmente sensível. Foi lá que, na manhã do dia 27, verificou-se o incidente que deu novo curso ao Grande Medo. Segundo o procurador-geral do Parlamento de Grenoble, "houve apenas alguns tiros de fuzil disparados entre oito ou dez contrabandistas e empregados da fazenda, que os puseram em fuga". A mesma história é relatada nas cartas da municipalidade de Lyon. Todavia, o local desse incidente não nos é conhecido. Guardas alfandegários avisaram Morestel que Lagnieu havia sido saqueada e, de lá, o pânico difundiu-se para oeste e, depois, para Pont-de-Beauvoisin, o que nos faz acreditar que teria tido sua origem no norte. Mas foi de Pont-de-Beauvoisin que ele se voltou para o oeste e refluiu para Morestel, sob uma forma que lhe foi propícia, já que os moradores da Saboia, transformados em exército piemontês, haviam acabado de penetrar na França. La Tour-du-Pin foi alertada às 3h no dia 27; já Bourgoin o foi às 5h e, ao mesmo tempo, Virieu, a planície de Bièvre e La Côte-Saint-André. Em todos os vales do Baixo Dauphiné, o medo reinou, descendo em direção ao vale do Ródano, de Lyon a Saint-Vallier. Na direção sul, pela estrada de Voiron, atingiu a Isère em Moirans, e se, por um lado, alcançava Grenoble às 23h, por outro, descia o vale por Saint-Marcellin à meia-noite e por Romans às 3h do dia 28, partindo então para Tain e depois para Valence. Seu sucesso estava doravante assegurado, pois, no mesmo dia, os castelos do Baixo Dauphiné começaram a ser incendiados.

A revolta do Mâconnais, que foi, como já dissemos, anterior ao medo, mas que lhe tinha sido propícia, bem como a do Dauphiné, da qual o medo foi a consequência mais séria, serviram, de fato, como excelentes difusoras. A primeira, se não espalhou o Grande Medo, ao menos difundiu uma grande inquietação no Chalonnais e, em seguida, nos vinhedos da Borgonha (Nuits fala em "pavor"). Assim, Dijon deve ter sido alcançada também pelo sul, da mesma forma que o Chalonnais. O pânico não se verificou na região baixa, isto é, em Charolles, Paray e Digoin, mas a borda montanhosa do vale do Grosne foi alcançada pelo medo, como é possível ver pelos incidentes de Saint-Point e Tramayes. Contava-se que, no dia 31, os bandidos chegavam, ou de Germagny, que fica bem distante ao norte, ou de Aigueperse, que se situa a sudeste, a meio-caminho de La Clayette.

Mais ao sul, nas montanhas do Beaujolais, o pânico veio do sul do Mâconnais por Beauju e pelo desfiladeiro de Écharmaux, provavelmente passando também por Villefranche, onde se saqueou, no dia 27, o castelo de Mongré. O pânico se espalha para todos os lados no dia 28, atingindo o seu ápice em Chauffailles no dia 29, de onde foi levado a La Clayette às 7h e a Charlieu, onde se conta que Thil e Cublize viram queimar suas colheitas; que 1.300 bandidos acamparam nos "montes de Beaujolais"; que Beauju e Villefranche pegaram em armas e que mais de 40 mil camponeses se puseram na defensiva entre o Saône e o Loire. Deste lado, o pânico não atravessou o Loire, não atingindo Roanne. Mas, em Forez, foi diferente. O impulso do Dauphiné, por Lyon e Givors, foi sentido, no dia 28, nos montes de Lyonnais, em Tarare e em Saint-Symphorien. No dia 29, abalou Feurs e, no mesmo dia, toda a planície de Boën, Saint-Germain-Laval e Montbrison. De Boën, o pânico atravessou a montanha pelo desfiladeiro de Noirétable, depois desceu para Limagne e, nos dias 30 e 31, atingiu Thiers, Riom e Clermont. Por outro lado, tendo atravessado o Ródano entre Tain e Tournon no dia 28, chegou, no mesmo dia, a Annonay e, através de Pilat, chegou, por Bourg-Argental, a Lavalla às 16h30. O vale do Saint-Étienne foi, dessa forma, abordado pelo norte e pelo sul, ao passo que a outra corrente, vinda de Vienne e Condrieu no dia 28 à tarde, subia para o vale por Rive-de-Gier e Saint-Chamond. A agitação foi violenta em Saint-Étienne a partir das 5h30. No dia 29 às 10h, o pânico já havia chegado a Saint-Bonnet, do outro lado do Loire. Atravessou, assim, a montanha e atingiu Arlanc no dia 30, de onde ela desceu para o norte na direção de Ambert no dia 31, e de onde, no mesmo dia, ela subiu até La Chaise-Dieu. Aqui, o abade se apressou em pedir socorro a Brioude, que, porém, não se comoveu nem um pouco.

Enquanto isso, o Grande Medo percorria a margem esquerda do Ródano a partir de Valence. No dia 28, entre as 16h e 17h, o pânico já estava em Livron e em Loriol, e, por volta das 6h, em Montélimar. Ele acordou Pierrelatte à 1h e Saint-Paul-Trois-Châteaux às 4h. Atingiu, ainda, Orange às 8h30 e, logo depois, Avignon. No dia 30, chegou a Tarascon e Arles cedinho e, à noite, atravessou o Crau e tomou Saint-Chamas. Dessa corrente principal derivou grande número de correntes em direção a oeste e a leste. Na região dos Alpes, as correntes claramente contornaram as montanhas. A mais importante delas subiu o Drôme a partir do dia 28. Em Crest, uma dessas correntes voltou-se para o sul por Dieu-le-Fit. No dia 29, às 5h, chegara em Taulignan e, durante o dia, o pânico alcançou Valréas e Nyons. Acima de Crest, sua rota foi traçada passando por Saillans, Die, Châtillon e Luc, que já estavam inquietos com os rumores chegados por Vercors. O desfiladeiro de Cabre levava a Veynes, que, no dia 29, tornou-se um centro de difusão. Na direção leste, o pânico estourou em Gap, onde teve grande intensidade, nos dias 29 e 30. Gap também é um cruzamento de estradas. Na direção norte, o desfiladeiro de Bayard conduz a Champsaur. O alarme desceu o Drac por Saint--Bonnet e Corps no dia 30, La Mure no dia 31 e, assim, entrou em Grenoble sem ter atingido Oisans. Na direção leste, subiu o Durance – Embrun foi atingido no dia 30 e Briançon em 30 ou 31 – e Ubaye até Barcelonnette, no mínimo. Porém, nessas diversas cidades, não houve pânico, ao que sabemos. Ele se prolongou, pelo contrário, para o sul de Veynes, passando por Serre e de Gap para Tallard, até Durance e, indo além, dividindo-se em duas correntes, paralelas à de Dieu-le--Fit, que atravessaram, por um lado, os maciços de Roche-Courbe, de Chabre e de Lure e, por outro, o de Cheval-Blanc; no centro, as serras que separam Durance de Bléone; por Durance, Sisteron foi atingido no dia 30 à noite, e Forcalquier no dia 31. Por Turriers, o pânico de Tallard, que redobrou no dia 1º de agosto, atingiu Seyne no dia 31 às 4h e, de lá, atingiu Digne pelo desfiladeiro de Maure. No dia 31 à noite, Riez e Moustiers na direção sudoeste e Castellane, às margens do Verdon, por Barrême e Senez, já haviam sido alertados. De Castellane, pela montanha, pode-se seguir a corrente, em 1º de agosto, até Roquesteron, Bouyon e Vence. Chegava, assim, à fronteira do vale do Var, que era a fronteira do Reino. A corrente de Verdon parece não ter sido ultrapassada na direção sul. De Saboia a Var, o rei da Sardenha pôs tropas guardando a fronteira e desmentiu oficialmente, no dia 31, em Pont-de-Beauvoisin, todos os boatos que corriam a respeito de suas intenções. Uma corrente se separa de Montélimar e caminha em direção a Grignan e Taulignan e, de Pierrelatte, outra mais forte se dirige a Saint-Paul-Trois--Châteaux e ao vale do Aygues. Elas se juntam à de Dieu-le-Fit e, por Vaison, no dia 29, a Bédoin e Sault, contornando, no dia 30, o monte Ventoux. De Orange, outra corrente se voltou para Carpentras, Apt e Cadenet, às margens de Durance, e, de lá, subiram o rio até Avignon. Entre os montes Lure e Luberon, essas correntes se chocaram entre Manosque e Banon, com a que descia de Forcalquier, em redemoinhos confusos. Durance foi atravessado em Cadenet e em Pertuis no dia 30 à noite e, assim, o pânico chegou a Aix antes, ao que parece, de chegar de Salon e de Saint-Chamas. Ele se propagou lentamente nos dias seguintes na direção leste através dos planaltos que separam Durance de Brignoles e de Draguignan, em Trets, em Saint-Maximin, a 2 de agosto, e em Barjols no dia 4, em Salernes. Não se encontram vestígios desse percurso no sul do Argens e em toda a costa provençal, tampouco na parte sul de Crau ou em Camargue.

Ao leste, os pontos de inserção das correntes laterais da margem direita são Le Pouzin, Rochemaure, Le Teil, Bourg-Saint-Andéol e Beaucaire, para onde Loriol, Montélimar, Pierrelatte e Tarascon transmitiriam o pânico assim que o recebessem. Arles deve ser igualmente citada. Como houve dois alarmes em Loriol, houve dois também em Le Pouzin, um no dia 28 à tarde e outro no dia 29 ao meio-dia. Comunicaram-se, então, com Privas, que lhes veio em socorro. Na tarde do dia 29, a multidão era enorme em Le Pouzin, e foi então que D'Arbalestrier foi assassinado. De Privas, o pânico se difundiu para noroeste, na direção de Haut-Vivarais até Cheylard, no dia 30 às 17h, e em Saint-Agrève e, na direção sul, em Coirons. Yssingeaux e Le Puy devem ter percebido o eco desses rumores, mas o medo não passou pelas montanhas. Aubenas foi alertada no dia 29 à noite.

Esse maciço foi também abordado ao sul através de Le Teil e de Villeneuve-de-Berg. No dia 30, Antraigues e Vais desceram para Aubenas. Le Tanargue, a oeste de Ardèche, foi incitado por Aubenas e por Villeneuve-de-Berg, que, por sua vez, alertaram Largentière no dia 29 à tarde, além da corrente nascida em Bourg-Saint-Andéol, no dia 29 de madrugada, e que subiu para Vallon até Joyeuse e Les Vans. Aqui nos encontramos à entrada da passagem de Villefort, através da qual o pânico chegou a Mende no dia 30. Nesse dia, ele percorreu as margens do Ródano, ao sul de Bourg-Saint-Andéol, até Pont-Saint-Esprit e Bagnols, de onde perdemos sua pista. Ele caminhou mais rapidamente ao longo das Cévennes e de Les Vans para Saint-Florent e Alais, a partir da noite do dia 29 para o 30, e atingiu Saint-Jean-de-Gardonnenque, onde um segundo alarme causou um tal impulso que, no dia 1º de agosto, atravessou a montanha e chegou a Valleraugue e Saint-André-de-Valborgne. De lá, ele repercutiu, no mesmo dia, até Mende e até Millau por Meyrueis. Mende, duplamente atingida, transmitiu-o na direção norte, para Malzieu, em 1º de agosto, de onde o rumor se encaminhou para Saint-Flour e Laissac, na fronteira de Rouergue, onde chegou durante a noite do dia 3 e refluiu para Millau. Millau, Saint-Affrique e Vabres, que já tinham entrado em contato com o Grande Medo vindo do sudeste, ficaram fortemente conturbados pelos alarmes locais do dia 3 de agosto. A notícia foi levada daí a Lodève, de onde, no dia 2, ela tomou a estrada de Montpellier. O medo de Saint-Jean-de-Gardonnenque alcançara também as charnecas no caminho de Lédignan e Sauve. Montpellier também foi alertada. Por fim, de Arles, o pânico avançou até Saint-Gilles e Vauvert, no dia 30, e de Beaucaire em direção a Nîmes, no dia 31. A capital do Baixo Languedoc também foi alertada a respeito de sua chegada. Mas não foi tão abalada e, assim, de lá até os Pirineus orientais, nenhum documento revela a presença do Grande Medo. Nascido no Franco-Condado, ele atingira, com a ajuda de numerosos retransmissores, o Mediterrâneo e adentrara o interior do maciço central.

O medo do Clermontois teve uma história mais simples, sendo sua área menos extensa. Ele começou, como já narramos, no domingo, dia 26 de julho, à noite, em Estrées-Saint-Denis e caminhou durante a noite, pois chegou a Clermont no dia 27 às 7h, tendo passado por Sacy-le-Grand, Nointel e Lieuvillers na estrada de Saint-Just. Desde o começo, foi muito violento e difundiu-se em todas as direções com grande força. Abordou frontalmente o vale do Oise, abaixo de Compiègne, em Verberie, de madrugada; e Pont-Sainte-Maxence, em Creil; e, por Chambly, em Beaumont, onde reinava já às 11h. De Beaumont, foi levado a Pontoise às 12h30 e, de lá, espalhou-se ao sul de Vexin para atingir Triel às 20h e Meulan às 22h. No dia 28, pela manhã, Meulan viu afluírem camponeses dos arredores. Contudo, o movimento não pareceu continuar, pois desceu o rio para Mantes e Vernon. Não atravessou o Sena, assim como o medo do oeste não chegou a Mantois. O Vale do Oise foi ultrapassado, sendo desse lado que o medo se tornou mais ameaçador, pois se dirigia a Paris, de forma que seu eco chegou até mesmo à Assembleia Nacional. De sua marcha, a partir de Beaumont, L'Isle-Adam e Pontoise, nada sabemos a seu respeito, mas não se pode duvidar de que os episódios de Verberie tenham acontecido aí. Ele seguiu as estradas que levavam para Saint-Denis até que, no fim da tarde, encontrou em Montmorency o mensageiro a respeito do qual já falamos. Ele levou turbulência, a partir desse momento e durante a noite, a todas as cercanias de Paris, de forma que os eleitores mandaram um pequeno exército armado com um canhão, que chegou até Écouen, ao menos. Durante esse tempo, o medo se espalhou desde Verberie, na planície de Béthisy, onde achou logo um outro retransmissor, que o levou rapidamente até Valois e Soissonnais. Às 8h30, já chegara em Crépy; às 13h30, estava em Soissons, municipalidade que escreveu uma carta lida na Assembleia no dia 28. Do Soissonnais, avisou-se Laon, mas não há vestígios que mostrem que o medo tenha subido o Aisne, tampouco atravessado a região deserta de Sissonne. O pânico deve ter passado por Reims, mas não sabemos nada sobre os efeitos de sua possível penetração nessa cidade. Já em direção ao sul, seu caminho é bem conhecido. De Crépy e de Villers-Cotterêts, o pânico chegou a Dammartin e a Meaux no dia 27; a La Ferté-sous-Jouarre e a Château-Thierry no dia 28. Nesse mesmo dia, ele subiu o Marne, atravessando Épernay e Châlons. A partir daí, já não sabemos mais nada. É duvidoso que tenha atingido Vitry, pois Barrois não ouviu falar a respeito. Houve um alarme em Saint-Dizier e Joinville, mas parece datar do dia 28 e tem origem local, relacionada às agitações dessa região e do Barrois. Terá ultrapassado o Marne para subir até os dois Morins? É possível, mas o pânico não foi registrado nem em Coulommiers, nem em La Ferté-Gaucher. A miserável Champagne teria sido pouco propícia a seu progresso. A Brie, porém, também não o foi, pois não pudemos encontrar aí nenhum vestígio.

No nordeste, o pânico subiu o vale do Thérain. Beauvais mandou sua milícia ir em socorro de Clermont. De Saint-Just, chegou-se à região de Grandvilliers, que ficou fortemente conturbada. Por Thérain, atingiu Forges no dia 28 e, de lá, a região de Bray, sem que se possa afirmar se passou ou não por Dieppe. De Grandvilliers alcançou Aumale, descendo o vale do Bresle por Blangy e Eu. Não houve danos, pelo que podemos saber, em Ponthieu, ao norte e, na direção oeste, no Vexin normando, na região de Caux e no baixo vale do Sena.

Na direção norte, o medo transbordou em grandes ondas sobre a planície picarda. Às 9h do dia 27 o pânico já estava em Montdidier, de onde se dirigiu para Amiens pelo vale do Avre. Às 10h entrou em Roye, agitou toda a região, o que logo levou a que chegasse em Corbie, Bray, Ham e Péronne, tudo isso no mesmo dia. Subiu o vale do Oise, por Ribécourt e Noyon, e, de fato, atingiu rapidamente essa região, pois uma investigação a respeito da invasão do castelo de Frétoy o menciona em Muirancourt, ao norte de Noyon, no dia 27 às 6h. Ele continuou seu caminho por Chauny, La Fère, Ribemont e Guise, invadindo Thiérache, que, por sua vez, avisou Marie e Rozoy, no vale do Serre e Vervins, a respeito de sua chegada. As florestas de La Capelle e de Le Nouvion, bem como a fronteira de Ardenne, limitaram sua expansão. Mas o Somme não pôde conter o medo e, assim, ele se expandiu para o Artois. De Péronne, chegou a Bapaume no dia 27 e, depois, a Arras, na noite do dia 27 para o 28. Deve ter atingido Béthune no dia 28 pela manhã, pois o pânico apareceu em Merville, às margens do Lys, durante o dia. Aire e Saint-Omer foram atingidos no mesmo dia ou na noite do dia 28 para o 29, pois, no dia 30, a municipalidade de Watten avisou sua vinda às regiões da Flandres marítima. De Arras, o pânico se propagou também em direção ao nordeste. Sua presença é confirmada em Samer, no dia 29, e em Boulogne, no dia 29 ou 30. De Saint-Omer, o pânico se dirigiu para Calais. De Béthune, passou para o sul da Flandres, conturbando as aldeias localizadas a oeste de Lille para, finalmente, chegar, no dia 29, em Frelinghien, às margens do Lys, abaixo de Armentières. Porém, não penetrou no restante da Flandres, nem no Cambrésis, nem no Hainaut, por mais agitados que estivessem. Disso, deve-se concluir que, no Artois, o pânico não tenha sido tão forte ou, ao menos, que ele não tenha se expandido por toda a parte até a fronteira oriental da região.

Na parte sul da Champagne, o pânico nasceu, como foi dito, ao sul de Romilly, no dia 24 de julho; o dia 25 foi suficiente para que ele atravessasse Sénonais de nordeste a sudoeste. Chegou em Thorigny às 18h e, logo depois, a Sens e Villeneuve-l'Archevêque. De Romilly e de Nogent, espalhou-se para o norte do Sena, ao longo da costa da Île-de-France. Villegruis e Villenauxe pegaram em armas no dia 26, após ouvirem o boato de que os bandidos estavam nos arredores. Provavelmente foi nesse dia que o pânico de Provins eclodiu, com os bandidos se escondendo, segundo se dizia, nas florestas vizinhas. Se Donnemarie formou uma milícia, no dia 26, sob o pretexto de que vagabundos haviam deixado Paris, pode-se presumir que o medo de Romilly tenha contribuído para isso. No dia 26, o medo também foi geral no bailiado de Sézanne e espalhou-se, segundo o testemunho de Barentin, ao longo da estrada de Sézanne a Châlons. Ele pode ser encontrado, no dia 28, em Vatry, às margens do Soude, e em Mairy e em Gogny, às margens do Marne, a montante de Châlons. Nessas aldeias, o pânico pode, na verdade, ser apenas uma extensão daquele do Soissonnais; mas isso não pode ser afirmado para a região de Sézanne: as datas não batem. O pânico subiu, por outro lado, para o vale do Aube, mas agora lentamente, pois não alcançou Arcis antes dos dias 26 ou 27. De lá, a velocidade mudou, pois, na manhã do dia 27, ele já estava em Bar-sur-Aube. Em Troyes, o medo de Romilly era conhecido desde o dia 25, mas não afetou a população. O pânico só eclodiu no dia 28, vindo do oeste, pois foi o entorno de Sainte-Savine, situado à margem esquerda do Sena, que o sentiu primeiro. O medo, então, subiu o vale do Sena e seus afluentes à direita. Estava em Landreville, na entrada do vale do Ource, às 19h, e em Mussy, no Sena, por volta das 21h ou 22h, sendo levado dali, às 23h, para Châtillon. No dia 29, ele atravessou o vale do Barse e agitou Bar-sur-Aube pela segunda vez. Da mesma forma, o vale do Ource. No dia 28, em Bar-sur-Seine e Châtillon, ele foi reforçado por correntes laterais, todas vindas, como em Troyes, do vale do Armançon, que constituiu, portanto, um centro de dispersão.

Sua origem permanece incerta. O medo do dia 25 não subiu o Yonne vindo de Sens, e nada nos permite afirmar que ele cruzou a floresta de Othe. No entanto, é na sua extremidade sul que os focos de pânico são encontrados, como em Saint-Florentin, no dia 26, e em Auxon, nos dias 27 ou 28. Sua posição, assim como suas datas, faz-nos crer que há, no entanto, uma relação de dependência entre a corrente de Sénonais e a de Armançon. Mas incidentes locais devem ter servido de retransmissores. Um historiador menciona um incidente em Auxon: um vigário, assustado por um rebanho pastando na floresta, foi seu responsável. O pânico foi comunicado às paróquias vizinhas, Chamoy e Saint-Phal, em direção às florestas de Aumont e Chaource, alcançou o vale do Armance, Ervy e Chaource à tarde. Foi ele que, sem dúvida, chegou no mesmo dia a diversos pontos do vale do Sena. Já se pensou muitas vezes que o medo viesse de Saint-Florentin e de Brienon, cuja estrada teria seguido. De fato, ele é atestado em Brienon e mais ao sul na noite do dia 28. Em Tonnerre, na manhã daquele dia, o pânico é trazido por viajantes que, tendo chegado a Germigny, perto de Saint-Florentin, recuaram, assustados com o boato de que os bandidos estavam na região. Assim, o medo de Auxon deve ter corrido ao longo da floresta de Othe até Saint-Florentin, ou então nos escapa outro incidente que também teria revivido o medo, naquele dia, nessa cidade ou nessa região. Provavelmente, de Tonnerre, o medo subiu para Armançon, mas não há certeza, porque, em Saulieu, o medo não veio de Semur, mas de Morvan. Pelo contrário, sabemos que Châtillon-sur-Seine pediu ajuda, no dia 29, a Dijon, de onde um destacamento, no dia 30, avançou para Saint-Seine, acalmando os moradores. Em Dijon, o medo do sul da Champagne entrou em contato com o medo do leste, e, agora, muitas vezes vemos tais encontros. Já se relatou um deles entre Forcalquier e Pertuis. Cada um resultou em alarmes sucessivos, turbilhões complexos ou uma zona de interferência, em que as diferentes correntes possuíram apenas uma força insignificante. Esse é o caso de Dijon, onde não houve pânico, embora a agitação vinda da região de Gray, que subira o Mâconnais e depois a Champagne, tenha ali cessado.

Os alarmes da Champagne não perturbaram apenas o vale do Sena; eles também encontraram um vasto campo de expansão para o oeste e para o sul. Embora os pontos de referência nos faltem, temos razões para crer que o alarme do dia 24 se espalhou de Nogent e de Provins para Montereau, Moret e Fontainebleau, ao longo da margem esquerda do rio Sena, e que era de Sens que viera o medo de Nemours e de Château-Landon. De lá, ele teria ido para o norte, e assim seria explicado o seu aparecimento em Corbeil, no dia 28, e em Choisy e Villeneuve-le--Roi, no mesmo dia, entre as 18h e 19h. Além disso, foi trazido para estas últimas aldeias por dois habitantes de Gâtinais que vieram de Athis-Mons e que foram obrigados a descer o rio. Disseram que os hussardos, pondo tudo a fogo e sangue, estavam em Juvisy e já haviam ferido Montlhéry, Longjumeau e Ris. Marmontel, que então residia em sua casa de campo em Grignon, entre Orly e Thiais, contou em suas Memórias a debandada que se seguiu, mencionando também o boato relativo aos hussardos. A capital viu o medo entrar pelo sul depois de tê-lo recebido, no dia anterior, pelo norte. Hardy menciona, em seu diário, que se dizia que Longjumeau fora saqueada, e que eles correram para lá. Foi assim que Longjumeau conheceu o medo, pois nada ainda havia acontecido lá.

Do vale do Loing, o pânico entrou em Beauce. Ele é mencionado em Boynes e em Boiscommun, no dia 29 pela manhã, e, durante o dia, muito distante dali, em Toury. Chegou a Châteauneuf-sur-Loire, Jargeau e Saint-Denis-de-l'Hôtel às 15h. Orléans ouviu o boato e atribuiu a responsabilidade aos bandidos da floresta de Orléans. Deve-se observar, no entanto, que em Chilleurs e em Neuville-aux-Bois houve um alarme no dia 27. Por isso, não é impossível que houvesse uma fonte independente desse lado. O resto de Beauce e de Hurepoix não foi atingido, de modo que, entre essa área e a do medo do oeste, existe um vasto espaço de tranquilidade, que se estende do Loire, a jusante de Orléans, para o Sena, abaixo de Paris.

O pânico do dia 28 se espalhou à noite em ambas as margens do Yonne, em torno de Seignelay, ao leste, no dia 28, às 15h; e em torno de Champvallon, no oeste, à noite. De Champvallon, nós o podemos seguir ao sul de Gâtinais e em Châteaurenard, em Châtillon-sur-Loing, no dia 29, e em Saint-Fargeau através de Aillant e Villiers-Saint-Benoît. Nós também o vemos se voltando em direção a Puisaye, chegando, no dia 29, a Thury e a Entrains. Ele desceu assim direto para o vale do Loire, onde o encontramos em Briare e em Sancerre no dia 29, espalhando-se entre os habitantes da região no dia 30, e, em La Charité, onde ele chega no dia 29, às 17h. Desta última cidade, ele provavelmente chegou a Nevers à noite. Mas em La Charité e Nevers, o pânico deve ter vindo também do vale do Yonne.

O pânico subiu esse rio, com efeito, por Auxerre e Champs. O vale do Cura capturou uma parte e dirigiu-o para Avallon, de um lado, e, de outro, para Vézelay. Durante esse tempo, ele continuou seu caminho para Clamecy. Nessa cidade, o medo causou grandes tumultos, havendo relatos detalhados a respeito. Através de Tannay, o medo chegou a Lormes e Corbigny, de onde se espalhou, na direção oeste, para Montsauche e, de lá, para Saulieu, no dia 30. Sempre seguindo o Yonne, o pânico também penetrou, no dia 30, às 9h, em Château-Chinon, que o transmitiu a Autun no mesmo dia e também a Moulins-Engilbert e a Decize. O medo só feneceu entre o Loire e Arroux. Bourbon-Lancy e Digoin resistiram. Le Charolais e a região de Le Creusot constituem uma nova zona de interferência entre esse medo e aquele do leste.

Finalmente, de Nevers, a corrente subiu o Allier e entrou no Bourbonnais nos dias 30 e 31. Não é possível delimitar exatamente sua área de expansão, que se entrelaça com a do medo do sudoeste. Mas devemos relacioná-la com as agitações de Sancoins e Bourbon-l'Archambault, de Saint-Pierre-le-Moûtier, de Moulins e de Varennes-sur-Allier. Ele misturou seus movimentos em direção a Gannat e Vichy com os da corrente vinda do oeste pelo sul do Berry.

É o medo do sudoeste, o mais recente, que se espalhou ainda mais, mas a sua disseminação não levanta problemas tão difíceis de resolver. Seu poder emotivo, que era grande, permaneceu intacto até o fim. Ele partiu, no dia 28, de Ruffec, nas circunstâncias que conhecemos. Na direção oeste, ele chegou, ao que parece, às florestas de Chizé e Aulnay, a menos que elas formassem um centro de comoção local. O medo não parece ter passado além de Surgères. La Rochelle, Rochefort e Saint-Jean-d'Angély provavelmente ouviram o rumor apenas de longe. Na direção norte, o medo já chegou a Civray e a Vançais no dia 28; no dia 29, chegou a Lusignan e a Vivonne, desceu o Clain, mas feneceu em Poitiers. O resto da planície do Poitevin não foi atingido e, portanto, interpôs-se entre seu domínio e o do medo da Vendeia, que, aliás, terminara havia quatro ou cinco dias.

De Ruffec e Civray, o medo atingiu Vienne em Chabanais e em Confolens, por volta das 22h. De lá, ele subiu o vale por Saint-Junien e chegou a Rochechouart à noite e em Limoges no dia 29, às 4h. Segundo George Sand, que o descreveu em *Nanon*, ele continuou seu caminho em direção a Saint-Léonard. Mas as montanhas de Ambazac, os planaltos de Gentioux e Millevaches parecem ter limitado sua expansão. Da Alta Vienne, só se espalhou para o sul, onde se juntou às correntes de Mansle e Angoulême. Foi a corrente de Confolens para o Gartempe que desempenhou o papel capital. O medo desceu esse rio por Montmorillon e

Saint-Savin, provavelmente emigrando em direção ao vale do Vienne. O medo é mencionado em Chauvigny, e Châtellerault não o deve ter ignorado. Ele também subiu o Gartempe, no dia 29, vindo de Bellac, às 6h, passando por Châteauponsac e por Grand-Bourg, para entrar em Guéret por volta das 17h. Finalmente de Le Dorat e de Magnac-Laval, espalhou-se através da Basse-Marche até o vale do Creuse, que foi atingido por todos os lados à noite, em Le Blanc, em Argenton, em Dun-le-Palleteau e La Celle-Dunoise por La Souterraine. De lá, ele correu em direção ao Indre. Foi a população de Argenton que foi a mais rápida: ela informou a Châteauroux, que recebeu a notícia no dia 29, às 19h. De Dun, o pânico correu rapidamente para La Châtre, onde chegou às 21h30. Pelo contrário, Brenne e o planalto de Sainte-Maure só puderam ser atravessados lentamente. Tours, Loches e Châtillon foram informados apenas no dia 30 por La Haye-Descartes, Preuilly e Le Blanc. Ora, Châtillon e Loches ficaram muito abalados, já na noite do dia 29, por Châteauroux. Loches era, portanto, o ponto de união entre o medo do Maine e o de Ruffec.

De Châteauroux e de La Châtre, o medo conquistou o leste do Berry. À 1h, no dia 30, ele pôs Issoudun em alerta. Durante o dia, cruzou o Cher para Châteauneuf e ganhou Bourges. Não se sabe se subiu ao norte: a confluência não teria ocorrido com Blésois e Sancerrois. Ao sul, o Cher foi alcançado também na altura de Saint-Amand-Montrond e de Vallon, por Châteaumeillant, e o Bourbonnais foi atingido no dia 30. A corrente segue para Saint-Bonnet-Tronçais e Cérilly, Maillet e Hérisson, até Cosne e Bussière. Aqui, já estamos às portas de Bourbon-l'Archambault, para onde o medo oriundo da Champagne viria.

Para Guéret, estavam reservados a Combraille, o Auvergne e até o Alto Limousin. O alarme subiu o Creuse por Aubusson, às 23h do dia 29, e, no dia 30, chegou a Felletin às 3h, de onde, contornando o planalto de Gentioux, retrocedeu para Meymac. No entanto, o medo tinha o campo mais livre na direção leste. De Guéret, ele se dirigiu para o vale superior do Cher, para Montluçon, passando por Boussac, para Évaux e para Auzances de Chénérailles. O pânico acelerou especialmente em direção a Montluçon, que foi despertada na noite do dia 29 para o 30. Em Néris, o pânico chega às 2h; Auzances não foi alcançada até as 10h. Por Montaigut, Pionsat e Saint-Gervais, evitando a cadeia de Puys, a corrente desceu para Limagne e chegou a Riom e Clermont por volta das 17h. No dia 31, ele cercou Mont Dore. De Clermont, uma corrente tomou a estrada da montanha que leva à Dordogne, até Bort, por onde chegou a Riom-ès-Montagnes, às 23h; depois a Vic-sur-Cère e finalmente a Mur-de-Barrez, em 1º de agosto. A outra corrente subiu o Allier de Saint-Amant-Tallende, Issoire, e Saint-Germain-Lembron até Brioude, que foi alcançado no dia 31 às 19h. Entre Brioude e Issoire, abre-se o vale do Alagnon levando a Cantal. A corrente atravessou por Blesle e Massiac, de onde continuou para Saint-Flour na mesma noite. Em Riom, Clermont, Brioude e Saint-Flour, o medo do oeste entrou em contato direto com o medo vindo do leste. No dia 1º de agosto, ele foi até Murat e atravessou o Lioran. Infiltrou-se pelas montanhas de Luguet até Condat e Allanche. Desta forma, o medo acabou alcançando Vic-sur-Cère pelo ramo norte.

Mas é na direção sul que o movimento oriundo de Ruffec conquistou o maior sucesso, dominando quase toda a Aquitânia. Ele desceu pela primeira vez a Charente, por Mansle, e estava em Angoulême no dia 28 às 3h. Seguiu o rio por Jarnac e Cognac até Saintes; lá, perdemos a pista, e a Saintonge, em sua parte marítima e sul, parece ter permanecido tranquila. De Angoulême, ele se voltou para Barbezieux, Baignes e Montendre, mas o Double o deteve no caminho para Blaye. É na direção sudoeste que ele fez o seu principal caminho. De Mansle, chegou a La Rochefoucauld, de modo que, no dia 29, ele foi sentido em Champniers entre 6h e 7h. Em Piégut, por volta das 11h; em Nexon, no início da tarde, de onde ele alcançou Saint-Yrieix. As notícias de Rochechouart e Limoges fortaleceram-no. Os vales do Dronne e do Isle se lhe ofereciam, e ele agora estava em contato com o Baixo Limousin. Mas, ao mesmo tempo, o medo tinha se deslocado de Angoulême, por Nontron, na floresta de La Valette e Montmoreau, em direção ao vale do Dronne, que estava conturbado de alto a baixo. Em La Roche-Chalais, o movimento provavelmente encontrou um retransmissor, de que já falamos. Em Coutras, chegou às 4h e de lá margeou a Dordogne de Fronsac, Libourne e Saint-Émilion até Bergerac, na noite de 29 a 30. Sainte-Foy, na margem esquerda, tomava conhecimento dele às 5h. Ao mesmo tempo, diretamente do Dronne, ele correu por todos os lados para Isle. Périgueux foi naturalmente informado em primeiro lugar. Passou, então, por Brantôme, Bourdeilles e Ribérac no dia 29, à 1h. No dia 30, o vale inteiro estava em guarda, de Thiviers a Mussidan. Mas a onda já estava avançando para Vézère. No dia 30, às 4h, ela chegou a Badefols-d'Ans, vindo provavelmente de Périgueux através da floresta de Barade. Uma hora depois é atestado em Lubersac, vindo de Saint-Yrieix, Thiviers, Excideuil, e logo alcançou Uzerche. Basse Vézère foi atingido por todos os lados no dia 30 pela manhã, em Terrasson, Montignac e Le Bug. De Vézère, o medo foi para o rio Dordogne, mas em duas correntes distintas: uma correu de Uzerche na direção ao norte da Dordogne e dirigiu-se ao maciço central; a outra corrente foi na direção do curso médio do rio, Lalinde, Limeuil, na confluência do Vézère e Domme, avisado por Sarlat, no dia 30, entre 2h e 3h. O Dordogne foi assim cruzado em todas as direções no dia 30: de manhã a oeste de Bergerac, e à tarde a leste. Ao sul do rio, podemos assim distinguir, por uma questão de clareza, três correntes, entre as quais, naturalmente, há inúmeros encontros: a de Sainte-Foy ou a de Agenais; a de Libos ou a da parte oriental de Agenais e Querey; e a de Domme ou da parte oriental do Quercy.

Este último se virou em direção a Figeac e ao maciço central. Os outros dois foram direto para o sul.

A corrente de Agenais, tendo saído cedo de Sainte-Foy e Gensac, no dia 30, chegou ao vale do Dropt e de Eymet em Duras e Monségur. Depois, por Monflanquin e Tombeboeuf, ao vale do Lot em Villeneuve e Castelmoron à noite. Enfim, atingiu Agen por volta da meia-noite. Ela também atingiu La Réole e, portanto, provavelmente, Marmande e Tonneins. Mas não estamos certos de que ela penetrou em Entre-Deux-Mers, ou que atravessou o Garonne para invadir os Bazadais. Foi em Agen que ela passou pela margem esquerda para seguir, através de Armagnac, Gers e Baïse. Sabemos muito pouco sobre essa parte de sua jornada. O medo é atestado em Mézin, a oeste de Baïse: então ele teve que passar por Nérac e Condom. Ele não penetrou em Landes, mas é encontrado em Adour, bem ao sul de Aire, em Maubourguet e Vic-en-Bigorre, vindo possivelmente de Mirande. De Gers, ele chegou a Auch, no dia 3 de agosto, provavelmente transmitido por Lectoure.

A corrente de Limeuil agitou a planície de Belvès, Monpazier e Villefranche-du-Périgord, na nascente do Dropt, e lá se dividiu: um ramo foi para o Lot, em Fumel e Libos, e o outro, para Cahors. O primeiro, tendo atravessado o vale, alcançou Tournon-d'Agenais no dia 30, às 20h, chegando, logo depois, a Montaigu e, à noite, em Lauzerte. No dia 31, durante o dia, ele chegou a Lafrançaise, na confluência do Tarn e do Aveyron, em Moissac, e nas margens do Garonne, em Valence, onde ele parece ter cruzado o rio. De Lafrançaise e Moissac, chegou a Montauban durante o dia e, no dia 1º de agosto, provocou o primeiro alarme de Toulouse. De Valence, cruzou Lomagne, sendo mencionado em Auvillars e em Saint-Clair, podendo-se senti-lo, em 2 de agosto, em Touget, Gimont, Saint-André, Samatan e Lombez. Subindo o Save, por L'Isle-en-Dodon e Blajan, e o Gimont por Boulogne, ele teve que se juntar à corrente de Sainte-Foy, do lado de Castelnau, e feneceu nas encostas do planalto Lannemezan. O medo é mencionado, com efeito, no dia 5 de agosto, em Tuzaguet. Mas ele já havia se desviado para o oeste, alcançando Tarbes no dia 4, de onde foi até Bagnères-de-Bigorre no dia 5. De Tarbes, de Maubourguet e de Vic-en-Bigorre, o medo atingiu Ossun e Pontacq e, em seguida, o Gave de Pau, Nay, Coarraze e, por fim, Lourdes, em 6 de agosto. Não há traços conhecidos às margens do Adour, abaixo de Maubourguet, em Chalosse, Béarn e no país basco. Além dos vales dos arredores de Lourdes e Argelès, nenhum vestígio há nos Pirineus ocidentais.

O pânico chegou a Cahors, no dia 31, às 4h, vindo de outra parte. Logo, o pânico rapidamente atingiu Castelnau-de-Montratier Montpezat, Caussade, às 9h, e, finalmente, Aveyron em Saint-Antonin, Bruniquel, Montricoux e Négrepelisse. Ele se dividiu em correntes laterais que entraram em Causses. De Aveyron, voltou-se para Gaillac no dia 1º de agosto e, então, no dia 2, cruzou as plantações de centeio de Graulhet até Castres. É provável que tenha encontrado um retransmissor em Gaillac, L'Isle-d'Albi ou Rabastens. De qualquer forma, no dia 2, ele contornou a curva do Tarn e apareceu em Buzet, de onde, por Montastruc-la-Conseillère, veio semear um segundo alarme em Toulouse no dia 3 de agosto. Mas no mesmo dia, às 6h, chegou também em Villemur, às margens do Tarn, a jusante de Buzet, de onde parece ter se dirigido por Fronton e Bouloc para Grenade e Verdun. Este é o lugar de onde proveio o alarme que se espalhou no dia 3 na parte inferior de Save, ao norte de L'Isle-Jourdain. Realmente, o medo veio do norte, mas é verdade que também podia ser a reação ao pânico de Lomagne. Em qualquer caso, é provável que ele também tenha atingido Toulouse pelo oeste no mesmo dia.

De Toulouse, o pânico do dia 3 subiu o Garonne por Muret e, ainda no mesmo dia, passou por Capens e Carbonne, chegando, no dia 4, até Martres, ao menos. Mas o medo de 1º de agosto o precedeu, embora não seja mencionado nesses lugares e tenha se espalhado para o sul, por Montesquieu-Volvestre, pois apareceu, na noite do dia 2 ou na noite do dia 2 para o 3, em Saint-Girons, Rimont e Castillon e, no dia 3, em Mas-d'Azil, vindo de Daumazan, que fica ao norte. Ele também subiu para Ariège, já que, na noite do dia 2 para 3, apareceu em Saverdun. Pamiers só foi alertado no dia 4, às 19h, provavelmente pela segunda onda de Toulouse. O medo pode ser encontrado em Vicdessos, nos dias 5 ou 6 de agosto, tendo certamente passado por Foix. De Pamiers e Foix, também se deslocou para o leste por Mirepoix e Lavelanet, porque é mencionado em Chalabre, Ridel e Le Peyrat e, nos dias 5 e 6 de agosto, em Bélesta. Infiltrou-se assim até Quillan, às margens do Aude, e Bugarach, em Corbières, e depois chegou a Caudiés no dia 5 de agosto. Depois, ele se perde pelas montanhas, mas chegou a Saint-Paul-de-Fenouillet e a Mosset, um pouco ao norte de Prades.

As agitações laterais que penetraram no maciço central eram bastante numerosas. As duas primeiras derivaram do pânico de Uzerche, que perturbou completamente o maciço de Monédière, entre Vézère e Corrèze. A primeira passou por Meymac, Ussel, Égletons, Neuvic e Bort, onde chegou no dia 30, já tarde. No dia 31, deu-se um alarme em Felletin e Clermont, de onde, no mesmo momento, chegavam as notícias que já mencionamos. Essa distante região sofreu agitações durante diversos dias em razão de alarmes sucessivos, o que provocou, no dia 1º de agosto, o caso de Saint-Angel, ao qual retornaremos mais tarde. De Bort e Neuvic, o medo foi para Riom-ès-Montagnes e Mauriac, de onde ele partiu para Aurillac. A segunda corrente atingiu Tulle e Brive no dia 30 de manhã. À noite, o medo estava em Argentat e em Beaulieu, às margens da Dordogne. No dia 31, subiu o Cère, por Laroquebrou, até Aurillac.

Por outro lado, a corrente de Domme atravessou a planície arenosa de Gramat, vagarosamente em direção a Gramat e Saint-Céré, onde só chegou no dia 31, mas foi muito mais rápida sua marcha em direção a Figeac, que recebeu a notícia já no dia 30. No dia 31, ela foi enviada a Maurs, de onde passou a Aurillac mais uma vez e a Mur-de-Barrez. A corrente também passou a Entraygues, de onde seguiu o Truye até Chaudes-Aigues para chegar a Saint-Flour na noite de 31 de julho para 1º de agosto. Assim, nas vertentes ocidental e meridional de Cantal e de Planèze, as correntes da Guyenne se chocaram por toda parte com as que vinham do Auvergne.

De Entraygues, o medo subiu o Lot até Mende e lá cruzou com a corrente vinda de Vivarais, que desceu para o Rouergue. Este último já havia sido alertado pela região sul do Quercy. De Cahors, ou subindo o Lot até Cajarc, ou indo diretamente, o pânico atravessou a região de Limogne e chegou a Villefranche no dia 31, às 22h. Essa cidade também recebeu um mensageiro de Caylus, que havia sido informada por Caussade. Rodez, Laissac e Sévérac foram então atingidos, e, de todo o alto vale do Aveyron, as notícias chegaram a Millau, nos dias 2 e 3 de agosto. Elas lá se encontraram com aquelas que vinham das Cévennes e também com os boatos que, oriundos de Gaillac, tinham subido o Tarn e que chegaram, em 3 de agosto, em Ambialet. Assim, é de Clermont para Millau, passando por Aurillac, Saint-Flour e Mende, que vai a linha demarcatória entre o medo do leste e o do sudoeste, e Millau é certamente a cidade da França em que o maior número de correntes se reuniu.

Tal é a descrição da marcha do Grande Medo que podemos atualmente apresentar. Sem maiores insistências, é preciso reconhecer que, em muitos aspectos, é desejável que novas pesquisas se aprofundem no tema.

7

Os medos posteriores

O temor dos bandidos, que sintetizou todas as causas de insegurança e provocou o Grande Medo, não desapareceu de modo algum. Com efeito, subsistiam os motivos que haviam permitido tomar tais histórias por verossímeis. O período crítico da lavoura se prolongou até o final de agosto, ao menos; suas consequências, como a penúria, o desemprego, a miséria e a mendicância, continuaram a causar estragos ainda por mais tempo. A melhora da primeira só veio com a debulha do outono. Em agosto de 1789, a municipalidade de Paris fechou os centros de caridade e tentou devolver para as províncias os trabalhadores de Montmartre, cuja reputação era deplorável. O complô da aristocracia seguia mais do que nunca na ordem do dia: ele foi objeto de negações, e os revolucionários foram repreendidos por continuar a acreditar nele. Hoje sabemos que seus temores eram cada vez mais justificados. Afinal, em julho de 1789, a corte sozinha preparara um golpe contra a Assembleia, enquanto, a partir dos últimos meses de 1789, ligas contrarrevolucionárias foram criadas secretamente no campo, ao mesmo tempo em que, no exterior, os estrangeiros e o próprio Luís XVI se esforçavam para obter a ajuda de exércitos reais. Enfim, quando se conhece a opinião geral do momento, não é de ficar surpreso que tenha havido um grande número de alarmes locais durante as semanas que se seguiram ao Grande Medo.

Em 14 de agosto, o Comitê de Senlis desmentiu a notícia que corria em Paris, segundo a qual 2 mil bandidos estavam reunidos na floresta. No dia 15, houve um pânico em Montdidier. No dia 22, em Rambouillet, afirmava-se que "bandidos percorrem o campo". Em Asnan, próximo a Clamecy, houve um alarme no dia 5. Já Orléans sofreu o mesmo no dia 16, com os lavradores tomando como refém o filho de um comerciante de Bacon, próximo de Coulmiers. No dia 7, houve um alarme em Caen e, pouco depois, no cantão de Thorigny. No começo do mês houve um violento motim no sul de Saint-Florentin, em volta do bosque de Pontigny, e diversos outros em Issy-l'Évêque e Toulon-sur-Arroux. Na noite do dia 3 para o dia 4, uma corrente incipiente de boatos se desenha em Bresse, vinda, sem dúvida, de Tournus. Só se deteve em Bletterans pelo sangue-frio de Lecourbe, que impediu o toque de alerta. O mesmo ocorreu no dia 7, em volta de Châtillon-de-Michaille, a leste de Bugey. Um grande alarme foi dado no Auvergne, nas cercanias de Champagnac, na noite do dia 9 para o dia 10. Houve um outro alarme no dia 6, em La Queuille. Em Civray, no dia 5, alguns lavradores, acreditando ter visto uma coronha e um tubo de arma de fogo sobressair de uma carroça, amedrontaram a população. O toque de alerta tocou novamente, em Beaulieu (no Périgord), na noite do dia 10 para o dia 11, e, a partir do dia 10, em Castelnau-de-Montmirail, ao noroeste de Gaillac. Os trabalhadores das salinas de Pecquais semearam o medo em Vauvert, no dia 22 e, no dia 15, a municipalidade de Saint-Girons decidiu buscar informações a respeito "do boato do desembarque de 2 mil soldados em Barcelona e de seu rumo em direção à Catalunha espanhola, limítrofe à francesa, posto que ele adquire certa consistência". Em Aix, no dia 21, houve novo pânico: relatou-se a vinda de um bando de saqueadores oriundos de Marselha. Esses medos permaneceram locais, tanto em razão de a experiência de julho ter diminuído a credulidade, como pelo fato de que a colheita havia chegado ao fim.

No estado atual de informações, parece que os alarmes cessaram em seguida. Mas eles reapareceram quando a colheita de 1790 se aproximou, o que mostra a importância que há em atribuir a esse fato a preparação para o Grande Medo. No dia 16 de julho, um grupo de camponeses se encontrava, ao que parece, em uma abadia dos arredores de Guise, que era suspeita de guardar armas e munições. Logo correu o boato na região de que os bandidos destruíram a colheita. O pânico se propagou na direção de Ribemont e atingiu Laon às 20h. Ele se difundiu também na direção noroeste através de Thiérache, alcançou Rethel, difundiu-se em todo Porcien até Rimogne e Rocroy, nos limites da Ardenne. Desde o dia 12, um incidente que não nos é conhecido semeou um alarme semelhante em Vézelise, donde ele se difundiu até Nancy e Lunéville. No dia 17, houve um pânico em Aboncourt, no bailiado de Amont. Não há indício que nos permita reconduzi-lo ao motim de Vézelise, mas não é impossível que houvesse uma relação entre eles. Três semanas depois, um motim violento fez com que um dos fatores essenciais do Grande Medo desempenhasse novamente seu papel, a saber, o medo que inspirava o complô da aristocracia. No fim de julho, ficou-se sabendo que as tropas austríacas avançavam em direção aos Países Baixos, que haviam se insurgido. O governo de Luís XVI lhes tinha autorizado, com base na Convenção de 1769, a atravessar, caso necessário, o território francês. Os moradores do leste estavam persuadidos de que a revolução dos Países Baixos era apenas um pretexto e que o exército imperial estava, na verdade, destinado a destruir o nosso. Em 3 de agosto, em Cheppy, próximo a Varennes, acreditaram ter avistado um dos destacamentos.

Provavelmente, tomaram por alemães alguma patrulha de Bouillé. De toda forma, difundiu-se como rastilho de pólvora a notícia de que as colheitas estavam sendo queimadas ou pilhadas – dizia-se – tanto pelos austríacos como pelos bandidos. Toda a Argonne estremeceu e pediu socorro a todas as partes. Bar-le-Duc foi avisado no dia 4 e logo conclamou seus cidadãos a pegarem em armas. Esta última retransmitiu a notícia a Saint-Dizier no dia 5. Já na direção oeste, a notícia alcançou, no dia 4, Verdun e Saint-Mihiel. De Verdun, ela passou a Metz, no dia 5, e a Thionville, de forma que todo o Woëvre até Longwy ficou sob alerta. A notícia desceu o Meuse até, no mínimo, Stenay e Aisne, de forma que, de Vouziers, ela se difundiu novamente de Porcien até Rimogne, e de Thiérache até Rozoy e Montcornet. Esses alarmes provocaram agitações, como em 1789. O comandante de Stenay pareceu suspeito e foi ameaçado. Em Méligny-le-Grand, entrou-se à força na casa de um senhor da região para recolher as armas. O castelo de Aboncourt foi saqueado.

O temor dos bandidos ressurgiu em 1791 em Varennes e, logo após a fuga do rei, em Trappes (na Seine-et-Oise) e, no dia 24 de junho, em Dreux. No ano seguinte, ele reaparece em Gisors, em razão da notícia de 10 de agosto. Ainda mais tarde, em 20 de abril de 1793, um motim violento se difundiu na região de Caux, nos arredores de Yvetot, após a notícia de que os ingleses haviam desembarcado e de que os bandidos, pagos pelos aristocratas, assolavam a região para favorecer seu mercado. Por último, nos fins de setembro de 1793, um alarme agitou as cercanias de Meaux. Nós o conhecemos por meio de uma carta endereçada a Chabot por Vernon, antigo vigário episcopal da Seine-et-Marne. A menção não é muito explícita, mas vale a pena reproduzi-la de tão característica que ela é: "Nós recebemos um falso alarme na segunda-feira passada, dia 23 de setembro. 40 mil *sans-culottes* se reuniram com toda rapidez. Se os aristocratas queriam se divertir com essa manobra, decerto eles não hão de repeti-la. Eles viram os violinos com que se fará o concerto do alvorecer". Assim, os medos continuaram enquanto a Revolução se achava ameaçada. A esses pânicos que acabamos de citar, esperamos que as pesquisas futuras adicionem novos. Eles nos parecem confirmar a explicação que nós sugerimos para o Grande Medo de 1789.

8

As consequências do Grande Medo

No período do Grande Medo, ocorreram, nas cidades e nos campos, muitos movimentos políticos e perturbações, imputados sempre a ele, especialmente quando se adota a tese do complô. De fato, não é fácil discernir com precisão qual foi sua influência. Em primeiro lugar, não se deve considerar conjuntamente os dias que separam 20 de julho de 6 de agosto, pois o pânico não eclodiu em todos os lugares ao mesmo tempo. É preciso sempre recordar também que o temor dos bandidos e o Grande Medo são coisas distintas. Por fim, a coincidência não implica uma relação de causa e efeito, conforme se observa nas regiões que já se haviam sublevado antes de o pânico eclodir. Essa observação vale também para as regiões que eram próximas do cenário das revoltas. Assim, Bresse foi fortemente conturbada durante os dias do pânico. No dia 26, em Vonnas, o castelo de Béost foi pilhado pelos camponeses das vizinhanças. Em Thoissey, os registros fundiários e senhoriais foram destruídos. O mesmo ocorreu, no dia 27, em Pont-de-Veyle e, no dia 28, em Arlay, onde os habitantes requereram os títulos de propriedade da duquesa de Brancas. Mas toda essa agitação havia, alguns dias antes, causado incidentes análogos nos portos de Bourg e de Romenay. Quando, próximo dali, o Mâconnais dava o exemplo, nada nos permite afirmar que ele não teria sido imitado se o medo não tivesse sobrevindo. Essa observação é confirmada pelo fato de que as agitações continuaram a se difundir nas regiões que ainda não as haviam experimentado da mesma forma que as outras. Assim, não se lhe pode atribuir o motim dos dias 3 e 4 de agosto, em Rouen, nem aqueles que conturbaram as municipalidades de Fumay, Marienbourg e de Givet no fim de julho e no começo de agosto. Nem, tampouco, a crescente independência, por vezes manifestada com violência, que experimentavam os camponeses da Lorena, do Hainaut e do Cambrésis em relação aos dizimeiros e aos senhores. É preciso adicionar, por fim, que, nas cidades, o pânico despertou a cordialidade em benefício da defesa comum. Ele quase sempre suspende ou atenua os conflitos municipais em vez de fomentá-los.

Por fim, repitamos mais uma vez, a formação dos Comitês e o armamento da população começaram muito antes de sua passagem, sendo um erro imaginar que, antes dele, todas as aldeias fossem dotadas de uma milícia. Muitas aguardaram a proclamação de 10 de agosto, havendo, ainda, aquelas que só iriam dispor da guarda nacional a partir de 1790.

Feitas tais reservas, a influência do Grande Medo não pode ser contestada. Na maior parte dos casos, os comitês e as milícias das cidades estavam ainda em estado embrionário ou só existiam no papel. O Grande Medo obrigou os comitês a se organizar, dando-lhes oportunidade de agir. Ele obrigou as milícias a se reunir e a procurar obter armas e munições. Graças ao Grande Medo, a ideia do armamento penetrou nos pequenos burgos do interior e nas aldeias. Ele reforçou os laços de solidariedade tanto entre a cidade e o campo circundante como entre as próprias cidades, de tal forma que se pode datar do fim de julho de 1789, em diversas regiões, a origem das federações. Porém, não exageremos: à menor aproximação dos bandidos, muita gente só pensava em fugir. As armas eram raras, e a imensa maioria dos membros das milícias não receberam fuzis. Os rústicos, em suas expedições, armam-se apenas com suas ferramentas e bastões. Deixou-se rapidamente de montar a guarda e não se pensou em instruir os soldados-cidadãos. Não obstante, do ponto de vista nacional, a reação que o pânico suscitou não é um fato negligenciável. Em suma, foi um esboço de levante da multidão e, ao longo dessa primeira mobilização geral, o espírito beligerante da Revolução se manifestou frequentemente, sobretudo pelos lemas, que nos fazem pensar já em 1792 e no ano II. Em Uzerche, os membros das milícias passaram a usar uma insígnia com o seguinte lema: "Vencer ou morrer", e, em Besançon, 50 crianças do famoso bairro de Battant formaram uma associação cuja bandeira trazia a seguinte inscrição:

> Quando os velhos pararem,
> os jovens assumirão seu lugar.

Ora, sentimentos de unidade e de orgulho nacionais são inseparáveis da efervescência revolucionária. Se o povo se levantou, é para frustrar o complô dos quais os bandidos e as tropas estrangeiras eram meros instrumentos; enfim, para alcançar a derrota da aristocracia. Assim, o Grande Medo exerceu uma profunda influência sobre o conflito social por meio da reação conturbada que ele provocou. Entre os membros do Terceiro Estado, a solidariedade de classe se manifestou de maneira evidente e tirou de sua força uma consciência ainda mais clara. A respeito disso, a aristocracia não pôde se enganar. O administrador da duquesa de Branca escreveu, de Arlay, no dia 28 de julho: "Senhora, o povo é soberano. Isso está muito claro. Ele sabe que é mais forte".

O Grande Medo também se virava muito frequentemente contra os nobres e o alto clero, tidos por instigadores. Mais comumente, as pessoas se contentavam em se queixar e em ameaçar. Esse foi o caso em Saint-Girons para o senhor de Terssac, que continuou a circular livremente através da multidão, impondo-se por sua presença de espírito. Porém, por vezes, não faltou muito para que houvesse ataques. Assim, o senhor de Josses, presidente do Parlamento de Pau, passou por perigos em Bagnères-de-Bigorre no dia 7 de agosto. A morada do senhor de Montcalm, deputado nobre que havia abandonado a Assembleia, foi vítima de um ataque, no dia 2, em Saint-Affrique. As humilhações também foram bastante frequentes. Em Montdidier, alguns nobres foram conduzidos por camponeses que os obrigaram a usar a *cocarde* e a gritar "Viva o Terceiro Estado!" Não se trata do único exemplo. Mais do que nunca antes, os castelos agora apareciam suspeitos, e as incursões se multiplicaram. Em Mauriac, no dia 31 de julho, suspeitou-se que o castelo de Espinchal escondesse importantes personagens. O mesmo ocorreu em Tannay (no Nivernais), em Allemans (no Agenais), em Asnan (no Toulousain). Como em geral, era preciso fornecer comida e bebida à tropa e, ainda, dar-lhe algum dinheiro. Alguns castelos foram ameaçados de incêndio, como o de Chauffailles, em Forez. Alguns foram pilhados, como o do bispo de Cahors em Mercuès e o do cavaleiro de la Rouandière em Saint-Denis-d'Anjou no dia 24 de julho. Em Frétoy (na Picardia), os camponeses exploraram o castelo para encontrar o trigo que, segundo se dizia, estaria escondido lá. Fizeram-no sob a escolta de um antigo soldado, nativo da região, e de um antigo criado do senhor, que havia chegado no dia anterior do Berry, onde ele trabalhava como couteiro, de passagem pela capital. Os camponeses também quiseram, aqui e acolá, a restituição das armas que haviam sido confiscadas. Também destruíram os pombos. Em alguns lugares, como La Clayette, Forez e Baignes (na Saintonge), os camponeses requereram o fim dos direitos senhoriais. Não obstante, se é evidente a ligação entre esses fatos e os que precederam o medo, por vezes se exagerou a relação. Assim, Taine fala de nove castelos incendiados no Auvergne – mas não houve sequer um caso lá. Na maior parte das regiões, os incidentes não parecem muito graves, sobretudo quando eles são comparados ao poder do movimento, embora seja verdade que, sucedendo às grandes revoltas rurais, eles naturalmente contribuíram para aterrorizar a aristocracia.

Taine garantiu grande notoriedade ao caso de Secondigny, burgo do Poitou situado ao sul de Parthenay. Porém, os documentos do processo mostram que Desprès-Monpezat, o autor, foi sobretudo vítima de sua imperícia e de sua imprudência. Tendo recebido bem cedo, no dia 23 de julho, uma carta do sub-delegado de La Châtaigneraie, que lhe comunicava a chegada dos bandidos, ele deu o toque de alerta e autorizou um ajudante a ir reunir os lenhadores que exploravam a floresta vizinha. Depois, ele voltou para sua casa e não saiu mais de lá. Os trabalhadores correram, junto de seu contramestre e do guarda do conde de Artois, para se reunir aos moradores. A manhã transcorreu sem que ninguém viesse informá-los de coisa alguma. Eles acabaram indo procurar Desprès, que encontraram almoçando. Ele prometeu então dirigir-se ao burgo logo depois. Porém, não cumpriu sua palavra, e os ânimos se exaltaram. Suspeitou-se de traição, pois Desprès, como se sabia, fora designado, junto de muitos outros, por ocasião da eleição dos deputados da nobreza para os Estados Gerais, a fim de trocar correspondência com esses últimos. Ademais, "corria o boato de que se queria matar um trabalhador". Em suma, por volta das quatro e meia, Desprès viu a multidão voltando, dessa vez furiosa. "Ah, senhor prefeito, senhor correspondente da nobreza, será que nós o temos... O senhor é do Terceiro Estado? O senhor nos fez ficar esperando. O senhor quer zombar de nós e nos fazer perder nosso tempo, mas nós queremos vingança". Foi-lhe preciso pôr a *cocarde*. Além disso, foi arrastado até o notário Escot, onde teve de assinar uma renúncia aos seus privilégios fiscais. Ele contava, não sem uma pitada de retórica, que fora maltratado – e não há razão para não crer nisso. Segundo ele, os trabalhadores asseguraram que o guarda Talbot possuía "uma carta" ordenando "perseguir todos os fidalgos do campo e massacrar impiedosamente todos aqueles que se recusassem a abdicar de seus privilégios, queimar e pilhar seus castelos, com a promessa de que não seriam punidos, mas recompensados por isso". Neste ponto, é possível reconhecer o estado de espírito que as *jacqueries* haviam gerado: o Grande Medo forneceu apenas a ocasião. Desprès falou logo em complô e incriminou o notário Escot e um alfaiate, chamado Gigaut, que, uma vez presos, alegaram que estavam zangados com ele e que Desprès os havia caluniado para se vingar. No entanto, o que se pode concluir do documento é que eles haviam provavelmente dito coisas que devem ter contribuído para excitar em demasia seus ouvintes. Assim, por exemplo, Escot, voltando de Niort, dissera que havia sido assassinado um fidalgo que se recusara a assinar sua renúncia; e Gigaut, ao voltar de Nantes, que os castelos eram queimados e pilhados com a permissão do rei, sendo necessário que se imitasse o exemplo. Este último declarou que fora a Nantes "para se tornar maçom". O senhor de Roux, em sua *Histoire de la Révolution dans la Vienne*, fez uso desse fato como prova de que ele era um agente dos líderes revolucionários. Mesmo não estando em estado de miséria, esse alfaiate não era decerto o tipo de pessoa que costumeiramente era admitida nas lojas maçônicas, e seu testemunho é singular. No entanto, o preboste que o interrogou, sendo contrário à Revolução, não tomou isso em consideração. Em suma, Desprès escapou ileso do medo, e é sobretudo a si mesmo que ele deveria ter por responsável.

Em 2 de agosto, a condessa de Broglie, ao ver chegar os camponeses de suas terras ao seu castelo de Ruffec, saiu dessa incômoda aventura restituindo-lhes os fuzis confiscados. Pior foi o destino de Paulian, diretor de arrecadação em Baignes (na Saintonge), cuja população, amotinada pelo pânico, saqueou, de alto a baixo, no dia 30 de julho, sua repartição e seu mobiliário pessoal. O conde de Montausier, que tentou se imiscuir na situação, foi obrigado a renunciar a seus privilégios. Mais lamentável ainda foi, provavelmente, a sorte do barão de Drouhet, herói da tragicomédia de Saint-Angel (no Limousin), história que se tornou conhecida em grande parte da França. No dia 1º de agosto, logo após um alarme local, o nobre pôs-se à frente de seus vassalos para ir prestar socorro a esse burgo, cujos habitantes acreditavam ter visto a chegada de bandidos. Drouhet fez uma parada e esperou as autoridades, que vinham se informar e que, tendo ouvido suas explicações, levaram-no para almoçar enquanto sua tropa se instalava num bivaque no local. Contudo, os moradores de Saint-Angel continuaram desconfiando das intenções do aristocrata, e logo eclodiu o motim. Os homens de Drouhet fugiram, exceto alguns poucos que foram feitos prisioneiros; quis-se, também, assassinar o seu chefe, bem como o barão de Belinay, que viera encontrá-lo. A única forma de salvá-los foi enviá-los, devidamente amarrados, a Meymac, de onde, por mais que não se tratasse de um local menos perigoso, decidiu-se transportá-los a Limoges. O trajeto foi muito árduo, já que a população estava convencida de que via passar o chefe dos bandidos. Em Limoges, eles foram presos e, por mais que o comitê tivesse rapidamente reconhecido a sua inocência, ele não ousou liberá-los. Desde 12 de agosto, surgiu em Aurillac um folheto para celebrar "a vitória dos habitantes de Auvergne sobre os aristocratas". Drouhet teve de publicar um manifesto desculpando-se, mas só foi liberado no dia 7 de setembro por ordem da própria Assembleia Nacional.

Por mais lamentáveis que fossem essas agitações, elas não haviam devastado campos inteiros como as *jacqueries* anteriores ao Grande Medo, nem causado morte alguma. Infelizmente, isso não foi sempre a regra. O Grande Medo também foi responsável por três mortes e desencadeou a *jacquerie* do Dauphiné.

Essas mortes foram cometidas em Ballon (no Maine) e em Le Pouzin (no Vivarais). Em Ballon, no dia 23 de julho, a multidão assassinou Cureau e Montesson, que ela fora procurar em Nouans. Cureau, tenente do prefeito do Mans, tinha a reputação de ser açambarcador. De Montesson, deputado da nobreza, havia deixado a Assembleia após se demitir e, no dia 18, em Savigné, havia quase sido jogado na água. Em Le Pouzin, d'Arbalétrier, oficial da marinha, morreu; ele viera, no dia 29, de Loriol para ver um amigo, anunciando que o alarme era falso. Infelizmente, houve um segundo alarme, e a multidão concluiu que ele a quisera enganar, fazendo o jogo dos bandidos. Quando ameaçado, ao que parece, ele desembainhou sua espada e foi imediatamente dominado. Tentou-se salvá-lo com a prisão, mas ele foi arrancado da cadeia e assassinado. Esses são os únicos homicídios ocorridos durante as agitações agrárias e o Grande Medo que deixaram rastros. Encontra-se ainda, em um grande número de obras e, sobretudo, em Taine, o nome do senhor de Barras, que foi despedaçado em Languedoc. Todos esses relatos derivam da segunda carta de Lally a seus representantes, mas, infelizmente, não indicam o local do crime. Nós não pudemos descobrir quem era o fidalgo, onde morava, nem se ele foi realmente vítima de um crime. É de espantar que não se encontre nenhuma outra menção nos documentos de época. Além disso, houve tantos atentados que foram relatados, mas que não aconteceram de fato, que, até nova ordem, é bem possível acreditar que o desconhecido correspondente de Lally tenha se enganado ou, ao menos, exagerado os fatos.

No que diz respeito à *jacquerie* do Dauphiné, ela é relatada em detalhes por Conard em seu livro sobre a *Peur en Dauphiné*, que nós nos limitaremos a resumir. Ela foi resultado de um tumulto em Bourgoin, no dia 27 de julho, dos camponeses das cercanias, logo após a vinda do alarme de Pont-de-Beauvoisin. Eles passaram a noite nas ruas e, furiosos, não demoraram a responsabilizar os nobres que haviam semeado o medo para humilhá-los, fazendo-os perder o dia de trabalho. Já que estavam reunidos, cabia aproveitar a situação para se vingar deles; afinal, uma ocasião tão propícia nunca se lhes apresentaria novamente. Às 6h do dia 28, eles foram queimar, a oeste da cidade, o castelo do presidente de Vaulx; depois, dividiram-se e, progressivamente, sublevaram todas as aldeias. Nos dias 28 e 29, os castelos foram incendiados um após o outro ao longo do Bourbre e a oeste desse rio. Os habitantes de Lyon intervieram e controlaram os estragos, mas os camponeses subiram até o Ródano e avistaram o fogo, à margem sul, queimando outros castelos, dentre os quais o mais belo era o do barão d'Anthon. No dia 30, eles passaram para o leste de Bourbre e prosseguiram, de pouco em pouco, até Lagnieu, onde os habitantes de Lyon, tendo afluído pela segunda vez em socorro de Crémieu, salvaram o mosteiro de la Salette, pondo-os em debandada. Durante esse período, as agitações se multiplicaram de Bourgoin até o Ródano e Guier, mas foram menos graves, pois, nesses locais, não houve incêndios. Também nesses locais intervieram os habitantes de Lyon, no dia 31, após um pequeno combate em Salignon e Saint-Chef. A revolta se estendeu também no sentido sudoeste: no dia 31, o castelo do presidente de Ornacieux foi destruído. Ela avançou até as cercanias de Péage-de-Roussillon, onde, no dia 3 de agosto, pôde-se salvar um castelo de Terre-Basse; estendeu-se, também, até Lens-Lestang, onde, na noite do dia 31 de julho para o dia 1º de agosto, ateou-se fogo a um castelo de Saône. Na direção oeste, os camponeses foram contidos por uma milícia de Grenoble que avançara até Virieu, mas, em 1º de agosto, ela foi embora, e a agitação se propagou pelos arredores da cidade. Não houve mais castelos incendiados, mas alguns incidentes importantes se sucederam até o dia 9. A *jacquerie* do Dauphiné teve a mesma ou ainda maior gravidade do que aquela do Mâconnais. O procurador-geral Reynaud declarou que 80 castelos foram atacados, nove dos quais foram queimados.

Deve-se, portanto, concluir que o Grande Medo teve consequências mais graves nos campos do que nas cidades. Ele precipitou a ruína do regime senhorial e acrescentou uma nova *jacquerie* àquelas que precederam. Seus traços principais inscrevem-se sobretudo na história dos camponeses.

Conclusão

O Grande Medo nasceu do temor dos "bandidos", que, por sua vez, explica-se pelas circunstâncias econômicas, sociais e políticas em que se encontrava a França em 1789.

No Antigo Regime, a mendicância era uma das pragas do campo. A partir de 1788, o desemprego e o encarecimento dos produtos alimentícios se agravaram. As inúmeras agitações decorrentes da miséria aumentaram a desordem. A crise política também contribuiu, pois, conturbando ainda mais os espíritos, ela tornou os franceses mais impetuosos. Em razão do mendigo, do vagabundo e do amotinado, denunciava-se por todo lado o "bandido". Se, desde sempre, a época da colheita era de preocupação, ela se tornou, naquele momento, algo terrível. Os alarmes locais se multiplicaram.

No momento em que a colheita começou, o conflito que confrontava o Terceiro Estado à aristocracia – esta sustentada pelo poder real, e que, já em muitas províncias, tinha dado às revoltas ligadas à fome um caráter social – converteu-se repentinamente em guerra civil. A insurreição parisiense e as medidas de segurança que deveriam, segundo se acreditava, expulsar os vagabundos da capital e das grandes cidades generalizaram o temor dos bandidos ao mesmo tempo que se aguardava ansiosamente o golpe que os aristocratas vencidos dariam contra o Terceiro Estado, em conjunto com forças estrangeiras, para vingar-se dele. Não se duvidava de que eles pagassem, às próprias expensas, os bandidos frequentemente anunciados, e, assim, a crise econômica, política e social, conjugando os seus efeitos, difundiu em todos os espíritos o mesmo terror, permitindo que certos alarmes locais se propagassem através do Reino. Mas, se o temor dos bandidos foi um fenômeno universal, o mesmo não se pode dizer do Grande Medo. É errado confundir ambos os fenômenos.

Na gênese do Grande Medo não há qualquer traço de complô. Se o medo do vagabundo não era vão, o bandido contratado pela aristocracia era um fantasma. Incontestavelmente, os revolucionários contribuíram ao invocá-los, mas estavam de boa-fé. Se eles difundiram o rumor de um complô aristocrático, é porque acreditavam nele. Eles exageraram desmesuradamente sua dimensão: apenas a corte planejou desferir um golpe de força contra o Terceiro Estado, mas, durante sua execução, ela mostrou uma lastimável incapacidade para tanto. Não obstante, não cometiam o erro de desprezar seus adversários e, como eles lhe davam a energia e a disposição que animava a si próprios, tinham fundamento para temer o pior. Além do mais, para pôr as cidades ao seu lado, eles não tinham necessidade do Grande Medo. A revolução municipal e o armamento o precederam, e este é um argumento decisivo. Quanto ao povo miserável que, nas cidades e nos campos, amotinava-se por detrás da burguesia, ele dava causa de inquietação aos burgueses. A burguesia podia temer qualquer coisa nos seus acessos de desespero, e a Revolução sofreu bastante com isso. Se é natural que os inimigos a tenham acusado de ter incitado os pobres a causar a derrocada do Antigo Regime com vistas a substituí-lo por uma nova ordem em que ela reinaria, era também natural que a burguesia suspeitasse que a aristocracia fomentava a anarquia para impedi-la de se instalar no poder. Ademais, é evidente que o temor dos bandidos forneceu um excelente pretexto para que se armassem contra a realeza sem que precisassem dizê-lo explicitamente. Mas o próprio rei não havia disfarçado da mesma forma seus preparativos que atentavam contra a Assembleia? Quanto aos camponeses, a burguesia não tinha nenhum interesse em vê-los derrubando o regime senhorial por meio de *jacqueries*, e a Assembleia Constituinte, pelas suas atuações, não tardará em mostrá-lo. Porém, mais uma vez: mesmo que se admita que ela tinha outro intento, é preciso considerar que ela não tinha nenhuma necessidade do Grande Medo. Afinal, mesmo antes deste último, as *jacqueries* já haviam começado.

Estamos, porém, bem longe de concluir que o Grande Medo não tenha exercido nenhuma influência sobre o curso dos eventos, e que ele constitua, para usar o jargão dos filósofos, um epifenômeno. Ao pânico, sucedeu-se instantaneamente uma reação vigorosa, em que, pela primeira vez, é possível discernir o ardor guerreiro da Revolução e que forneceu a ocasião para que a unidade nacional se manifestasse e se fortificasse. Depois, essa reação se voltará, sobretudo nos campos, contra a aristocracia. Ao unir os camponeses, ela lhes dará consciência da sua força, fortalecendo o ataque que derrubou o regime senhorial. Assim, não é apenas o caráter estranho e pitoresco do Grande Medo que merece reter nossa atenção: ele contribuiu na preparação da noite de 4 de agosto e, por isso mesmo, está entre um dos episódios mais importantes da história da nossa nação.

Apêndice

Placa manuscrita afixada em Beaurepaire, em Bresse, por Gaillard

[Arquivo Nacional, D^{xxix} 90, dossiê Oudin]

Queixas trazidas a Versalhes por um homem desconhecido da Borgonha, no dia 28 de abril de 1789, a respeito da injustiça cometida pelos senhores juízes contra o povo pobre, que é enganado por atos, obrigações, mensagens e outros por erros em delitos de usurpação.

1º) Que todos os senhores que tenham exigido de seus vassalos direitos que não lhes são devidos ficam obrigados a devolvê-los legitimamente, bem como as despesas feitas por este motivo.

2º) Que todos os procedimentos iniciados sejam decididos amigavelmente ou por especialistas da região, que os conhecem melhor que os advogados das cidades.

3º) Que todos os usurários que tenham exigido somas de dinheiro que não lhe sejam devidas além dos juros sejam obrigados a devolvê-las.

4º) Que todos os terrenos não cultivados sejam distribuídos aos pobres que não os têm para trabalhar, de forma que se ponham todos os direitos em benefício de Sua Majestade e da comunidade.

5º) O rei não pode ter conhecimento de todas as coisas que se passam. Apenas por nós é que o rei pode tomar conhecimento desses abusos e corrigir os erros.

6º) Ordenamos ao senhor prefeito da localidade, párocos e cavaleiros da polícia que, conforme a intenção do rei, tenham eles o cuidado de compor as partes da forma mais justa para resolver todas as dificuldades.

7º) O decreto não pôde ser impresso por ter havido muita pressa em Versalhes.

8º) Vós podeis transcrevê-lo em todos os lugares que julgardes adequado, rapidamente. Esta é a ordem do Ministro.

Aprovados por nós e assinado de acordo com a ordem de Sua Majestade em Versalhes, em 28 de abril de 1789.

[assinado:] Latouche

[Em volta do texto, há um quadro feito de linhas duplas. Embaixo, outra caligrafia adicionou a seguinte recomendação:]

Os magistrados municipais terão o cuidado de copiar o decreto para retransmiti-lo à paróquia vizinha.

[À direita, a autoridade judiciária e o acusado autenticaram o documento:]

Numerado e rubricado *ne varietur* [para que não seja alterado] por mim, adjunto na circunscrição de Chalon. Assinado no dia de hoje, seis de setembro de 1789, conjuntamente com o mencionado Gaillard.

[assinado:] Charle Gaillard
Beaumée

Notas bibliográficas

I

1 A maior parte dos DOCUMENTOS INÉDITOS de que se fez uso provém dos arquivos parisienses. Nos Arquivos Nacionais, citaremos, em primeiro lugar, a subsérie D^{XXIX}. Nesse caso, as pesquisas são fáceis, os documentos se encontram classificados pela ordem alfabética das localidades nos arquivos 16 a 84, e pela ordem alfabética dos indivíduos nos arquivos 86 a 91. Um inventário manuscrito permite facilmente a localização nesse lugar. Um número considerável de peças está infelizmente desorganizado, sem que seja possível lhes dar uma enumeração detalhada; famílias BB^{30} 66 a 69, 79, 87, 159 ; C 83, 86 a 91, 134; D^{xxixbis} (principalmente o primeiro); D^{xlt} 2; F^{1a} 401, 404, 420, 446; F^7 3647, 3648, 3654, 3672, 3679, 3685, 3686, 3690; F^{11} 210; 1173-1174; H 1274, 1438, 1440-1442, 1444, 1446-1447, 1452-1454, 1456, 1483-1484; O^1 244-245, 354, 361, 434, 485-486, 500, 579; Y 18765-18766, 18787, 18791, 18795-6. Devemos citar ainda a brochura enumerada em AD^1 92: *Relation d'une par tie des troubles de la France pendant les années 1789 et 1790*. Nós encontramos também alguns documentos nos Arquivos da Guerra (Tomo V do Inventário: Fonds divers B, cartons LIV, LV e LVI) e nos Negócios estrangeiros (Memórias e documentos, França, 1405 e 1406). Na Biblioteca Nacional, consultamos o jornal da livraria Hardy (*Mes loisirs*, tomo VIII; Manuscritos, Fonds français 6687), os jornais, brochuras e obras diversas cuja enumeração está em *Catalogue de l'histoire de France* Lc^2, Lb^{39}, La^{32}, Lk^7. (Para as brochuras, utilizamos igualmente a importante recolha conservada na Biblioteca universitária de Estrasburgo sob a classificação D 120513.) Encontramos, por fim, um número mais ou menos considerável de peças, documentos ou de indicações originais em *Procès-verbal des séances et délibérations de l'Assemblée générale des Électeurs de Paris* (26/04-30/07/1789), redigido por Bailly e Duveyrier. • *Recueil des procès-verbaux de l'Assemblée des représentants de la commune de Paris du 25 juillet au 18 septembre* 1789, tomo I. • *Actes de la Commune de Paris pendant la Révolution* publicados por S. Lacroix, tomo I. • CHASSIN, *Les élections et les Cahiers de Paris en* 1789, tomos III e IV. • LALLY-TOLLENDAL. *Deuxième lettre à ses commettants*. • YOUNG, A. *Voyages*

en France (ed. Sée, 1931). • BUCHEZ & ROUX. *Histoire parlementaire de la Rév.*, tomo IV, 166-170. – Reimpressão de *Moniteur*, tomo II e os *Archives parlementaires*, tomo VIII. • BORD, G. *La prise de la Bastille*, 1882. • FORESTIE. *La grande peur*, 1911. • FUNCK-BRENTANO. *Le roi*, 1912. • VAISSIERES, P. *Lettres d'aristocrates*, 1906. • VINGTRINIER. *Histoire de la Contre-révolution*, tomo I, 1924. • BARRUOL. *La Contre-révolution en Provence et dans le Comtat Venaissin*, 1928. • SANTHONAX. La g.p. In: *La Justice*, 30/10/1887.

2 PARA TODA A PRIMEIRA PARTE devemos nos limitar a indicar os seguintes estudos, nos quais são dadas indicações bibliográficas: SEE, H. *La France économique et sociale au XVIIIe siècle*, 1925 [n. 64 da Coleção A. Colin]. • *La vie économique et les classes sociales en France au XVIIIe siècle*, 1924. • LEFEBVRE, G. Les recherches relatives à la répartition de la propriété et de l'exploitation foncières à la fin de l'Ancien Régime. In: *Revue d'histoire moderne*, 1928. • La place de la Rév. dans l'histoire agraire de la France. In: *Annales d'histoire économique et sociale*, tomo I, 1929. • *Les paysans du Nord pendant la Rév. française*, 1924. • SCHMIDT. La crise industrielle de 1788 en France. In: *Revue historique*, t. 97, 1908.

3 A RESPEITO DA PROPAGAÇÃO DAS NOTÍCIAS, cf. LETACONNOUX, J. Les transports en France au XIIIe siècle. In: *Revue d'Histoire Moderne*, t. 11, 1908-1909. • ROTHSCHILD. *Histoire de la poste aux lettres*, 1873. • BELLOC. *Les postes françaises*, 1886. • BOYE. *Les postes, messageries et voitures publiques en Lorraine au XIIIe siècle*, 1904. • BERNARD. Essai historique sur la poste aux lettres en Bretagne depuis le XVe siècle jusqu'à la Rév. In: *Mélanges Hayem*, t. 12, 1929. • DUTENS. *Itinéraire des routes les plus fréquentées ou journal de plusieurs voyages aux villes principales de l'Europe depuis 1768 jusqu'en 1791*.

4 PRINCIPAIS CORRESPONDÊNCIAS DOS DEPUTADOS. As recolhas da época intituladas *Correspondance d'Anjou, de Brest, de Rennes, de Nantes* (esta última não está disponível na Biblioteca Nacional) são úteis sobretudo quanto às notícias locais e às cartas privadas que elas contêm, pois as cartas dos deputados têm pouco mais do que as sessões da Assembleia Nacional. Devemos nos referir às publicações mais recentes: BORD. *Correspondance inédite de Pellegrin, député de la séné-chaussée de Guérande*, 1883. • TEMPIER. La correspondance des députés des Côtes-du-Nord. In: *Bulletin et mémoires de la Société d'émulation des Côtes-du-Nord*, t. 26-30, 1888-1892. • Corresp. de Boullé, député du Tiers État de Ploërmel. In: *Revue de la Révolution*, t. 15, 1889. • CORRE & DELOURMEL. Corresp. de Legendre, député de la sénéchaussée de Brest. In: *La Révolution française*, t. 39, 1900. • ESQUIEU & DELOURMEL. Brest pendant la Rév. – Corresp. de la municipalité avec les députés de la sénéchaussée. In: *Bull. Soc. académique de Brest*, 2e série, t. 32-33, 1906-1907. • QUERUAU-LAMERIE. Lettres de Maupetit. In: *Bull.*

Comm. hist. de la Mayenne, t. 17-21, 1901-1905. • *Lettres de Lofficial*. In: *Nouvelle revue rétrospective*, t. 7, 1897. • REUSS. *Corresp. des députés de Strasbourg*, 1881-1895. • *Corresp. d'un député de la noblesse de la sénéchaussée de Marseille avec la marquise de Créquy*. In: *Revue de la Révolution*, t. 2, 1883. Cf. tb. MICHON, G. *Adrien Duport*, p. 57 [carta de Barnave] e as obras de Hoffmann sobre a Alsácia, Denis sobre Toul, Poulet sobre Thiaucourt, Forot sobre Tulle, Jardin sobre La Bresse, Sol sobre Le Quercy, Vidal sobre Les Pyrénées orientales, citadas abaixo.

II – Algumas breves indicações regionais

5 ARREDORES DE PARIS: MARMONTEL. *Mémoires*, t. 3, 1891, p. 74. • DE ROSIERES. *La Rév. dans une petite ville, Meulan*, 1888. • LE PAIRE. *Histoire de la ville de Corbeil*, 1902. • *Annales du pays de Lagny*, 1880. • DOMET, *Journal de Fontainebleau*, t. 2, 1890. • LOUIS. *Huit années de la vie municipale de Rambouillet*. In: *Mémoires Soc. archéologique de Rambouillet*, t. 13, 1898. • GEORGE. *Les débuts de la Rév. à Meaux*. In: *Revue Brie et Gâtinais*, 1909. • BOURQUELOT. *Histoire de Provins*, t. 2, 1840. • LECOMTE, M. *Histoire de Melun*, 1910 [Biblioteca de Provins, Coleção Michelin, t. 1(Donnemarie)]. • LE MENESTREL. *Dreux pendant la Révolution*, 1929.

6 PICARDIA: *Délibérations de l'adm. munic. d'Amiens*, 1910, t. 2 e 3. • DE BEAUVILLE. *Histoire de Montdidier*, t. 1, 1857. • GONNARD. *Essai historique sur la ville de Ribemont*, 1869. • FLEURY. *Famines, misère et séditions*, 1849. • *Épisodes de l'histoire révolutionnaire à Saint-Quentin*, 1874. • *La Thiérache en 1789*. In: *Revue La Thiérache*, t. 2, 1874. • ABBE PECHEUR. *Histoire de Guise*, t. 2, 1851. • COËT & LEFEVRE. *Histoire de la ville de Marie*, 1897.

7 ARTOIS: Le Bibliophile artésien. In: *La Rév. à Saint-Omer*, 1873. Um estudo a respeito do Grande Medo em Artois de Jacob, professor no liceu Janson-de-Sailly, está sendo preparado.

8 FLANDRES, HAINAUT E CAMBRESIS: LEFEBVRE, G. *Les paysans du Nord pendant la Rév. française*, 1924, p. 359-361.

9 CHAMPAGNE: CHAUDRON. *La Grande Peur en Champagne méridionale*, 1923. • DE BONTIN & CORNILLE. *Les volontaires et le recrutement de l'armée pendant la Rév. dans l'Yonne*. In: *Bull. de la Soc. des sciences historiques et naturelles de l'Yonne*, t. 66, 1912. • ROUGET. *Les origines de la garde nationale à Épernay*. In: *Annales historiques de la Révolution*, t. 6, 1930. • ABBE POQUET. *Histoire de Château-Thierry*, t. 2, 1839. • GUILLEMIN. Saint-Dizier pendant la période révo-

lutionnaire. In: *Mémoires de la Soc. de Saint-Dizier*, t. 4, 1885-1886. • BOUFFET. *La vie municipale à Châlons-sur-Marne sous l'Assemblée Constituante* [manuscrito de 1922 conservado na Biblioteca de Châlons]. • POREE. Arquivista de L'YONNE. *Rapport annuel*, 1907 (Thorigny). • *Inventaire de la série B*, n. 901 (Champs).

10 ARDENNES: PICARD. *Souvenirs d'un vieux Sedanais*, 1875. • COLLINET. La g.p.h. Sedan et la création de la garde nationale. In: *Revue de l'Ardenne et de l'Argonne*, t. 11, 1903-1904. • VINCENT. *Histoire de Vouziers*, 1902.

11 LORENA: PARISOT. *Histoire de Lorraine*, t. 3, 1924. • Mémoires de Carré de Malberg. In: *La Révolution française*, t. 61, 1911. • POULET. *Une petite ville de Lorraine à la fin du XVIIIe siècle et pendant la Rév.* Thiaucourt, 1904. • PIERROT, L'arrondissement de Montmédy sous la Rév. In: *Mémoires de la Soc. de Barle-Duc*, t. 33, 1904. • PIONNIER. *Histoire de la Rév. à Verdun*, 1905. • BRAYE. Bar-le-Duc à la veille du meurtre d'A. Pellicier. In: *Bull, de la Soc. de Bar-le-Duc*, 42-43, 1922. • AIMOND. *Histoire de la ville de Varennes-en-Argonne*, 1928. • DENIS. *Toul pendant la Rév.*, 1890. • BOUVIER. *La Rév. dans les Vosges*, 1885. • BERGEROT. Remiremont pendant la Rév. In: *Annales de la Soc. d'émulation des Vosges*, t. 40, 1901. • BEUGNOT. *Mémoires*, t. 1er, 1866, p. 160

12 ALSACIA: HOFFMANN. *L'Alsace au XVIIIe siècle*, 1906. • FUES. *Die Pfarrgemeinden des Cantons Hirsingen*, 1879. • EHRET. *Culturhistorische Skizze über das obere Sankt Amarinthal*, 1889. • *Lettre de M.A. Moll sur les événements qui se sont passés à Ferrette*, 1879. • D'OCHSENFELD. Colmar pendant la Rév. In: *Revue de la Révolution*, t. 3 e 4, 1884. • REUSS. *Le sac de l'hôtel de ville de Strasbourg*, 1877. • SCHNERB. Les débuts de la Rév. à Saverne. In: *Revue d'Alsace*, t. 73, 1926. • SAEHLER. Montbéliard, Belfort et la Haute-Alsace au début de la Rév. In: *Mémoires de la Soc. d'émulation de Montbéliard*, 40, 1911. • MME. GAUTHIER. *Voyage d'une Française en Suisse et en Franco-Condado depuis la Rév.* 2 vols. Londres, 1790, in-8°.

13 REGIÃO DE LOIRE: BOUVIER. *J.-F. Rozier fils et les débuts de la Rév. à Orléans*, 1930. • *Vendôme pendant la Rév.*, t. 1, 1892 [anônimo]. • CHEVERNY, D. *Mémoires*, t. 2, 1886, p. 85ss. • MISS PICKFORD. The panic of 1789 in Touraine. In: *English historical Review*, t. 26, 1911. • CHAVIGNY, D. *Histoire de Saumur pendant la Rév.*, 1892. • PORT. *La Vendée angevine*, t. 1, 1888. • BRUNEAU. *Les débuts de la Rév. dans les départements du Cher et de l'Indre*, 1902. • PIERRE. Terreur panique au Blanc. In: *Bull. Soc. Académique du Centre*, t. 2, 1896. • COUROT. *Annales de Clamecy*, 1901. • CHARRIER. *La Rév. à Clamecy et dans ses environs*, 1923. • DE LAGUERENNE. *Pourquoi Montluçon n'est pas chef-lieu de département*, 1919. • PEROT. *L'année de la g.p.* [em Bourbonnais], 1906. • MALLAT. *Histoire contemporaine de Vichy*, 1921. • Obras de Denier, Grégoire e Viple a

respeito de diferentes cantões de l'Allier. • Extrato das notas do pároco Herault, em Saint-Bonnet-Tronáis, comunicada por Mauve, professor na Escola Normal de Moulins. • Arch. du Loiret, C 86 [Vendôme]. • L 767 [Saint-Denis-de-l'Hôtel]. • Biblioteca de Orléans, manuscritos Pataud, 565, fl. 33.

14 NORMANDIA: BORELY. *Histoire de la ville du Havre*, 1880-1881. • SEMICHON. *Histoire de la ville d'Aumale*, t. 2, 1862. • MARQUISE DE LA TOUR-DU-PIN. *Journal d'une femme de cinquante ans*, t. 1, 1891. • VILLEPOIX, M. La correspondance d'un laboureur normand. In: *Mém. Acad. Amiens*, t. 55, 1908. • SAINT-DENIS. *Histoire d'Elbeuf*, 1894. • DUBREUIL. La g.p. à Évreux et dans les environs. In: *Revue normande*, 1921. • *Les débuts de la Rév. à Évreux*. In: *La Révolution française*, t. 76, 1923. • Le comité permanent d'Évreux. In: *Annales révolutionnaires*, t. 12, 1920. • MONDER. Le mouvement municipal à Pont-Audemer. In: *Bull. Comité des Travaux hist.*, 1904. • DU BOIS. *Histoire... de Lisieux*, 1845. • MOURLOT. *La fin de l'ancien régime et les débuts de la Rév. dans la généralité de Caen*, 1913. • DUVAL. *Éphémérides de la moyenne Normandie et du Perche en 1789*, 1890. • NICOLLE. *Histoire de Vire pendant la Rév.*, 1923. • JOUSSET. *La Rév. au Perche*, 3ᵉ partie, 1878.

15 MAINE: TRIGER. *L'année 1789 au Mans et dans le Haut-Maine*, 1889. • DUCHEMIN & TRIGER. Les premiers troubles de la Rév. dans la Mayenne. In: *Revue hist. du Maine*, t. 22, 1887. • GAUGAIN. *Hist. de la Rév. dans la Mayenne*, t. 1ᵉʳ, 1921. • GAUCHET. Château-Gontier de janvier à juillet 1789. In: *Bull. Comm. hist. de la Mayenne*, t. 43, 1927. • FLEURY. *Le district de Mamers pendant la Rév.*, t. 1, 1909. • JOUBERT. Les troubles de Craon du 12 juillet au 10 septembre 1789. In: *Bull. Comm. hist. de la Mayenne*, t. 1, 1888-1889.

16 BRETANHA: LEVOT. *Histoire de la ville et du port de Brest*, 1864. • BERNARD. *La municipalité de Brest de 1750 à 1790*, 1915. • HAIZE. *Histoire de Saint-Servan*, 1907. • POMMERET. *L'esprit public dans les Côtes-du-Nord pendant la Rév.*, 1921. • MELLINET. *La commune et la milice de Nantes*, t. 6, 1841.

17 POITOU: MARQUIS DE ROUX. *La Rév. à Poitiers et dans la Vienne*, 1912. • DENIAU. *Hist. de la Vendée*, t. 1ᵉʳ, 1878. • CHASSIN. *La préparation de la guerre de Vendée*, 1912. • HERAULT. *Hist. de la ville de Châtellerault*, t. 4, 1927. • FAVRAUD. *La journée de la grande peur* [Nueil-sous-les-Aubiers]. In: *Bull. Soc. archéologique de la Charente*, 1915. • FILLON. *Recherches... sur Fontenay-le-Comte*, t. 1, 1846.

18 REGIÃO DE CHARENTAIS: GEORGE. Notes sur la journée de la peur à Angouleme. In: *Bull. Soc. arch. de la Charente*, 7ᵉ série, t. 6, 1905-1906. • JEANDEL. La peur dans les cantons de Montbron et de Lavalette. In: *Bull. Soc. arch. de la Charente*, 7ᵉ série, t. 6, 1905-1906. • Livre-journal de F. et F.J. Gilbert, juges en l'élec-

tion d'Angoulême. In: *Mémoires Soc. arch. de la Charente*, 1900. • B.C. La grande peur [Ozillac]. In: *Revue de Saintonge*, t. 21, 1901. • SAINT-SAUD. La g.p. [Coutras]. In: *Revue de Saintonge*, t. 21, 1901. • AUDIAT. La journée de la g.p. [Montendre]. In: *Revue de Saintonge*, t. 21, 1901. • Vigen. La g.p. [Saintes]. In: *Revue de Saintonge*, t. 21, 1901. • PELLISSON. Mouvement populaire à Angeduc. In: *Bull. Soc. des archives hist. de la Saintonge et de l'Aunis*, t. 1er, 1876-1879. • DELAMAIN. *Jarnac à travers les âges*, 1925. • BABAUD-LACROZE. La g.p. dans le Confolentais e Lettre de Mme. de Laperdoussie. In: *Bull, et mém. de la Soc. de la Charente*, 7e série, t. 8, 1907-1908; 8e série, t. 1, 1910.

19 LIMOUSIN: Uma grande parte dos textos está reunida em LECLERC. La g.p. en Limousin. In: *Bull. Soc. arch. et hist. du Limousin*, t. 51, 1902. • SAGNAC. Lettre circulaire du Comité permanent de la ville d'Uzerche. In: *Revue d'histoire moderne*, t. 2, 1900-1901. • FOROT. *L'année 1789 au Bas-Limousin*, 1908.

20 AUVERGNE, FOREZ E GEVAUDAN: MEGE. *La g.p.*, 1909. • BOUDET. *La g.p. en Haute-Auvergne*, 1909. • BROSSARD. *Hist. du dép. de la Loire pendant la Rév.*, 1905. • GALLEY. *Saint-Étienne et son district pendant la Rév.*, 1904. • LEFEBVRE, G. *Note de quelques événements arrivés dans la commune de Lavalla (Loire) pendant la période révolutionnaire*, 1890. • CHARLETY. La g.p. à Rive-de-Gier. In: *La Révolution française*, t. 42, 1902. • COHAS. *Saint-Germain-Laval pendant la R.*, 1906. • DELON. *La R. en Lozère*, 1922.

21 PERIGORD: BUSSIERE. *Études historiques sur la R. en P.*, t. 3, 1903. • Une panique à Brassac [anônimo]. In: *Bull. Soc. du P.*, t. 3, 1876. • HERMANN. La g.p. à Reillac. In: *La Révolution française*, t. 29, 1895. • DUBUT. La g.p. à Saint-Privat--des-Prés. In: *La Révolution française*, t. 75, 1922, p. 142.

22 AGENAIS, QUERCY, ROUERGUE, TOULOUSAIN, ARMAGNAC: SAINT-AMANS, B. *Hist. ancienne et moderne du département de Lot-et-Garonne*, t. 2, 1836. • PROCHE. Annales de la ville d'Agen. In: *R. de l'Agenais*, t. 8, 1881. • GRANAT. La Révolution municipale à Agen. In: *R. de l'Agenais*, t. 32, 1905. • DE MAZET. *La Rév. à Villeneuve-sur-Lot*, 1895. • GUILHAMON. La g.p. dans le Haut-Agenais. In: *R. de l'Agenais*, t. 38, 1911. • PAUMES. La g.p. dans le Quercy et le Rouergue. In: *Bull. Soc. des Études du Lot*, t. 37, 1912, onde se encontram reunidos um grande número de textos. • LATOUCHE. Essai sur la g.p. en 1789 dans le Quercy. In: *Revue des Pyrénées*, t. 26, 1914. • COMBARIEU. L'année de la peur à Castelnau. In: *Bull. hist. et philologique du Com. des Travaux hist*, 1896, p. 107. • SOL. *La Rév. dans le Quercy*, 1929. • COMBES. *Hist. de la ville de Castres*, 1875. • ROSSIGNOL. *Hist. de l'arrond. de Gaillac pendant la Rév.*, 1902. • BARON DE RIVIERES. Trouble arrivé dans la ville de Montmiral. In: *Bull. Soc. arch. du Midi de la France*, t. 13, 1893. • PASQUIER. *Notes et réflexions d'un bourgeois de Toulouse au début de la Rév.*,

1917. • La panique à Villemur. In: *Revue des Pyrénées*, t. 10, 1898. • La panique à Seysses. In: *Revue des Pyrénées*, t. 26, 1914. • GARRIGUES. La terreur panique à Montas-truc-la-Conseillère. In: *Revue des Pyrénées*, t. 25, 1913. • DECAP. La g.p. à Muret. In: *Revue de Comminges*, t. 21, 1906. • LAMARQUE. La Rév. à Touge. In: *Bull. Soc. arch. du Gers*, t. 23, 1922.

23 REGIÃO DOS PIRINEUS: ARNAUD. *Hist. de la Rév. dans le dép. de l'Ariege*, 1904. • Mémoires du comte Faydet de Terssac [publ. por Pasquier e Durban]. In: *Bull, de la Soc. ariégeoise*, t. 8, 1901. • BAUDENS. Une petite ville pendant la Rév. [Castelnau-Magnac]. In: *Revue des Pyrénées*, t. 3, 1891. • Répercussions de la Rév. française à Villelongue et dans la haute vallée d'Argelès, 1914 [Nota de Rosapelly, segundo Sarreméjean]. In: *Rev. des Hautes-Pyrénées*, 1929. • DUVRAU. *Les épisodes hist. de la Rév. française à Lourdes*, 1911.

24 FRANCO-CONDADO: ESTIGNARD. *Le Parlement de Franco-Condado*, t. 2, 1892. • HUOT-MARCHAND. Le mouvement populaire contre les châteaux en Franco-Condado. In: Annales franc-comtoises, t. 16, 1904. • HYENNE. Documents littéraires relatifs au château de Quincey In: *R. littéraire de Franco-Condado*, 1864-1865. • SOMMIER. *Hist. de la Rév. dans le Jura*, 1846. • SAUZAY. *Hist. de la persécution révolut. dans le dép. du Doubs*, t. 1er, 1867. • GAUTHIER. *Besançon, de 1774 a 1791*, 1891. • *Besançon, de 1789 a 1815*. • Journal de J.E. Laviron. In: *Revue rétrospective*, t. 16, 1892. • GIRARDOT. *La ville de Lure pendant la Rév.*, 1925. • DUHEM. La g.p. à Morez. In: *Mém. Soc. d'émulation du Jura*, 11e série, t. 5, 1927. • GIRARD. *Chroniques arboisiennes*, 1906. • GUILLEMAUT. *Hist. de la Rév. dans le Louhannais*, t. 1, 1899. • BRIFFAUT & MULSON. *Hist. de la vallée de l'Amance*, 1891. • GATIN; BESSON & GODARD. *Hist. de Gray*, 1892. • PAGET. *Monographie du bourg de Marnay*, 1927. • MATHEZ. Pontarlier dans la Rév. In: *La Révolution française*, t. 9-11, 1885-1886. • BAUMONT, H. & BAUMONT, M. *La Rév. à Luxeuil*, 1930. • Archives de Vesoul (*Délibérations du corps de ville*), de Haute-Saône (B 4187, 6486, 6886; C 134, 194, 229). • DU DOUBS (B 3923; E 141, 322; Archives de Morteau et de Vuillafans). • BESANÇON. *Délibérations du corps de ville*. • DOLE, n. 1733.

25 BORGONHA: MILLOT. *Le Comité permanent de Dijon*, 1925. • PATOZ. Essai sur la Rév. dans le bailliage de Saulieu pendant l'année 1789. In: *Bull. Soc. de Semur*, t. 35, 1906-1907. • DURANDEAU. *Les châteaux brûlés*, 1899. • DUMAY. P.-v. de l'adm. munic. d'Auxerre pendant la Rév. In: *Bull. Soc. de l'Yonne*, t. 45-47, 1891-1893. • GIRAUD. Analyse des délibérations municipales d'Avallon pendant la Rév. In: *Bull. Soc. d'Études d'Avallon*, 1910-1911. • TYNTURIE. *Notice hist. sur le village de Chazeuil*, 1851. • Arquivos de Autun, BB 78.

26 MACONNAIS: BERNARD. Tournus en 1789. In: *Annales Académie de Mâcon*, 3ᵉ série, t. 13, 1908. • GEORGE, H. *Hist. du village de Davayé*, 1906. • Arquivos de Saône-et-Loire, B 705, 1322, 1716-1717-1718, 2056, 2276. • L$^{ii\text{-}iv}$ (de Bellevue--les-Bains). • Arq. de Mâcon, BB 230, FF 67.

27 SUL DE BRESSE, DOMBRES, BUGEY: JARRIN. *Bourg et Belley pendant la Rév.*, 1881. • Archives de Bourg, BB 227. • KARMIN. La g.p. dans le pays de Gex. In: *Revue hist. de la Rév. et de l'Empire*, t. 7, 1915. • DUBOIS, E. *Hist. De la Rév. dans l'Ain*, t. 1ᵉʳ, 1931. • Documentos relatados pelo Sr. Morel, arquivista de Ain, sobre Trévoux e Thézillieu. • Arq. de Mâcon, FF 67. • Lettre à Camus. Lyon, 30/07/1789. In: *Rev. de la Révolution*, t. 6, 1885.

28 LYONNAIS: *P.-v. des séances du corps municipal de la ville de Lyon*, t. 1ᵉʳ, 1899. • WAHL. *Les premières années de la Rév. à Lyon*, 1894. • BESANÇON. *P.-v. des séances des administrations municipales de Villefranche-sur-Saône*, t. 1ᵉʳ, 1904. • MISSOL. Les derniers jours de la milice bourgeoise de Villefranche. In: *La Révolution française*, t. 32, 1897. • Le Mau de Talancé. Apud Cahiers de mémoires inédits de la baronne Carra de Vaux. In: *Bull. Soc. du Beaujolais*, t. XI, 1910. • Arq. do Ródano, C 6 e da polícia. • Biblioteca de Lyon. Costes, 110, 910, 350494, 350499.

29 DAUPHINE: CONARD. *La g.p. en Dauphiné*, 1902. • RIOLLET. *La Tour-du-Pin pendant la Rév.*, 1912. • CAUDRILLIER. La baronnie de Thodure en 1789. In: *La Révolution française*, t. 49, 1905.

30 VIVARAIS: REGNE. La g.p. en Vivarais. In: *Revue hist. de la Rév.*, t. 10, 1916. • Une relation inédite de la révolte des masques armés. In: *Revue hist. de la Rév.*, t. 8, 1915.

31 BAS-DU-DAUPHINE E PROVENCE: MISS PICKFORD. The panic of 1789 in Lower Dauphiné and Provence. In: *English historical Review*, t. 29, 1914. • DESTANDAU. La g.p. aux Baux. In: *Bull. Soc. des Amis du Vieil Arles*, 1913. • BRUN. La g.p. à Saint-Michel (Basses-Alpes). In: *La Révolution française*, t. 75, 1922, p. 141. • HONORE. La g.p. en Basse-Provence. In: *La Révolution française*, t. 75, 1922, p. 141. • Aix en 1789. In: *Nouvelle Revue rétrospective*, 10/10/1900. • VIGUIER. *Les débuts de la Rév. en Provence*, 1894. • YOUNG, A. *Voyages en Italie*. Trad. Soulès, 1796 [exemplar da Biblioteca universitária de Estrasburgo, com anotações manuscritas, D 126 400]. • Un écho de la g.p., à Montélimar. In: *Provincia*, revista da Société Historique de Marseille, t. 9, 1929.

32 BAS-LANGUEDOC E ROUSSILLON: COMTE DE FOULON. *Notice des principaux événements qui se sont passés à Beaucaire depuis l'assemblée des notables en 1788*, 1836. • CHABAUT. La foire de Beaucaire de 1789 à 1796. In: *Annales hist. de la Rév.*, t. 4, 1929. • ROUVIERE. *Hist. de la Rév. dans le dép. du Gard*, t. 1, 1887. • FALGAIROLLE. *Vauvert pendant la Rév.*, 1897. • GRANIER. *Lunel pen-*

dant la Rév., 1905. • DUVAL-JOUVE. *Montpellier pendant la Rév.*, t. 1, 1879.
• JOUCAILLE. Béziers pendant la Rév. In: *Bull. Soc. de Béziers*, 2ª série, t. 16, 1893-1894. • TORREILLES. *Hist. du clergé dans le dép. des Pyrénées-Orientales pendant la Rév.*, 1890. • *Perpignan pendant la Rév.*, 1897. • VIDAL. *Hist. de la Rév. dans les P.-O.*, t. 1, 1886. • DU LAC. *Le général COMTE DE PRECY*, 1908 (Collioure). • ARMAGNAC. Les premières journées de la Rév. à Caudiès. In: *Revue d'hist. et d'arch. du Roussillon*, t. 1er, 1900.

33 PÂNICOS ANTERIORES E POSTERIORES: CABIE. Paniques survenues dans le Haut--Languedoc au XVIIIe siècle. In: *Revue du Tarn*, 2ª série, t. 17, 1900. • CHAUDRON, obra citada no n. 9. • CHISELLE. Une panique normande en 1848. In: *Le Penseur*, abr./1912. • MACAULAY. Histoire d'Angleterre depuis l'avènement de Jacques II, chapitre X; lettre de Vernon, ancien vicaire épiscopal de Seine-et-Marne, 25/09/1793. In: *Annales hist. de la Rév.*, 1931, p. 171. • *Le Ménestrel*, obra citada no n. 5, p. 102. • KLIPFFEL. La à Metz. In: *Le Pays lorrain*, 1925.

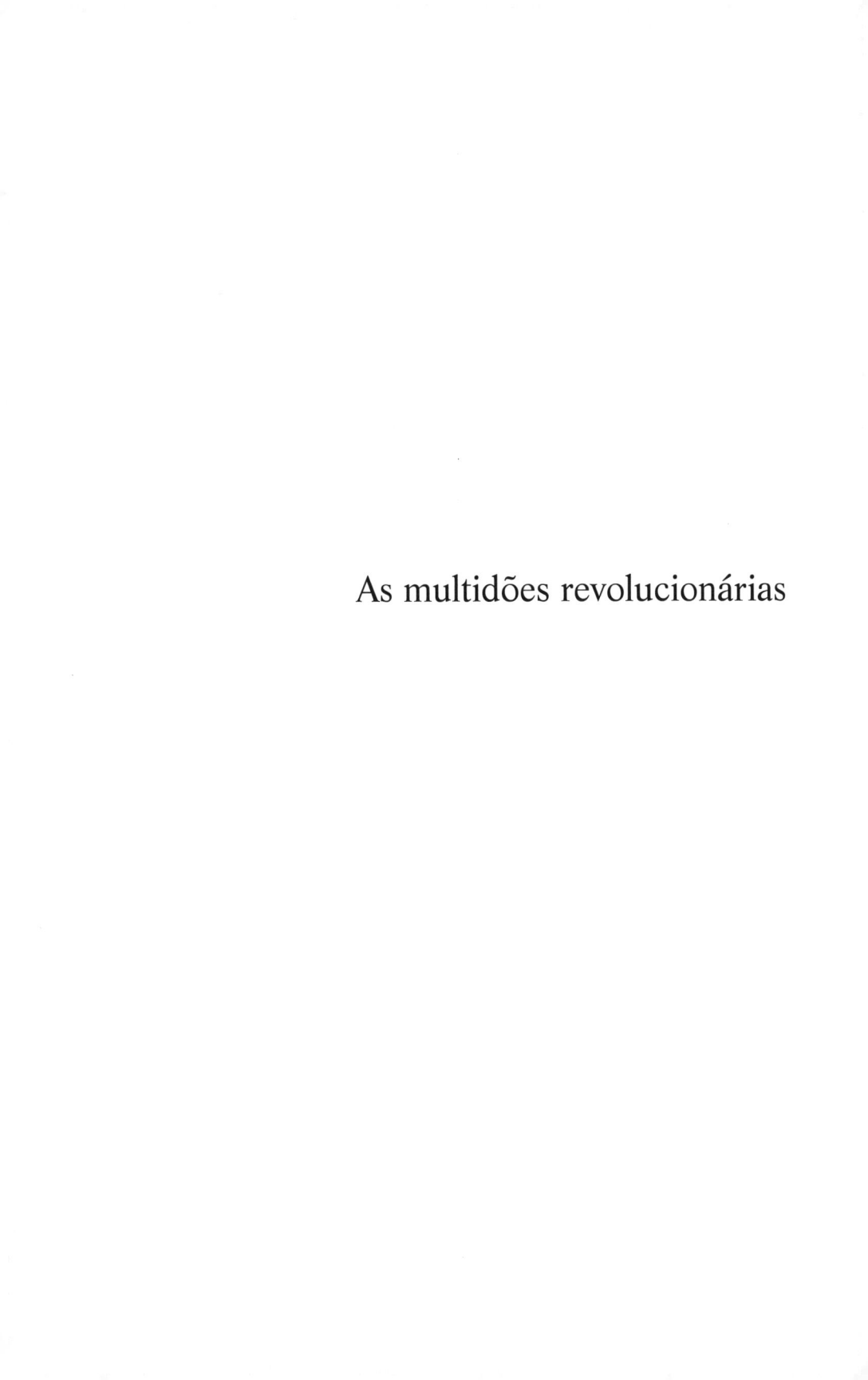

As multidões revolucionárias

Devo observar agora que, se fui convidado para apresentar uma palestra na *Semaine de synthèse*, eu devo esta honra às minhas pesquisas a respeito da história econômica e social da Revolução Francesa. Não se surpreendam se eu me referir sobretudo à história desta última e principalmente ao ano de 1789. O estudo das multidões nos primeiros tempos da Revolução me parece capaz de fornecer uma contribuição útil à pesquisa que nós empreendemos, e meu ensaio a respeito do Grande Medo me deu a oportunidade de examiná-las atentamente[15].

O conceito específico de multidão foi introduzido na história da Revolução Francesa pelo doutor Le Bon[16]. Ele apontava a existência de problemas aos quais não se dava importância anteriormente. Porém, se o mérito deste autor é incontestável neste ponto, ele não vai além. Com um estilo rico e veloz, ele permanece confuso e superficial. Ele não determinou esses problemas, nem mesmo esclareceu o conceito de multidão. Ora ele a compreende como um agregado heterogêneo de indivíduos, ora ele opõe a multidão à elite, no sentido de uma multidão difusa de classes populares. Ele passa de uma noção a outra arbitrariamente, confundindo-as. A razão está em que, provavelmente, no seu modo de pensar, o homem é guiado, em geral, por aquilo que ele chama de contágio mental, contágio este, porém, que ele não estudou mais profundamente, nem mesmo definiu. Essas falhas não surpreendem completamente: Le Bon, com efeito, não dispunha de nenhum conhecimento direto nem da história social, nem da história política da Revolução, apoiando-se na documentação de Taine. De seus livros, é possível extrair duas conclusões. A primeira é a de que, ao falar de multidão, ele não se preocupava minimamente em estudá-la, mas dissimulava sob esse termo uma certa concepção dos fenômenos mentais, de forma que o problema da multidão cedia lugar a um problema de psicologia individual. A segunda conclusão é a de que as Revoluções em geral, bem como a Francesa em particular, são obras de grupos inconscientes, de sugestões dadas por líderes locais mais ou menos sinceros e, assim, não têm verdadeiras causas a não ser as obras dos "filósofos" que deram sugestões a esses mesmos líderes. É extremamente curioso observar um homem que, considerando-se um realista, compartilha uma visão puramente ideológica dos movimentos revolucionários.

As afirmações de Le Bon passaram, por acaso, a obras que, ditas de história, são, na realidade, obras de polemismo; os verdadeiros historiadores não tiraram nada delas, nem sequer abordaram o problema das multidões. Isso é lastimável, pois elas podem fornecer aos sociólogos um material indispensável. Além disso, é

---

15. *Documents relatifs a l'histoire des subsistances dans le district de Berguespendant la Révolution*, tomo I (Lille, 1914). Introdução (sobretudo p. xxviii e xxix: Mentalidade popular a respeito da questão da subsistência. • *Les paysans du Nord pendant la Révolution française* (Lille, 1924). • *La Grande Peur de 1789* (Paris: Colin, 1932).

16. *Psychologie des foules* (1895). • *La Révolution française et la psychologie des Révolutions* (1912).

preciso adicionar que os próprios sociólogos pouco se interessaram pelo problema, pois a multidão constitui um fenômeno antes coletivo do que social, um fenômeno "degradado", cujas características flutuantes são difíceis de ser apreendidas[17].

Implicitamente, os historiadores da Revolução parecem considerar as multidões revolucionárias como reuniões voluntárias de indivíduos que eram animadas por uma emoção ou por um pensamento comuns, tendo por finalidade uma ação mais ou menos planejada ou a celebração de uma festividade. Aí, não há *multidões* no sentido específico, mas *grupos*. Pensamos, é claro, nas manifestações, como aquelas ocorridas em 20 de junho de 1792 e em 2 de junho de 1793; nas colunas de revoltosos, como as de 10 de agosto de 1792; nas festividades de 10 de agosto de 1793 e do dia 20 pradial do ano II. Esses grupos se diferenciam das multidões por apresentar, sem dúvida, certa organização: a guarda nacional e as seções lhes fornecem o modelo.

Contudo, seria possível objetar que as multidões de 1789 não revestiam o mesmo caráter. Antes de mais nada, os combatentes do 14 de julho (abstraindo-se do Regimento das Guardas Francesas) e a coluna – composta em grande parte por mulheres, cuja direção tomou Maillard, na manhã de 5 de outubro – não apresentavam nenhum sinal de organização. O mesmo valeria para as revoltas agrárias. No entanto, observamos que, antes de tomar a feição de um grupo orientado para a ação, as tropas de 1789 foram constituídas sobretudo – senão sempre – por acaso, como multidão pura, e, no mínimo, com objetivos diversos da ação revolucionária. No domingo, dia 12 de julho, o povo de Paris estava parcialmente reunido nos arredores do Palais-Royal para passear e aproveitar o bom clima quando a notícia da demissão de Necker modificou repentinamente seu ânimo, criou um *estado de multidão* e preparou a brusca modificação do conjunto em um grupo revolucionário. Provavelmente, as mulheres que se reuniram na segunda-feira, dia 5 de outubro, queriam, ao menos em sua maioria, manifestar-se contra a escassez e o alto preço do pão; apenas depois disso a multidão se transformou bruscamente em uma coluna que marcharia até Versalhes. Em Igé (em Mâconnais), no domingo de 26 de julho, os camponeses haviam ouvido a missa, como era o hábito, e encontravam-se reunidos na saída da igreja. Essa reunião se converteu em um grupo revolucionário que se dirigiu contra o castelo. Isso foi o início da re-

---

17. Estudou-se sobretudo aquilo que costuma chamar de "multidões criminosas". Cf. a bibliografia em ESSERTIER, D. *Psychologie et sociologie*, esp. p. 119ss. Encontrei sugestões preciosas em: DUMAS, G. "La contagion mentale" (*Revue philosophique*, 1911 e 1915). • DELACROIX, H. *La religion et la foi* (1922). Maurice Halbwachs, meu colega, fez a gentileza de conversar comigo a respeito dessas questões enquanto eu preparava este estudo, além de ter lido em seguida meu manuscrito. Foram-me muito úteis suas reflexões, e fico feliz em poder exprimir aqui meu agradecimento.

volta agrária na região. Durante o Grande Medo, os grupos se formavam logo que recebiam a notícia da chegada dos bandidos. Quando se superava o temor, passava-se à organização da defesa. Apenas depois foi que, por vezes – e não se trata do caso mais frequente –, o grupo tomou um caráter revolucionário, isto é, hostil aos privilegiados e aos agentes do rei. Ao longo de toda a Revolução encontram-se mudanças bruscas semelhantes a essa, em que uma multidão se torna um grupo hostil, sobretudo nos mercados ou nas portas das padarias em tempos de penúria. Para a nossa investigação, eles são muito mais interessantes do que a preparação de uma revolta sistematicamente organizada.

Em segundo lugar, quando nos encontramos na presença de um grupo, nós não podemos considerá-lo como uma simples reunião de homens cujas ideias ou paixões fossem despertadas, em toda sua autonomia, na consciência de cada um deles. Se eles se agrupam para agir, é porque houve preliminarmente entre eles uma ação intermental e a formação de uma mentalidade coletiva. As mudanças bruscas de que acabamos de falar permitem presumir a existência de uma operação preliminar semelhante. Os movimentos revoltosos do Grande Medo não podem ser explicados de outra forma. Implicitamente, os historiadores sem dúvida o admitem e eles são capazes de descrever os fins que perseguiam os grupos, ou mesmo de analisar seus sentimentos. Mas é preciso convir que eles não levaram tão longe as pesquisas neste ponto. Eles estudam de mais bom grado as condições da vida econômica, social e política que, na sua opinião, estão na origem do movimento revolucionário; além disso, estudam os eventos que o marcaram e os resultados obtidos. Ora, entre as causas e seus efeitos, intercala-se a constituição da mentalidade coletiva: é ela que estabelece a verdadeira relação de causalidade e – podemos adicionar – só ela permite compreender bem o efeito, considerando que ele parece, por vezes, desproporcional em relação à causa, definida frequentemente pelo historiador. A história social não pode, assim, limitar-se a descrever os aspectos externos das classes antagônicas: é preciso que ela também chegue ao conteúdo mental de cada uma delas. É assim que ela pode contribuir para a explicação da história política e, especialmente, da ação dos agrupamentos revolucionários.

Por fim, não se pode concluir que, uma vez que um agrupamento se formou, todos os homens que dele participam pensem e ajam, a partir desse momento, da mesma forma que eles fariam se estivessem isolados. Na formação da mentalidade coletiva, é preciso igualmente levar em consideração as reuniões mais ou menos involuntárias, que podem, na vida cotidiana, aproximar os indivíduos. Se definirmos o agrupamento revolucionário como um *grupo*, é preciso, então, estudar as relações que ele pode manter com a *multidão* em sentido próprio.

A multidão em estado puro ou o agregado; Os agregados semivoluntários; A conversão brusca em grupo

Em seu estado puro, a multidão é um agregado involuntário e efêmero de indivíduos, como o que se constitui nos arrabaldes da estação de trem no momento em que este está passando, ou na rua, ou na praça de uma cidade no momento em que as escolas, os escritórios e as fábricas liberam a população, que, então, mistura-se com os clientes e os transeuntes. A topografia urbana lhes impõe um certo itinerário. Daí decorre a densidade da multidão, que também se relaciona com o horário e com o clima. Em seu aspecto social, essa multidão se caracteriza por uma desintegração provisória de grupos. Halbwachs mostrou com clareza que, do local de trabalho de onde sai até a casa da família, que é seu destino, o trabalhador, na multidão das ruas, escapa por um momento das instituições que socializam a sua atividade[18]. Daí decorre, sem dúvida, o sentimento de alegria que experimentam alguns homens quando se perdem no meio da multidão, da mesma forma que a inquietação que sentem outros. Os primeiros têm a sensação de liberdade, ao passo que os demais se assustam com a ideia de estar abandonados a si mesmos.

Composta, desta forma, de elementos sociais desintegrados, a multidão pura parece desprovida de mentalidade coletiva. No entanto, trata-se de uma mera aparência, e nós veremos o que se deve pensar a respeito disso.

É sobretudo a essa multidão em estado puro que se aplica a hipótese do contágio mental, que Le Bon tem em alta conta. Mas é importante lembrar que Durkheim[19] mostrou peremptoriamente que ele confunde, com este termo, duas operações essencialmente diversas: o nivelamento das ideias por uma troca intermental e a adoção de uma ideia por raciocínio, por consideração de utilidade, por simpatia, por inquietação de conformismo ou por medo de constrangimento físico ou moral. Enfim, o contágio propriamente dito é o contágio de movimento, tal como ele se manifesta nos grupos de animais, que o senhor Le Bon mencionou anteriormente. As duas primeiras espécies de operação comportam elementos intelectuais e não poderiam ser qualificadas como contágios mentais. Feita esta reserva, o contágio de movimento pode se manifestar efetivamente na multidão, mas essa possibilidade não poderia ser considerada como sua característica essencial.

Definidos assim o *agregado* ou a multidão, é preciso agora observar que entre ele e o *grupo* voluntário há um grande número de reuniões de caráter intermediário que nós propomos chamar agregados semivoluntários. Nós levaremos em consideração aqui aqueles que nos parecem ter desempenhado algum papel, durante

---

18. *La classe ouvrière et les niveaux de vie*. Paris, 1913, p. 446ss.
19. *Le suicide*, p. 108.

o início da Revolução, na formação da mentalidade coletiva e na preparação dos grupos. Este papel é particularmente importante nos campos, onde os diálogos nos escritórios, nas ruas e nas tavernas não desempenham o mesmo papel do que nas cidades.

A vida rural, durante o Antigo Regime, aproximava muito mais frequentemente os camponeses do que hoje, ao menos em diversas regiões. As planícies francesas eram, em sua maioria, regiões de campos abertos. O terreno da aldeia era dividido em alqueives, em que o afolhamento era obrigatório, seja por haver uma obrigação de alqueive, seja pelo compáscuo e a fragmentação tornarem essa prática absolutamente indispensável. No momento dos trabalhos, da semeadura, da fenação, da colheita, bem como no da venda, os camponeses permaneciam reunidos numa mesma parte do terreno. Não é impossível que, do nosso ponto de vista, haja um princípio de diferenciação entre essas regiões, aquelas de terrenos cercados (sobretudo o oeste e o Limousin) e as regiões de montanha. Deve-se ainda adicionar que, em tempos de colheita e de venda, as migrações dos trabalhadores e a prática da respiga em grupos também desempenham um papel importante.

Mais clara é a influência da missa do domingo, a que invariavelmente se seguia uma reunião na igreja ou na praça. Depois, formavam-se alguns grupos nas tabernas. Compreende-se, assim, que o domingo tenha desempenhado um importante papel nas agitações rurais. Nós já citamos o exemplo de Igé, no Mâconnais. Pela mesma razão, temia-se a segunda-feira, pois era o dia em que se realizavam as ações planejadas durante o domingo.

O mercado também tinha uma importância fundamental. Sem ele, sabemos que os camponeses não podiam vender seus gêneros alimentícios, sobretudo os grãos. Eles tinham de transportá-los obrigatoriamente à cidade e expô-los aos olhos dos clientes, no local e na hora indicados. Ele aproveitava a ocasião para, em seguida, realizar as suas compras. A população rural entrava dessa forma em contato com a população urbana: era assim que ela tomava conhecimento das novidades. Porém, ela era também atingida pelas ideias que animavam os cidadãos. Se houvesse alguma agitação no mercado, os camponeses relatariam na aldeia, e esta ficaria em sobressalto. Se reinasse a escassez, os camponeses iam aos mercados fazer compras, e a população da cidade, ao vê-los afluir, sentia-se aterrorizada.

Em tempos de crises semelhantes, a circulação de grãos, que só podia ser feita por barcos ou, mais comumente, por carroças, chamava a todo o instante a atenção dos grupos que paravam ou pilhavam os veículos. A mendicância se desenvolvia e logo começava-se a circular em bando. Nada, porém, era mais temido do que as filas que, nas grandes cidades, formavam-se continuamente à porta das padarias. Afinal, nenhum ajuntamento é mais propício a se converter repentinamente em um grupo de amotinados.

Em todos os casos que acabamos de enumerar, a reunião não era voluntária. Os homens se dirigiam ao trabalho, à missa, ao mercado, à padaria; enfim, dedicavam-se às suas tarefas e não tinham intenção de se agrupar. Todavia, eles sabem perfeitamente que os seus semelhantes farão a mesma coisa e, assim, que eles se encontrarão na multidão; e eles aceitam isso. Mais ainda: isso os alegra, pois, na maior parte do tempo, ficariam desgostosos em estar sós. A reunião lhes parecia uma distorção e um prazer que não são, de fato, o objeto essencial que eles buscam, mas cuja privação eles sentiam fortemente. Esta é uma das razões pelas quais os camponeses iam tanto à missa. É uma das razões pelas quais eles continuavam indo aos mercados, mesmo após terem sido autorizados a vender seus produtos em suas próprias casas, em 1784 e em 1789. Este hábito, aliás, manteve-se até o século XIX para os grãos e conservou-se em relação aos gêneros miúdos. Arthur Young zombava, ainda em 1788, dos camponeses que perdiam seu tempo indo vender legumes ou ovos, cujos preços não valiam o tempo que eles perdiam. No entanto, ele não levava em consideração a distração que, nessa atividade, encontrava o camponês.

Assim, nós somos levados a mencionar as reuniões propriamente recreativas. Nas cidades, elas são cotidianas ou, no mínimo, dominicais, fazendo-se em determinados locais que servem tacitamente de pontos de encontro. É conhecido o papel desempenhado pelo Palais-Royal em Paris. Foi uma assembleia desse tipo que deu origem, conforme já mencionamos, aos grupos revolucionários de 12 de julho de 1789. Nos campos, as festas "votivas" ou *baladoires* cumpriam a mesma função, mas de maneira muito mais intermitente. Elas sempre foram temidas. Em julho de 1789, os movimentos agrários do Beaujolais foram acelerados pela festa votiva de Crêches. Com essas assembleias nós demos um passo a mais. Vai-se ao passeio ou à festa para aproveitar o clima, para olhar as vitrines, para ouvir os artistas, mas não especialmente para se reunir. No entanto, o prazer de ver um pouco do mundo também conta entre as intenções, de forma que todas as outras serão postas em segundo plano ou desaparecerão para quem temia ficar só.

Uma vez que os Estados Gerais haviam sido convocados e reunidos, um último tipo de reunião merece ser citado. Trata-se das assembleias eleitorais das paróquias para a escolha dos delegados e para a redação dos cadernos de queixas. Trata-se aqui também de reuniões espontâneas, que se formavam nas cidades para esperar a vinda do correio e para escutar a leitura em voz alta das cartas enviadas pelos deputados ou pelos correspondentes voluntários. Essas reuniões tiveram enorme influência sobre a evolução da mentalidade coletiva. Nas assembleias eleitorais, o Terceiro Estado recapitulava todos os sofrimentos que cada um articulava individualmente. Não havia nada mais propício a favorecer o nivelamento, de que falamos, e, ao mesmo tempo, fazer reviver a amargura e a cólera. Por exemplo, em Rennes, em julho de 1789, os agrupamentos formados para ouvir as notícias se converteram mais uma vez em grupos de ação revolucionária. Aqui, nós quase atingimos o grupo voluntário: os habitantes haviam sido convocados pelo rei para formar as assembleias eleitorais, mas é evidente que eles não as frequentavam contra sua vontade e que pretendiam agir coletivamente. Eles buscam as notícias por conta própria; porém, nesse momento, a mentalidade coletiva revolucionária já havia nascido e, se eles estavam impacientes querendo ser informados, isto se dava tendo em vista uma eventual ação.

Nós nos aproximamos um pouco mais dos agrupamentos revolucionários com as assembleias convocadas nas grandes cidades ao fim de junho e em julho de 1789 para redigir e assinar moções ao rei e à Assembleia Nacional a respeito dos eventos ocorridos em Paris e em Versalhes. Sem dúvida, o procedimento segue, em princípio, compatível com a lei e é até mesmo respeitoso, ainda que os termos utilizados nem sempre o fossem. Mas essas manifestações, geralmente combinadas com os deputados, já constituíam verdadeiras ações.

Se, como cremos, as explicações dadas acima permitem entrever como diversos desses agregados puderam se transformar bruscamente em grupos, é também verdade que considerações de outra ordem, às quais passaremos agora, tornam o fenômeno ainda muito mais compreensível.

Ao descrever acima o simples agregado ou a multidão pura, nós fizemos uma reserva quanto à ausência de mentalidade coletiva, ao passo que nós poderíamos ter sido tentados a reconhecê-la como uma de suas características. Pensamos, com efeito, que essa ausência é apenas aparente. Todo agregado humano se constitui no seio de uma sociedade. É bem verdade que, para se incorporar a ele, é preciso que o indivíduo seja provisoriamente desintegrado do grupo social de que normalmente faz parte, mas ele não pode, por essa razão, despojar-se completamente da mentalidade coletiva do grupo. As nações e os sentimentos que ela comporta estão impressos no pano de fundo de sua consciência. Essa impressão se dá em diversos graus, a depender do seu grau de heterogeneidade. No grupo que se forma na saída de uma fábrica, os trabalhadores escapam à influência da instituição econômica patronal, mas é muito mais difícil que abandonem a mentalidade coletiva de classe. Nos agregados rurais que nós descrevemos não há motivo para que os camponeses perdessem completamente de vista os interesses e as paixões da comunidade aldeã. Além disso, esses homens tomavam parte na mentalidade coletiva de grupos que não se exprimiam por meio de instituições, como, por exemplo, o dos consumidores em face dos produtores e dos especuladores.

Pode ocorrer que o agregado, longe de enfraquecer a mentalidade coletiva, reforce-a: é o caso, por exemplo, do agregado que se encontra no mercado e na fila em frente à padaria. Seria possível mesmo sustentar que, no meio do agregado, o indivíduo, escapando à pressão de pequenos grupos sociais que formam o quadro de sua vida cotidiana, torna-se muito mais sensível às ideias e aos sentimentos que são próprios das coletividades mais extensas e das quais ele faz parte. Por fim, por mais involuntários e heterogêneos que sejam os agregados, seus membros pertencem da mesma forma à sociedade, no sentido mais amplo da palavra, sendo impossível que se apague de sua consciência a elementar ideia coletiva sem a qual uma sociedade não pode ser concebida, isto é, de que seus membros têm o direito de ver respeitados suas vidas e seus bens. Considerou-se o linchamento um tipo de fenômeno de multidão. Na nossa opinião, isso prova, em todo caso, que, no agregado, sobrevive a ideia coletiva de que qualquer um que atentar contra a segurança ou a propriedade de um dos membros do corpo social deverá ser punido. Quando o agregado se vira contra o guarda ou o policial, manifesta-se uma ideia coletiva de ordem mais complexa, isto é, de que os guardas da ordem pública podem muito bem – seja por erro, seja voluntariamente – atentar contra a liberdade individual, e que a coletividade tem o dever de controlar sua ação. Nesse sentido, o fenômeno típico do agregado ou da multidão pura será o pânico: quando seus membros têm a convicção de que eles não estão em condição de se proteger coletivamente contra o perigo que ameaça sua existência, o liame social é definitivamente rompido, e o indivíduo tem de fugir para procurar nada menos do que sua salvação.

Dessas observações, tiram-se duas conclusões:

1) Pode-se dizer sem paradoxo que, em relação à espécie humana, o agregado simples ou a multidão em estado puro não existe. Afinal, nós o definimos como heterogêneo, mas ele não o é jamais completamente, pois seus membros sempre tomam parte, em algum grau, em uma mentalidade coletiva. Isto não quer dizer, porém, que determinadas características do agregado puro, que é animal, não se encontrem no agregado humano.

2) Considerando que os elementos da mentalidade coletiva prévia são simplesmente impressos no pano de fundo da consciência dos membros de um agregado, basta que um evento exterior lhes traga uma recordação no primeiro plano para que, bruscamente, esses homens redescubram um vivo sentimento de solidariedade. O despertar é influenciado pela consciência de grupo que, provocada por uma emoção violenta, dá ao agregado um novo caráter, que nós poderíamos talvez chamar *estado de multidão*. Nos países de civilização avançada, onde o sentimento cívico é bastante desenvolvido, o fenômeno é particularmente impressionante quando, no seio do agregado, espalha-se a notícia de que a nação, seu chefe ou seus interesses sociais se encontram em perigo. De imediato, o agregado retoma a consciência de que é uma nação.

Com base nisso, não se torna mais fácil compreender como um agregado pode se transformar, por meio de uma mudança brusca, em um grupo revolucionário? É preciso – e basta que – uma mentalidade revolucionária coletiva tenha se desenvolvido anteriormente na população e, ainda, que se produza um fato que o faça recordar, no primeiro plano de sua consciência, de que ele está sendo momentaneamente excluído pelas razões que levaram à formação do agregado. A conversão será ainda mais fácil se o agregado provocar uma excitação fisiológica, como uma festa votiva, ou se, por natureza, ele comportar uma mentalidade coletiva de resistência, como o mercado ou a fila da padaria em tempos de escassez.

Nós concluímos, por conseguinte, que não há grupo revolucionário – ou, se preferirmos utilizar o termo multidão com o significado impreciso que lhe atribui o senso comum, multidão revolucionária – sem que se tenha constituído anteriormente uma mentalidade coletiva.

A mentalidade revolucionária coletiva

Sua formação supõe evidentemente condições econômicas, sociais e políticas que variam de acordo com o caso e que terminam por dispor todos aqueles que pertencem ao chamado Terceiro Estado contra os privilegiados e contra os agentes do rei, encarregados de manter uma legalidade opressiva e que, ademais, são, em boa medida, membros da aristocracia. Mas a mentalidade do Terceiro Estado estava longe de ser uniforme: os camponeses sofriam muito mais com o Antigo Regime do que os cidadãos, além de serem eles que lutavam diretamente contra os senhores. A escassez, que fomenta a irritação contra os privilegiados e contra os agentes do rei, tende também a desagregar o Terceiro Estado ao opor o pobre ao rico, o consumidor ao produtor, o cidadão ao camponês. Em outras épocas, o problema se colocava de outra forma. Em 1830, o sentimento nacional desempenhava um papel fundamental; sem dúvida, as jornadas de julho tinham um caráter político e social. O antigo Terceiro Estado quis defender a Constituição e pôr fim ao governo dos nobres e do clero. No entanto, o que se reprova ao rei e a seus aliados é, sobretudo, o terem sido favoráveis aos desastres nacionais. A bandeira tricolor vingou-se da bandeira branca. Em fevereiro de 1848, a ideia política – sufrágio universal e república – combina-se com os conflitos de classe, fomentados pela crise econômica. Em junho de 1848, esses conflitos de classe são a única questão. O movimento comunalista de 1871 é ainda mais complexo.

A mentalidade revolucionária se formou, em primeiro lugar, como é evidente, nas consciências individuais – e, como é natural, mais rapidamente em umas do que em outras. Mas esses traços coletivos resultam da ação intermental. Como esta teria funcionado?

Em primeiro lugar, formou-se pelos diálogos. Até uma época muito próxima da nossa, a deficiência da instrução do povo, a dificuldade das comunicações e as condições materiais e políticas permitiam apenas que uma pequena parcela da população fosse atingida pelos meios de propaganda que nos são hoje familiares, como os folhetos, o jornal e as reuniões públicas. Ainda hoje, são as conversas o instrumento de difusão de notícias por excelência. São elas apenas que podem atingir aqueles que são indiferentes. Mas não é dessa forma que elas desempenharam um papel tão importante na formação da mentalidade coletiva, ao menos não no passado. Foi de forma inconsciente e sem planejamento que os homens, durante os seus afazeres cotidianos, exerceram, uns sobre os outros, a ação mental que unificou suas representações. Não é preciso tampouco crer que a mentalidade revolucionária coletiva tenha se constituído subitamente às vésperas da Revolução, pois seu desenvolvimento remonta a data muito anterior. Em 1789, ela já estava nas lembranças do povo, em uma tradição popular muito antiga, em cuja formação e transmissão os eventos das vésperas certamente desempenharam um papel essencial. Essa tradição oral já admite certo grau de nivelamento e de processos de abstração. O antagonismo entre o camponês e o senhor é tão velho quanto o próprio regime feudal, tendo se manifestado, ao lado da história, por meio das inúmeras *jacqueries*. Se a memória popular não conservou o relato preciso e detalhado desses eventos, ela, no mínimo, reteve-lhes a impressão sentimental.

Desde o começo das agitações revolucionárias, uma das características próprias das conversas, que é a deformação das notícias, exerceu uma influência poderosa sobre a evolução da mentalidade coletiva. As notícias se transformavam de maneira a se harmonizar com ela e, assim, vinham a confirmar os conceitos essenciais e excitavam os elementos emocionais. Em 1789 e ainda muito depois, a propagação das notícias era feita, na maior parte dos casos, por via oral. O estado das comunicações e da imprensa não permitia que houvesse nenhum controle. De outra forma, não se poderia explicar o Grande Medo. Porém, é evidente que, depois, a deformação das notícias pela conversação nunca deixou de se manifestar, especialmente nos tempos de crise. De fato, sequer é preciso que se trate de uma crise revolucionária: a Guerra de 1914 forneceu exemplos surpreendentes.

Depois das conversas, a propaganda, seja impressa, por canções ou por discursos, também contribuiu na formação da mentalidade coletiva. Em 1789, os impressos tiveram um papel importante no que diz respeito à burguesia urbana e rural, mas não influenciaram tanto as multidões populares. Até a reunião dos Estados Gerais, o discurso só teve lugar nas assembleias eleitorais urbanas. Mas uma vez que a Revolução começara, essa propaganda se desenvolveu de forma poderosa e fez-se necessária a criação de associações para organizá-la. Depois de 1815, ela se tornou permanente e mesmo a repressão jamais a pôde suprimir por completo. É preciso observar, com efeito, que ela pode tomar uma forma quase inconsciente, com o impressor, o vendedor e o cantor ambulantes favorecendo espontaneamente a mentalidade coletiva apenas pelo atrativo do lucro. O almanaque, a estamparia do Épinal e a canção popular devem ser levados em grande consideração quando se estuda, por exemplo, a formação e a penetração da lenda em torno de Napoleão.

Por fim, a mentalidade coletiva também se desenvolve sob influência da pressão que a coletividade exerce sobre o indivíduo. Ela toma sobretudo forma moral, e o sentimento de tranquilidade e de falta de responsabilidade nascidos do conformismo servem de ajuda. Mas o medo de afastar a clientela ou de não encontrar mais trabalho não pode ser negligenciado. Além disso, à medida que as paixões se vão desencadeando, o temor das agressões corporais ou de atentados perpetrados contra os proprietários passam a ter importância fundamental.

Os historiadores poderiam se dedicar frutiferamente ao estudo desses diferentes fatores em particular. De fato, não é fácil discernir os vestígios de suas ações, menos ainda os reunir em quantidades razoáveis. A respeito disso, não se encontram documentos nos arquivos. Porém, não faltam elementos. Todo estudo a respeito do "ânimo geral" ou da "opinião" deveria ser composto de uma descrição das condições econômicas, sociais e políticas, bem como de uma reconstituição da mentalidade coletiva que a refletisse, com a indicação tão precisa quanto possível dos processos e meios pelos quais ela se formou. Infelizmente, não se pode afirmar que, dentre os numerosos livros cujo título acende esta esperança, muitos acabem por satisfazê-la.

As operações intelectuais de que a ação intermental é o ponto de partida se revelam para o historiador apenas por indução, por mais que não sejam exatamente da sua alçada. Parece ter havido, em primeiro lugar, um nivelamento: assim, as ofensas que cada camponês sofrera individualmente puderam ser atribuídas em sua totalidade ao senhor e, depois, a todos os senhores, de forma que cada um deles fosse considerado solidariamente responsável pelo conjunto de queixas. Ainda hoje se descrevem as diversas categorias de direitos feudais, em sua infinita variedade, como se pouco importasse qual camponês as teria suportado em seu conjunto. A consequência natural desse nivelamento é a de construir por abstração um tipo de senhor, de forma que se percebam nele cada vez mais dificilmente as características individuais de um senhor particular, ou, de toda forma, que nos deixe menos propícios a levar em consideração aquilo que eles podiam ter de moderados ou de benévolos. Ocorre, assim, ao longo das revoltas rurais, que os camponeses deixem de praticar violência a "um senhor tão bom"; não obstante, queimam-lhe os arquivos. Em L'Isle-sur-le-Doubs, Arthur Young, intimado a dizer se ele era a favor dos aristocratas, defendeu-se vivamente, mas adicionou: "digamos que eu fosse um senhor, o que me teria acontecido, meus amigos?" Eles responderam, com um ar severo: "O que lhe aconteceria? O senhor seria enforcado, pois é provável que o merecesse". É preciso reconhecer, porém, que esse processo jamais atingiu a perfeição. Ao longo de toda a Revolução, viam-se senhores escapando ao banimento e permanecendo tranquilamente em seus castelos, até mesmo nas épocas mais agitadas do Terror, pois seus antigos vassalos não desejavam nenhum mal à sua pessoa.

A representação coletiva do senhor lhe atribuiu intenções perversas e egoístas, que o levavam a contrariar e a boicotar, por todos os meios, as reformas que ameaçavam sua supremacia. Pode-se admitir que os camponeses lhe atribuíssem generosamente essa intenção, pois, fortemente apegados às suas propriedades, eles imaginavam que, se estivessem no lugar do senhor, não agiriam de outra forma. Desde que ficaram sabendo que o rei havia convocado os Estados Gerais, eles interpretaram essa novidade como a prova de que Luís XVI queria aliviar sua miséria, e como, no seu espírito, ele não poderia lograr sucesso senão suprimindo uma parte dos impostos, todos os direitos feudais e também o dízimo, eles concluíram daí que os privilegiados procuravam impedir, de toda forma, as reformas que os prejudicariam. Daí nasceu a suspeita de um "complô da aristocracia", que a oposição dos privilegiados ao voto por cabeça e, em seguida, a tentativa do golpe militar contra a Assembleia Nacional acabaram por justificar. Na mentalidade revolucionária coletiva de 1789, este é o traço fundamental. Ele foi reforçado, durante os anos seguintes, pela intervenção dos estrangeiros; porém, desde 1789, o conluio dos privilegiados com a aristocracia europeia foi imaginado, desempenhando um papel importante no Grande Medo.

Uma vez construído o adversário-tipo, a incapacidade do homem do povo de analisar as causas de uma crise econômica – que mesmo os órgãos estatais encarregados da gestão da economia não chegavam, além disso, a identificar com segurança – não o impede de aumentar o lado negro da imagem se as circunstâncias materiais se tornarem desfavoráveis. Não se fazia diferença entre os abusos permanentes e os males temporários que resultavam do desemprego e da miséria: a classe dominante era tida como responsável por ambos e, aliás, nem sempre de forma injusta. É isto que aconteceu ao longo dos anos de 1788 e 1789, e a crise econômica contribuiu poderosamente para desencadear o movimento revolucionário. O mesmo ocorreu em 1848 e, desta vez, foi a burguesia que levou a culpa. Em 1789, o senhor, o cobrador do dízimo e o agente do rei são acusados de açambarcamento. Mais ainda: ligou-se a penúria ao "complô da aristocracia" que os adversários do Terceiro Estado haviam organizado para punir sua rebelião. É isto que explica a morte de Foulon e de Bertier.

Se a representação que se fazia do adversário era pessimista, aquela que se faz da classe sofredora, por outro lado, era otimista. Durante os anos da

Revolução, ao pobre se atribuíram todas as virtudes. É verdade que a literatura, desde Jean-Jacques Rousseau, havia explorado este tema, e que ele é responsável pelos estereótipos que se encontram nos discursos parlamentares e nos jornais da época, muito mais do que a mentalidade coletiva dos *sans-culottes*. Mas não se pode duvidar que estes tenham voluntariamente construído a imagem de um *sans-culotte* ideal, para quem a pobreza era um atributo fundamental. Ainda hoje, um militante sindicalista ou socialista representa o proletário, de forma mais ou menos consciente, a partir de sua própria posição, e atribui-lhe o idealismo e o desprendimento que ele mesmo, pessoalmente, de fato tem.

Segue daí que, para realizar o bem social e assegurar a felicidade da espécie humana, deve-se suprimir a classe oposta e, como a felicidade individual de cada um depende disso, todos os membros da classe oprimida se veem animados por um ardor do qual a classe dominante é absolutamente desprovida. Mas disso não sabem os revolucionários, ou então não querem acreditar nisso. Afinal, eles atribuem ao adversário a paixão que os anima, e, como esse adversário é rico, como ele dispõe do apoio do Estado e, tal como se viu, em 1789, de armas, de numerosos serviçais e de castelos mais ou menos fortificados, sua força é superestimada e muitíssimo temida. Hoje nós sabemos que, em 1789, a aristocracia francesa percebeu o perigo tarde demais, e que ela não fez nada para organizar "a destruição" do Terceiro Estado, plano que lhe era atribuído; e, ainda, sabemos que a corte, por ocasião da tentativa de golpe militar, mostrou-se de uma incapacidade digna de pena. É por isso que, sem dúvida, não atribuímos qualquer importância a essa ideia de "complô da aristocracia", que exerceu uma influência tão poderosa sobre as multidões populares. Trata-se, porém, da chave de um grande número de eventos, e aí se tem uma prova que demonstra não ser suficiente relatar como as coisas, de fato, aconteceram na corte e no castelo. É preciso ainda – e sobretudo – expor o que os revolucionários acreditavam estar acontecendo ou ter acontecido – e isto é o estudo da mentalidade coletiva.

Resta-nos ainda dizer algumas palavras a respeito das características afetivas e morais que se encontram ligadas à mentalidade revolucionária. As mais impressionantes nos parecem ser a inquietação e a esperança.

A inquietação pode ser facilmente explicada pelo que se disse anteriormente. Era natural que se tivesse medo do adversário, de acordo com a forma com que ele era representado. Em 1789, pensava-se que o nobre recorreria às tropas do rei, às potências estrangeiras e aos "bandidos", isto é, aos vagabundos e aos mendigos que o desemprego e a miséria haviam multiplicado. Em 14 de julho, pareceu absolutamente legítimo atribuir a uma traição cuidadosamente preparada os atos insanos do diretor da Bastilha abrindo fogo inesperadamente contra a multidão, que não havia disparado sequer um tiro de espingarda e, em seguida, contra uma delegação enviada pela Câmara municipal, que havia içado uma bandeira branca. Essa inquietação tornou-se medo no fim de julho. É possível encontrá-la ao longo de toda a Revolução sob a forma de suspeita, e ela explica a Lei dos Suspeitos. Fez-se disso uma enfermidade, a doença da suspeita. Não discutiremos se é normal ou não que os revolucionários suspeitassem de que seus adversários organizavam uma resistência. Mas é necessário assinalar que, mesmo que se considere que a suspeita foi disparatada até junho de 1789, ela teria se tornado legítima a partir do golpe de Estado ensaiado pela corte. E, ainda, é preciso assinalar que todas as informações que nós possuímos hoje a respeito dos complôs dos anos seguintes e a respeito da convocação de forças estrangeiras atestam que ela foi se tornando cada vez menos fantasiosa.

Essa inquietação nada tem que ver com covardia. Seria pueril negar que ela fez com que muita gente agisse discretamente e que, ao longo do Grande Medo, ela tenha se degenerado frequentemente em pânico. Mas, no fundo, apenas muito impropriamente se lhe pode dar o nome de "Grande Medo". Na realidade, o evento se caracteriza mais exatamente pela reação veloz que levou os revolucionários a se armar para a defesa e para o contra-ataque. Nas cidades, o anúncio do golpe militar de Estado, que começou em 11 de julho com a demissão de Necker, não provocou medo, mas, pelo contrário, um grande sobressalto de indignação e de medidas muito precisas de defesa contra o poder real. A bravura, a ousadia e o espírito de ofensiva foram decerto maldistribuídos entre os partidários da Revolução, mas foram essas qualidades, em sua forma acabada, que compuseram incontestavelmente a mentalidade revolucionária. A solidariedade entre classes sociais em presença do perigo é mais difundida. Desde a primavera de 1789, era comum que se visse perguntar aos suspeitos de forma ameaçadora: "Você é do Terceiro Estado?" Já que ela é naturalmente menos arriscada, era ainda mais difundida a vontade de punição, em que se amalgamavam o ódio e a sede de vingança. Daí advêm as mortes, as devastações e os incêndios dos castelos. Mas é uma análise muito superficial atribuir esses excessos à "loucura coletiva" ou à "loucura criminal". Em tais casos, o grupo revolucionário não é inconsciente, nem se julga culpado. Pelo contrário, ele está convencido de que promove punições justas e com conhecimento de causa. Até mesmo os assassinos de setembro tomaram o cuidado, por vezes, de organizar um tribunal. Ao longo de toda a Revolução, encontra-se aqui e acolá uma "justiça popular" organizada sumariamente e, na falta dela, outra justiça que se aplica ainda mais sumariamente, mas que mereceria ser estudada de perto, pois ela, decerto, esclareceria a mentalidade revolucionária coletiva e também a mentalidade coletiva dos grupos populares em geral. Do mesmo modo, quando os camponeses procediam a demolições sistemáticas ou incendiavam castelos, mesmo podendo se contentar com a destruição dos seus arquivos no que diz respeito aos direitos feudais, não se trata de loucura: é a vontade de punir o senhor por meio da destruição dos bens que lhe são tão preciosos e que servem como símbolo e base de seu poder.

Mais importante do que essas últimas características, parece-nos ser a esperança, que nós, desde o início, pusemos em primeiro lugar, ao lado da inquietação. Uma vez aniquilada a vontade perversa da classe dominante, virá imediatamente a felicidade universal. A representação otimista que a classe revolucionária fazia de si mesma excluía toda dificuldade, pois bastava que a classe dominante desaparecesse. Sob esse aspecto, a mentalidade revolucionária coletiva se assemelha evidentemente ao milenarismo de alguns meios religiosos: a Revolução também seria uma "boa-nova". A representação era mesmo verossímil, pois a Revolução Francesa foi uma esperança tão grande que nós a representamos como uma crise religiosa. As objeções, porém, saltam aos olhos. Todavia, parece que o sentimento a que fazemos referência tenha estado presente, em parte, na origem dos cultos revolucionários: a nova sociedade que nascia ou nasceria adora a si mesma, consciente de sua perfeição. Mathiez não estava errado quando tentou aplicar as ideias de Durkheim ao estudar o início da "religião" revolucionária. Também é a esperança que explica, ao menos em parte, o altruísmo e o espírito de sacrifício; em suma, o idealismo que, ao longo de todas as revoluções, demonstram tantos rebeldes, soltados e "militantes" obscuros.

As características emocionais da mentalidade revolucionária dão conta desta tendência à ação que distingue o ajuntamento revolucionário do agregado. Nessa época, quando os homens se reuniam para uma festa, o *estado de multidão*, que nós já enfrentamos, institui-se desde o primeiro momento e sem a intervenção de um evento externo. Esse estado já é um ato, pois implica invariavelmente a resolução de concretizar a nova sociedade. Quando eles se reúnem para lutar, temos o grupo revolucionário em sua forma mais característica e pura. A transformação brusca do agregado em grupo revolucionário exige, pelo contrário, a intervenção de um evento exterior que desperte sentimentos afetivos. Será, no mercado, a discussão entre um comprador e um mercador; na fila, à porta da padaria, as ofensas de um homem ousado; na aldeia, a vinda do dizimeiro; durante o Grande Medo, o anúncio de que os bandidos estão chegando. Porém, daí resultará sempre uma vontade de agir, seja defensiva, seja ofensiva.

Enfim, essas características esclarecem as relações entre os grupos revolucionários e os fatos sociais, bem como esclarecem a maneira com que a mentalidade coletiva tende a criar espontaneamente as instituições. De acordo com a opinião comum, a mentalidade e o grupo revolucionário são, em sua essência, destrutivos. E, com efeito, qualquer ação que o grupo planejar, seja ela defensiva ou ofensiva, traz sempre um ataque à legalidade. A mentalidade revolucionária coletiva é ainda mais perniciosa à legalidade, pois, desde que ela nasce, ela tende a desagregar os quadros sociais, contestando sua legitimidade e dissipando a autoridade dos chefes tradicionais. Ora, toda instituição repousa sobre a convicção de que ela é justa e salutar, e ela só subsiste se os homens que a representam inspiram respeito e confiança. No entanto, nós nos esquecemos de adicionar que, se o grupo, quando nascido de um agregado por mudança repentina, encontra-se desprovido de organização, o grupo voluntário, puro e organizado, fornece, pelo contrário, seus quadros e seus líderes. Na segunda-feira de 14 de julho, os revoltosos se organizaram, em Paris, em guardas nacionais e em distritos que se tornaram, mais tarde, pelotões. São esses batalhões de guardas nacionais e esses pelotões que servirão de modelo aos movimentos revolucionários de 1792 e 1793. Ao longo das agitações de julho de 1789, os revolucionários substituíram as antigas autoridades por Comitês de sua preferência. Todavia, é à mentalidade coletiva que é preciso se referir caso se queira dar conta do poder construtivo do movimento revolucionário. É ela que, com efeito, confere aos novos líderes a autoridade que lhes é indispensável. Ela reconhece que eles são necessários e empresta-lhes confiança. Esses líderes podem ser eleitos: é à mentalidade revolucionária coletiva que a Assembleia Constituinte deve seu prestígio e sua autoridade, que foram ímpares. Mas eles podem também se revelar e impor subitamente no curso da ação. Além disso, os próprios eleitos foram designados conforme a escolha de seus representados por sua atividade ou por seu discurso. Em suma, nós nos aproximamos aqui da questão dos "líderes", que, só por si, já mereceria um estudo à parte. Logrou-se impor a essa palavra um senso pejorativo, e não se pode negar que, se certos líderes são idealistas desinteressados, que sacrificam os seus interesses pessoais e até mesmo sua vida pela causa que abraçaram, encontram-se também, de outra banda, aqueles que são instigadores ou que lucravam com a influência que souberam adquirir. Mais numerosos são aqueles a que devora o desejo de desempenhar um papel, seja por amor-próprio, seja por ambição, ou cujo temperamento autoritário os predestina a comandar. Mas seria conveniente reconhecer que nós não temos nenhuma prova de que, entre esses líderes, os desonestos formassem a maioria; quanto aos outros, o caráter destes é, frequentemente, complexo. Os vaidosos, os ambiciosos e os autoritários não são, por essa razão, desprovidos de convicções sinceras, e nós não podemos afirmar *a priori* que o homem que tira vantagem de sua influência não compartilha das ideias e das paixões daqueles que ele chefia. Os agitadores são homens como os outros, e aqueles que defenderam a ordem estabelecida foram movidos, da mesma forma, por motivos complexos, dentre os quais o altruísmo e o amor pelo bem público não estavam necessariamente em primeiro lugar, longe disso! De toda forma, quaisquer que fossem seus motivos secretos, os agitadores foram ouvidos apenas na medida em que seus discursos e suas ordens respondessem à mentalidade coletiva. É esta que lhes confere sua autoridade, e eles apenas têm autoridade por causa das ordens que dão. É por isso que a sua situação é difícil e que seu prestígio foi frequentemente efêmero. Afinal, sendo elementos essenciais da mentalidade revolucionária coletiva a esperança e a confiança que se lhe atribui, ela desaparece se os fatos desmentirem a esperança.

O efeito criativo dos movimentos revolucionários varia, além disso, de acordo com a amplitude e a intensidade das representações coletivas. Nós nos convencemos particularmente disso ao estudar os movimentos que nasceram da miséria. Se os amotinados não perceberam outras causas que lhes prejudicavam a não ser a avidez de determinado comerciante que estava à sua frente, eles se limitariam, caso lograssem sucesso, a impor algum tipo de regulação do mercado ou alguma medida de assistência. Se, pelo contrário, eles acusassem a municipalidade e os agentes reais de conivência com os açambarcadores, poderia ocorrer que eles lhes tirassem a autoridade para confiá-la a grupos de sua escolha. Se, enfim, questionassem o próprio poder central e considerassem que, para pôr fim à carestia e aos altos preços, as medidas legislativas, a taxação, a requisição e um monopólio nacional de víveres seria indispensável, sua rebelião poderia provocar, como em 1793, uma reorganização completa da economia nacional. Podemos adicionar que a efetividade do movimento se relaciona também com a sua dimensão territorial. Caso se trate de agitação de uma pequena parte da nação, a reação ou a inércia da maioria levará prontamente ao seu fracasso. As grandes revoluções abrangem toda ou quase toda a dimensão do território nacional. É por isso que os partidos revolucionários são unitários: sejam os partidos contrarrevolucionários ou conservadores, sejam os particularistas ou federalistas. Podemos vislumbrar nisso um caso particular da questão que nos falta ainda examinar, isto é, a influência que a própria existência de um agregado ou de um grupo – que é proporcional à sua densidade e à sua extensão – exerce sobre a mentalidade individual e sobre a coletiva.

Ação específica do agregado e do grupo

Ao tentar definir os grupos revolucionários e explicar a formação da mentalidade coletiva que lhe serve de apoio, nós nos referimos, até aqui, apenas à psicologia individual e à ação intermental. Isso não significa que, do ponto de vista histórico, o papel dos agregados, a que nos referimos desde o início deste estudo, possa ser considerado como medíocre. Ao contrário! Como a mentalidade revolucionária coletiva se forma pelas conversas e pela propaganda, tudo aquilo que põe os homens em contato direto é favorável ao seu desenvolvimento, e, à época em que a propaganda impressa ou pública não era usada ou não atingia diretamente as multidões, é evidente que os agregados exerciam uma influência fundamental. Não é menos verdade que, segundo o que dissemos até aqui, não se verifica nenhuma diferença entre as operações mentais que se desenvolvem nesse âmbito e aquelas que se manifestam na vida coletiva cotidiana, em que os homens exercem uma ação intermental, uns sobre os outros, por contato descontínuo. Elas são da mesma natureza; o agregado apenas lhes proporciona o ritmo.

Chegou o momento de examinar se essa maneira de ver esgota a realidade, ou se o agregado e o grupo, pelo próprio fato de sua existência, não exercem sobre o indivíduo uma pressão específica. A afirmação não é digna de dúvidas. Em primeiro lugar, o agregado dá a impressão de uma força, a que o indivíduo só pensaria em resistir se fosse tolo. Se a pressão contribui para formar a mentalidade coletiva, o agregado, em razão da quantidade de gente, confere-lhe uma efetividade especial. Mas é preciso dizer ainda mais: ele exerce uma pressão que as relações descontinuadas entre os homens não poderiam replicar. Em seu íntimo, o indivíduo não é apenas assaltado pelo sentimento de tranquilidade que o conformismo traz, nem pelo temor das crueldades que este ou aquele de seus semelhantes pode exercer contra ele. O agregado, apenas pela sua imensa quantidade de gente, aniquila a vontade de resistência, praticamente como a tempestade e o mar revolto.

Mas o agregado exerce uma ação particularmente efetiva tão logo a mentalidade revolucionária coletiva seja levada ao primeiro plano da consciência, pois, nesse caso, passa a incitar ações. Esse sentimento de força coletiva, que impõe a mentalidade coletiva aos hesitantes, encoraja, ao mesmo tempo, todos os presentes a agir ofensivamente contra a autoridade política ou social que resiste a eles. O agregado e o grupo são enumerações e, no balanço das forças, eles chamam a atenção para a quantidade ao torná-la visível e tangível. Sua ação é especialmente forte sobre os indivíduos mais sensíveis. Ela dá conta da ousadia que desperta bruscamente entre alguns deles ao longo dos motins, e assim se explica que, durante os movimentos populares, aparecessem líderes que não tinham participado de forma notória da propaganda e cujo papel se finda com seus atos violentos. Além disso, em meio aos agregados, o sentimento de responsabilidade individual se enfraquece ou desaparece. O fenômeno é, em parte, inconsciente, pois, à medida que o indivíduo assimila a mentalidade coletiva, ele se torna instrumento dela, de forma que sua ação deixa de ser autônoma. Mas é possível que ele seja, em parte, consciente: o indivíduo planeja que, em meio à multidão, ele não será reconhecido, ou que ninguém testemunhará contra ele, ou que será impossível punir todos os que participaram das agitações. Por fim, é preciso levar em consideração a angústia que nasce da expectativa. No agregado constituído pelo anúncio da chegada do perigo, como, por exemplo, o que ocorria à época do "Grande Medo" e, ainda com mais razão, nos grupos de insurreição organizados com vistas a uma ação arriscada, os indivíduos exercem, uns sobre os outros, uma influência intermental e, sem dúvida, fisiológica, que excita em demasia seus nervos e eleva a ansiedade ao máximo. Nesse caso, eles se apressam para cumprir a ação como forma de livrar-se dela: eles fogem antecipadamente.

Resta-nos apenas indicar um último direcionamento para a pesquisa. Nós já tentamos estabelecer uma distinção entre o agregado e o grupo voluntário. Mas nós devemos dizer agora que, de certa forma, o segundo está sempre contido no primeiro. Quando um grupo se constitui, ele não pode impedir que pessoas indiferentes ou imorais, que querem se aproveitar da confusão, e instigadores se incorporem à multidão. Nisso, perde-se um pouco de sua homogeneidade: ele se torna heterogêneo como o agregado, ainda que em menor medida. Em segundo lugar, a configuração topográfica exerce certa influência sobre ele também. Ela é mais fraca do que a do agregado, sem dúvida. No entanto, os estragos causados por um bando de amotinados da cidade ou de camponeses revoltosos não são exclusivamente determinados pelo ódio que eles dedicam a este ou àquele indivíduo, a esta ou àquela autoridade. Assim, eles se voltam contra um, mas poupam outro, porque o desenho das ruas e o traçado das estradas conduziram os bandos a passar à frente de tal casa ou de tal castelo. Por fim, o contágio do movimento, que permite encontrar o agregado animal no agregado humano, não pode ser excluído sem que se lhe atribua a importância que Le Bon lhe dava. Na demolição dos castelos, nas agressões físicas e nas mortes, tem-se a impressão de que certos indivíduos começam a bater porque veem os outros bater. Sem dúvida, eles não teriam agido assim se não tivessem tomado parte da mentalidade coletiva. Porém, não é certo que todos tenham passado conscientemente à ação, e foi isto que permitiu a responsabilização daqueles que deram o exemplo. Também se pode perguntar se, no curso dos fenômenos que nós tentamos classificar e descrever, não sobreveio uma espécie de magnetismo fisiológico que poderia desempenhar algum papel na formação da mentalidade coletiva, na passagem para a ação e no contágio do movimento. Afinal, nada seria mais propício a favorecer o seu desenvolvimento do que o agregado e o grupo.

Nós confessamos adotar uma posição intermediária entre Le Bon, que, sob a noção de multidão, postula uma identificação do animal com a grande maioria dos homens, e aqueles que, pelo contrário, veem na multidão apenas uma justaposição de indivíduos autônomos. Em ambas as teses, parece-nos que a lacuna fundamental seja a abstração que se faz da mentalidade coletiva. Concedemos de bom grado a Le Bon que ela tende a sufocar, no indivíduo, o espírito crítico que é próprio do homem. Mas não podemos afirmar que esta mentalidade é composta por um processo exclusivamente mecânico de qualquer espécie, desprovido da intervenção de operações que levam à constituição de toda mentalidade individual. A mentalidade coletiva é, por conseguinte, a mentalidade das "multidões" revolucionárias, não constituindo um regresso à animalidade.

Índice dos nomes de lugares

Abbeville 26, 88
Aboncourt 185
Agde 39, 58s.
Agen 62, 181, 204
Aigueperse 170
Aillant 129, 177
Aillevans 49
Aillières 95
Aire 175, 181
Airvault 163
Aix 48, 50-52, 77, 92, 96, 122, 128, 172, 185
Aixe 159
Alais (Alès) 173
Alençon 38, 40, 47, 163
Allanche 180
Allemans 189
Altkirch 112, 168
Amazy 157
Ambérieu 169s.
Ambert 171
Ambialet 183
Amboise 164
Amiens 26, 37, 39, 57, 74, 94, 126, 175, 201, 203
Angers 77s., 84, 87, 92, 164
Angoulême 34, 141, 146, 158, 162, 178, 180
Annonay 171
Antraigues 173
Aoste 144
Apt 172

Arbois 169
Arcis-sur-Aube 176
Argelès 181, 205
Argentan 105
Argentat 182
Argenteuil 29
Argenton 179
Arinthod 169
Arlanc 171
Arlay 187s.
Arles 149, 156, 162, 171s.
Armentières 37, 175
Arnay-le-Duc 166
Arpajon 122
Arques 39
Arras 175
Asnan 184, 189
Asnois 158
Athis-Mons 177
Aubenas 173
Aubusson 179
Auch 181
Aumale 30, 174, 203
Aups 52
Aurillac 182s., 191
Autun 58, 144, 128s., 178
Auvillars 181
Auxerre 74, 94, 178, 205
Auxon 176
Auxonne 94, 128
Auzances 179
Avallon 178

Avançon 52
Avignon 74, 146, 171
Avilley 109
Avoise 38
Azay-le-Rideau 158
Azé 114s., 118

Badefols-d'Ans 180
Bagnères-de-Bigorre 181, 189
Bagnols 37, 55, 173
Baignes 102, 153, 157, 180, 189, 191
Baissay 163
Bâle 168
Ballon 163s., 191
Banon 172
Bapaume 175
Barbezieux 180
Barcelonnette 172
Barjols 51, 137, 172
Bar-le-Duc 41, 74, 83, 94, 167, 186
Barr 111
Barrême 172
Bar-sur-Aube 39, 57, 126, 176
Bar-sur-Seine 29, 96, 126, 145, 176
Bassy 115
Baud 165
Baume-les-Dames 109
Bayeux 63, 96, 166
Beaucaire 59, 75, 159, 172s., 206
Beaugency 57, 94
Beaujeu 171
Beaulieu 108, 129, 135, 182, 185
Beaumont 139, 174
Beaupréau 91
Beauvais 74, 174
Bédoin 172
Bélesta 182
Belfort 90, 108, 110, 145, 167s.
Bellac 179
Bellême 32, 38, 145, 163
Belley 169

Belvès 181
Béost 102, 187
Bergerac 39, 180
Bergues 37, 211
Berzé-le-Châtel 115, 117
Besançon 41, 75, 77, 88, 107, 160, 168s., 188
Bétaucourt 102, 109
Béthisy 140, 174
Béthune 175
Béziers 75, 93
Bithaine 108
Blajan 181
Blangy 174
Blénod-lès-Toul 128, 167
Blesle 179
Bletterans 168, 185
Blois 153, 161, 164
Blotzheim 112
Boën 171
Bohain 54
Boiscommun 177
Bollène 156
Bonnétable 163
Bordeaux 74, 91, 93, 123, 146, 154, 161
Bort 179, 182
Bougival 125
Bouloc 182
Boulogne 175, 181
Bourbon-Lancy 79, 178
Bourbon-l'Archambault 178s.
Bourdeilles 180
Bourg 48, 60, 75s., 82, 86-89, 92, 96, 114, 129, 169, 187
Bourg-Argental 171
Bourges 179
Bourgneuf 163
Bourgoin 170, 192
Bourg-Saint-Andéol 172s.
Boussac 179
Bouxwiller 112

Bouyon 172
Boynes 177
Brantôme 180
Bray 174s.
Bressuire 163
Brest 70, 74, 77, 83, 91s., 165, 200
Breteuil 94, 164
Briançon 91, 172
Briare 177
Brie-Comte-Robert 104, 122
Brienon 176
Brignoles 51, 172
Brioude 171, 179s.
Briouze 101, 105
Brisach 111
Brive 78, 85, 129, 182
Brûlon 95, 164
Bruniquel 181
Bugarach 182
Burcy 62
Bussière 179
Buzet 182

Cadenet 172
Caen 29, 41, 47, 57, 63, 74, 92, 105s., 165s., 184
Cahors 144, 154, 158, 181, 183, 189
Cahuzac 158
Cairon 165
Cajarc 183
Calais 30, 74, 175
Caligny 105
Cambrai 37, 53
Capens 182
Capinghem 151
Carbonne 182
Carentan 166
Carpentras 172
Carrouges 106
Carspach 112
Castellane 51, 172

Castelmoron 158, 181
Castelnau 181
Castelnau-de-Montmirail 185
Castelnau-de-Montratier 181
Castillon 182
Castres 61, 182
Cateau (Le) 90
Caudiés 182
Caussade 181, 183
Caylus 153, 183
Cérilly 179
Cérisy 166
Cette 37, 59
Chabanais 143, 178
Chalabre 182
Challes 114
Châlons-sur-Marne 22, 37, 74, 81, 90, 126, 174s.
Chalon-sur-Saône 113, 116-118, 198
Chamarande 122
Chamberet 159
Chambly 174
Chamoy 176
Champagnac 185
Champniers 24, 153, 180
Champs 178
Champvallon 177
Chantrans 109
Chaource 123, 126, 176
Charchigné 106
Charleville 76
Charlieu 29, 79, 127, 171
Charmoille 108
Charolles 79, 128, 170
Chartres 30, 74, 94, 126s., 163
Chasselas 117
Châteaubriant 58, 165
Château-Chinon 129, 178
Château-du-Loir 164
Château-Gontier 87s., 127, 129, 164
Château-Landon 177

Châteaumeillant 179
Châteauneuf 165, 179
Châteauneuf-sur-Loire 177
Châteauponsac 179
Châteaurenard 177
Château-Renault 164
Châteauroux 48, 76, 156, 179
Château-Thierry 75, 174
Châtellerault 179, 203
Châtenois 108
Châtillon 158, 171, 176, 179
Châtillon-de-Michaille 185
Châtillon-sur-Loing 102, 177
Châtillon-sur-Seine 88, 159, 166, 176
Chatou 50, 54
Chaudes-Aigues 183
Chauffailles 171, 189
Chaumont 166s.
Chauny 175
Chauvigny 179
Chavagnac 159
Chazeuil 166
Chef-Boutonne 141
Chemillé 163
Chénérailles 179
Cheppy 185
Cherbourg 28, 41, 74, 93, 166
Cheverny 153, 164
Chevilly 124
Chevreuse 94
Chilleurs 177
Chirac 144
Chizé 141, 178
Choiseul 135, 159, 166s.
Choisy-le-Roi 122, 177
Cholet 144, 163
Civray 33, 178, 185
Clairefontaine 108
Clamecy 129, 146, 157s., 178, 184
Clécy 105
Clermont-en-Beauvaisis 156
Clermont-Ferrand 80

Clessé 100, 113, 115
Clisson 163
Cluny 100s., 113, 115-118
Coarraze 181
Cognac 180
Coligny 169
Collonges 116, 120
Colmar 90, 111s., 145, 168, 202
Colombey 135, 166s.
Commenailles 168
Compiègne 140, 173
Conches 34
Conchy-les-Pots 146
Condat 180
Condom 181
Condrieu 171
Conflandey 109
Conflans 54
Confolens 143, 145, 178
Corbeil 122, 177
Corbie 175, 182
Corbigny 178
Cormatin 113, 116s.
Corps 172
Cosne 179
Coulmiers 184
Coulommiers 174
Couterne 106
Coutras 157, 162, 180
Craon 87, 164
Crêches 116, 126
Crécy-en-Brie 94, 104
Creil 122, 219
Crémieu 53, 192
Crépy-en-Valois 140, 174
Crest 171
Croixdalle 39
Cruzille 115
Cublize 171
Culan 144

Dammartin-en-Goële 174
Dampierre 32, 104
Damville 164
Darney 108
Daumazan 182
Davayé 117
Decize 178
Delle 138
Die 171
Dieppe 174
Dieu-le-Fit 156, 171
Digne 172
Digoin 79, 170, 178
Dijon 74s., 87, 108, 128, 166, 170, 176
Dinan 85
Dôle 77, 91, 169
Domfront 63, 106
Domme 158, 180, 183
Donnemarie 175
Douai 57, 122
Dourdan 126
Dozulé 153
Draguignan 172
Dreux 94, 163-165, 186
Dunkerque 37
Dun-le-Palleteau 179
Dun-sur-Meuse 90, 179
Duras 181
Durcet 220

Écouen 174
Égletons 182
Elbeuf 164
Embrun 172
Enghien 54
Ennetières 151
Entrains 177
Entraygues 183
Épernay 174
Épinal 108
Épinay-sur-Orge 104

Ervy 126, 176
Essonnes 80
Estaires 37
Estrasburgo 74s., 111
Estrées-Saint-Denis 139, 173
Étampes 32s., 40, 57, 122
Étupes 110
Eu 174
Évaux 179
Évreux 74, 124, 126s., 145, 150, 163s.
Excideuil 227
Eymet 181

Falaise 105
Farges 115
Faverney 108
Fayl-Billot 108
Felletin 179, 182
Ferrette 112
Feurs 171
Figeac 153, 181, 183
Flacé 113
Fleurville 144
Flines 112
Foix 75, 92, 182
Fontaine 108
Fontainebleau 34, 54, 144, 177
Fontenay-le-Comte 48, 163
Fontenoy-le-Château 108
Forcalquier 128, 172, 176
Forges 153, 174
Fougères 87, 92
Fougerolles 107
Francheville 108
Frasne 168
Frayssinet-le-Gélat 147
Frelinghien 175
Frétigney 168
Frétoy 175, 189
Fronsac 180
Fronton 182

Fumay 187
Fumel 152, 157, 181

Gagnac 78
Gaillac 57, 182s., 185
Gannat 178
Gap 52, 171s.
Genebra 169
Genevreuille 108
Gennevilliers 54
Gensac 158, 181
Germagny 170
Germigny 176
Gex 169
Gimont 146, 181
Giromagny 110
Gisors 127, 186
Givet 187
Givors 171
Givry 115
Gonesse 124
Gramat 153, 183
Grand-Bourg 179
Grandvilliers 174
Granville 85
Graulhet 182
Gray 108s., 166, 177
Grenade 182
Grenoble 52, 85, 89, 96, 170, 172, 192
Grignan 172
Grignon 177
Guebwiller 102, 112
Guérande 76
Guéret 145, 179
Guise 145, 175, 185
Gy 168
Gyé-sur-Seine 129

Haguenau 111
Ham 175
Hans 104

Hautmont 112
Hazebrouck 37
Herblay 54
Hérisson 179
Hesingen 112
Hirsingen 112
Hirtzbach 112
Hondschoote 37
Honfleur 28, 87
Honnecourt 54
Houdan 94
Huningue 111s.
Hyères 51

Igé 114s.
Islettes (Les) 49
Issoire 179
Issoudun 179
Issy-l'Évêque 184
Ivoy-Carignan 167

Jargeau 177
Jarnac 47, 180
Joinville 104, 174
Josselin 92
Joyeuse 172
Jullié 117
Jussey 102
Juvisy 104, 177

Kaysersberg 111

La Capelle 175
La Caure 22
La Celle-Dunoise 179
La Chaise-Dieu 171
La Chapelle-Bénouville 39
La Charité 177
La Châtaigneraie 145, 163, 189
La Châtre 68, 156, 158, 179
La Chaux 109

La Clayette 79, 170s., 189
La Côte-Saint-André 170
La Coulonche 102, 105s.
La Fère 54, 175
La Ferté-Bernard 39, 58, 141, 163, 165
La Ferté-Gaucher 174
La Ferté-Macé 101, 105, 165
La Ferté-sous-Jouarre 174
La Flèche 38, 163s.
Lafrançaise 181
Lagnieu 170, 192
La Gravelle 164s.
La Guerche 165
La Haye-Descartes 179
Laigle 34, 103, 128, 163s.
Laissac 183
Laizé 98, 115
Lalinde 152, 180
Lamarche 108, 167
La Motte-Fouquet 106
La Mure 172
Landreville 145, 176
Langeais 164
Langeron 75, 77, 87, 145s., 150, 169
Langres 108s., 166
Lannion 85
Lanthenans 109
Laon 71, 77, 174, 185
La Petite-Pierre 112
La Queuille 159, 185
La Réole 181
Largentière 173
La Roche-Chalais 157s., 178
La Rochefoucauld 140, 180
La Rochelle 178
Laroquebrou 182
La Salle 115
La Sauvagère 101, 105s.
La Seyne 51s.
La Souterraine 179
Lassay 106, 164s.

La Touche 156
La Tour-du-Pin 144, 153, 170
Lautenbach 112
Lauzerte 146, 158, 181
Laval 31, 83, 87, 164
La Valette 180
Lavalla 151s., 171
Lavelanet 182
Le Blanc 179
Le Catelet 54
Lectoure 181
Lédignan 173
Legé 163
Le Havre 71, 74
Le Neubourg 165
Le Nouvion 54
Lens-Lestang 192
Léon 104
Le Peyrat 182
Le Pouzin 191
Le Puy 75, 173
Lesneven 165
Les Vans 173
Le Teil 173
Leynes 116
Libos 152, 180
Libourne 180
Liessies 112
Lieuvillers 173
Lignon 105
Ligny 167
Lille 31, 39, 54, 57, 74, 93, 175
Limeuil 144, 152, 158, 180
Limoges 75, 141, 143, 146, 148, 159, 162, 178, 180, 191
Limours 122
Limoux 55
Lisieux 165, 203
Littry 119, 166
Livron 149, 171
Lixheim 102

Loches 158, 164s., 179
Lodève 173
Lombez 181
Longjumeau 177
Longwy 48, 78, 186
Lons-le-Saunier 41, 74, 81, 84, 100, 128s., 145, 157, 168s.
Lorient 92, 165
Loriol 156, 171s., 191
Lormes 178
Louhans 75, 100, 168
Lourdes 137, 149, 159, 181, 205
Lourdoueix-Saint-Michel 156
Louviers 164
Lubersac 144s., 180
Luc 171
Lugny 99s., 115, 118
Lunel 152
Lunéville 185
Lure 108, 172, 205
Lusignan 178
Luxeuil 107-110, 128
Luzy 79
Lyon 49, 55, 59s., 74s., 77, 85-87, 92, 99, 113, 117, 128, 153, 161, 169-171, 192, 206

Machecoul 75, 87, 89, 92
Mâcon 74s., 98, 100s., 113-116, 161, 167, 206
Madré 106
Magnac-Laval 151, 179
Mailleroncourt 108
Maillet 144, 179
Mairé-Levescault 33
Mairy 175
Maizières-la-Grande-Paroisse 140
Malmerspach 112
Malzieu 153, 173
Mamers 105, 163
Mamirolle 109
Manosque 51, 172

Mansle 178, 180
Mantes 174
Mantry 168
Marchiennes 112
Marcoussis 124
Marie 175, 201
Marienbourg 187
Marmande 181
Marnay 168, 205
Maroilles 112
Marselha 51s., 57, 68, 74, 92, 122, 161, 185
Martigny 167
Martres 182
Masevaux 110
Massiac 134, 179
Maubeuge 93
Maubourguet 181
Maulévrier 144, 163
Mauriac 182, 189
Maurs 157, 183
Mayenne 106, 164
Mazangé 144
Meaux 74, 94, 135, 140, 174, 186, 201
Méligny-le-Grand 186
Melun 94, 124
Mende 153, 173, 183
Mercey 115
Mercuès 189
Merville 175
Metz 97, 167, 186
Meulan 85, 123, 174
Meximieux 169
Meymac 179, 182, 191
Meyrueis 173
Mézin 181
Millau 147, 153, 157, 173, 183
Mirande 181
Mirepoix 182
Miribel 169
Moirans 170

Moissac 145, 147, 181
Mollans 108
Monflanquin 181
Monpazier 181
Monségur 158, 181
Montaigu 138, 163, 181
Montaigut 152, 179
Montastruc-la-Conseillère 153, 182
Montauban 87, 181
Montbard 122, 166
Montbazon 158
Montbéliard 110, 167-169
Montbellet 115
Montbenoît 109
Montbrison 171
Montcornet 186
Montdidier 39, 175, 184, 189, 201
Montélimar 171s.
Montendre 157, 180
Montereau 177
Montesquieu-Volvestre 182
Montfort 55
Montignac 101, 180
Montigny 135, 167
Montjoyer 156
Montjustin 108, 110
Montlhéry 125, 177
Montluçon 179
Montluel 169
Montmartre 28, 68, 72, 124, 127, 184
Montmirail 34, 141
Montmoreau 180
Montmorency 139, 144, 158, 174
Montmorillon 178
Montpellier 59s., 75, 153, 173, 207
Montpezat 181
Montricoux 181
Mont-Saint-Martin 54
Montsauche 144, 178
Morestel 170
Moret 177

Morez 145, 169, 205
Morizécourt 108, 167
Morschwiller 110
Mortagne 32, 57, 105, 112, 145, 163s.
Mortain 106
Mosset 182
Moulins 74s., 85, 178
Moulins-Engilbert 178
Moulins-la-Marche 163
Moustiers 172
Mouthe 109
Mouthier-Hautepierre 109
Muirancourt 175
Mulhouse 168
Munster 111s.
Murat 180
Murbach 112
Mur-de-Barrez 179, 183
Muret 182
Mussidan 180
Mussy 176

Nance 168
Nancy 74, 88, 185
Nantes 10, 24, 48, 55, 74s., 78, 87, 91-93, 121, 137-140, 147, 162, 190, 200
Nanteuil 101
Nantiat 27
Nantua 170
Nay 181
Négrepelisse 181
Nemours 177
Nérac 181
Néris 179
Neufchâteau 77, 145, 167
Neuilly-Saint-Front 57
Neuvic 62, 144, 182
Neuville-aux-Bois 177
Neuvy-le-Roi 164
Nevers 74, 178

Nexon 180
Nîmes 75, 86, 157
Niort 190
Nogent-le-Bernard 163
Nogent-le-Rotrou 32, 165
Nogent-sur-Seine 91, 93
Nointel 173
Noirétable 171
Nonancourt 103, 163-165
Nontron 180
Nouans 191
Nouvion 175
Noyon 54, 91, 175
Nueil-sous-les-Aubiers 147, 151
Nuits 170
Nyons 171

Obernai 111
Oiselay 168
Oisy-le-Verger 54
Orange 156, 171
Orgelet 86, 169
Orgères 32
Origny 140
Orléans 37, 41, 54, 57, 73s., 94, 130, 161, 165, 177, 184, 202
Orly 177
Ornans 109, 168
Ossun 181
Ozenay 115s.

Paimboeuf 139
Paimpol 165
Paladru 53
Pamiers 182
Paris 18, 21, 23, 26, 28, 30-34, 37, 39-41, 49s., 54, 58, 62, 67-75, 79, 81s., 84-86, 90, 96, 101s., 104s., 112, 121-130, 135s., 139, 142, 147, 153s., 161, 165, 174s., 177, 184, 201, 212, 216s., 226
Parthenay 163, 189

Passage (Le) 53
Patay 29
Pau 181, 189
Péage-de-Roussillon (Le) 192
Périgueux 34, 39, 180
Péronne 91, 99s., 115, 175
Perpignan 75, 207
Pertuis 51, 172, 176
Peynier 51
Piégut 180
Pierreclos 117
Pierre-Encize 92, 128
Pierrelatte 156, 171s.
Pierrelaye 54
Pin 153, 168
Pionsat 179
Ploërmel 50, 55
Plombières 110, 167
Poissy 94, 123, 127
Poitiers 68, 74-79, 167, 178
Poligny 168
Pont 123, 140
Pontacq 181
Pont-à-Mousson 85
Pontarlier 70, 109
Pont-Audemer 165, 203
Pont-d'Ain 169
Pont-de-Beauvoisin (Le) 60, 170, 172, 192
Pont-de-Roide 110
Pont-de-Vaux 113, 169
Pont-de-Veyle 187
Pontigny 184
Pontivy 85, 89, 165
Pont-l'Abbé 49
Pont-l'Évêque 165
Pontoise 40, 54, 122s., 174
Pont-Sainte-Maxence 122, 173
Pont-Saint-Esprit 173
Pont-sur-Seine 126
Pont-sur-Yonne 126

Porrentruy 110, 168
Port-Brillet 164
Poses 164
Pouilly 117
Prades 182
Presles 62
Preuilly 179
Privas 173
Provins 40, 175, 177
Puiseux 94, 123

Quillan 182
Quimper 49
Quincey 69, 97, 107, 168

Rabastens 182
Rambouillet 94, 184
Rânes 99, 105
Ranspach 112
Ranville 106
Reims 94, 174
Remiremont 108, 167
Rennes 48, 55, 74s., 77, 82, 87, 91, 122
Rethel 185
Révigny 167
Ribeauvillé 111
Ribécourt 175
Ribemont 59, 175, 185
Ribérac 147, 180
Riez 51, 172
Rigny 108
Rimogne 185
Rimont 182
Riom 171, 179s.
Riom-ès-Montagnes 179, 182
Ris 177
Rive-de-Gier 171
Roanne 171
Rochechouart 143, 148, 159, 178, 180
Rochefort 178
Rochejean 151, 169

Rochemaure 172
Rocroy 185
Rodez 183
Romans 170
Romenay 114, 187
Romilly 123, 140, 175s.
Ronay 105
Roquesteron 172
Rothau 111
Rouen 28, 37, 74, 122, 164, 187
Royat 97
Roye 140, 145s., 175
Rozoy 54, 175, 186
Ruffec 101, 137, 141, 146, 149, 156-158, 161, 178-180, 190
Rumigny 33

Sablé 164
Sables-d'Olonne (Les) 163
Sacy-le-Grand 173
Saignes 159
Saillans 171
Saint-Affrique 157, 173, 189
Saint-Agrève 173
Saint-Aignan 164
Saint-Albain 115s.
Saint-Amand 53
Saint-Amand-Montrond 179
Saint-Amant-Tallende 179
Saint-Amarin 101, 112
Saint-André 164, 181
Saint-André-de-Valborgne 58, 173
Saint-Angel 144, 147, 182, 191
Saint-Antonin 181
Saint-Bonnet 171
Saint-Bonnet-Tronçais 179
Saint-Brieuc 48, 70, 77, 93
Saint-Calais 164
Saint-Céré 129, 183
Saint-Chamas 171s.
Saint-Chamond 152, 171

Saint-Chef 192
Saint-Christophe-le-Jajolet 106
Saint-Clair 146, 181
Saint-Claude 145, 169
Saint-Cloud 54, 68, 125
Saint-Denis 54, 69, 105, 122, 124, 174, 177
Saint-Denis-d'Anjou 189
Saint-Denis-de-l'Hôtel 130, 177
Saint-Dié 75
Saint-Dizier 104, 174, 186
Sainte-Eulalie 159
Sainte-Foy 158, 180s.
Sainte-Foy-la-Grande 158
Sainte-Marie 108
Sainte-Marie-aux-Mines 111
Sainte-Marie-la-Robert 106
Sainte-Maure 41, 179
Sainte-Menehould 104
Saint-Émilion 180
Saintes 180
Sainte-Savine 176
Sainte-Suzanne 33
Saint-Étienne 53, 79, 151, 171
Saint-Fargeau 177
Saint-Félix 157, 159
Saint-Florent 173
Saint-Florentin 126, 176, 184
Saint-Flour 134, 173, 180, 183
Saint-Genest 61
Saint-Gengoux-de-Scissé 115
Saint-Gengoux-le-Royal 113, 116
Saint-Germain 94, 123s., 126, 179
Saint-Germain-Laval 128, 171
Saint-Germain-Lembron 179
Saint-Gervais 179
Saint-Gilles 88, 173
Saint-Girons 147, 153s., 160, 182, 185, 189
Saint-Hilaire-la-Gérard 102, 106
Saint-Jean-d'Angély 76, 178
Saint-Jean-de-Gardonnenque 156, 173
Saint-Jean-de-Losne 94, 128
Saint-Jean-le-Priche 99
Saint-Junien 146, 178
Saint-Just 146, 173s.
Saint-Lambert-du-Lattay 163
Saint-Léonard 178
Saint-Lô 63
Saint-Maixent 163
Saint-Malo 48, 91
Saint-Marcellin 170
Saint-Maurice 99, 110, 115
Saint-Maximin 51, 172
Saint-Mihiel 186
Saint-Omer 159, 175
Saint-Oyen 99
Saint-Paul-de-Fenouillet 182
Saint-Paul-Trois-Châteaux 156, 171s.
Saint-Phal 176
Saint-Pierre-le-Moûtier 76, 178
Saint-Point 117, 215
Saint-Pons 61, 170
Saint-Privat-des-Prés 147
Saint-Quentin 54
Saint-Rambert 169s.
Saint-Savin 179
Saint-Seine 176
Saint-Simon 158
Saint-Symphorien 171
Saint-Vallier 170
Saint-Viatre 33
Saint-Ybard 159
Saint-Yrieix 180
Saires 105
Salernes 51, 172
Salins 146, 169
Salon 172
Samatan 181
Samer 144, 175
Sancerre 177
Sancoins 178

Santeny-en-Brie 124
Sarlat 144, 180
Sarreguemines 81, 99
Sarzeau 165
Saulieu 144, 176, 178
Saulnot 110
Sault 172
Saulx 108
Saumur 50, 92
Sauve 173
Saverdun 182
Saverne 111s.
Savigny 116
Savigny-sur-Grosne 100
Savigny-sur-Orge 104
Sceaux 124s.
Scey-sur-Saône 108
Secondigny 145, 163, 189
Sedan 76, 90, 97
Sées 106
Ségrie 105
Seignelay 177
Semur 128, 176
Senez 51, 172
Senlis 122, 184
Sennecey 116
Senozan 114-116
Sens 22, 37, 39, 57, 74, 175-177
Sercy 116
Serécourt 167
Serre 172, 175
Sévérac 183
Sèvres 68
Seyne 172
Seyssel 169
Sézanne 175
Simandre 169
Sisteron 156, 172
Soissons 37, 145, 174
Soleilhas 51
Solliès 51

Solutré 117
Souligné-sous-Ballon 95
Stenay 186
Suresnes 124
Surgères 178

Tahure 55
Tain 170s.
Tallard 156, 172
Tannay 157s., 178, 189
Tarare 171
Tarascon 156, 171s.
Tarbes 181
Tartas 78
Taulignan 156, 171s.
Teloché 107
Terrasson 180
Thann 110, 112
Theix 165
Thiais 177
Thiaucourt 85, 201
Thiers 171
Thil 117, 171
Thionville 186
Thiviers 180
Thodure 53
Thoissey 187
Thorigny 175, 184
Thouars 163
Thuisy 104
Thury 105, 177
Tinchebray 29, 63, 106
Tombeboeuf 181
Tonneins 181
Tonnerre 58, 126, 176
Touget 154, 181
Toul 74, 76-78, 83, 128
Toulon 51, 74, 154, 184
Toulon-sur-Arroux 79, 184
Toulouse 61, 74, 94, 145, 157, 162, 181s.

Tournon 171
Tournon-d'Agenais 181
Tournus 115-117, 185
Tours 41, 74, 94, 158, 161, 164, 179
Toury 177
Tramayes 117, 170
Trappes 186
Treffort 169
Tréguier 77
Trets 172
Tréveray 167
Trévoux 60
Triaucourt 167
Triel 174
Troyes 23s., 28, 57, 94, 126, 176
Tulette 135, 156
Tulle 22, 153, 182
Turin 70, 134
Turriers 172
Tuzaguet 181

Uchizy 115
Ussel 182
Uzerche 145, 153s., 159, 180, 182, 188
Uzès 55

Vabres 61, 173
Vaison 172
Valdahon 109
Valence 93, 146, 156, 162, 170s., 181
Valenciennes 37, 74, 93
Valleraugue 173
Vallon 173, 179
Valréas 156, 171
Valserres 53
Vançais 141, 178
Vannes 165
Varennes 104, 167, 185s.
Varennes-sur-Allier 178
Vassy 62, 105
Vatry 175

Vaucelles 54
Vaujours 54
Vauvert 173
Vauvillers 108, 110
Vaux-sur-Aynes 115
Vaux-sur-Verzé 115
Vence 172
Vendôme 144, 153, 164
Verberie 140, 173s.
Verchain-Maugré 101
Verdun 55, 75, 144, 167, 182, 186
Vergisson 116
Verneuil 103, 128, 163s.
Vernon 174, 186
Versalhes 22, 43, 47, 54, 58, 67s., 71, 73, 76, 78s., 81s., 85-88, 91, 96s., 105, 121, 125, 154, 197s.
Ver-sur-Mer 96
Vervins 151, 175
Verzé 115s.
Vesoul 69, 97, 107s., 160, 168
Veynes 171s.
Vézelay 178
Vézelise 185
Vic 23
Vicdessos 182
Vic-en-Bigorre 181
Vichy 178
Vic-sur-Cère 179s.
Vienne 95, 171, 178s.
Villaines 88
Villaines-la-Juhel 49
Villamblain 29
Villars 115
Villedieu 29
Villefort 32, 173
Villefranche-de-Rouergue 159
Villefranche-du-Périgord 181
Villefranche-sur-Saône 75
Villegruis 175
Villemoyenne 29

Villemur 182
Villenauxe 96, 175
Villeneuve-de-Berg 32, 173
Villeneuve-l'Archevêque 175
Villeneuve-le-Roi 144, 177
Villeneuve-sur-Lot 204
Villeneuve-sur-Yonne 127
Villepinte 54
Villers-Canivet 105
Villers-Cotterêts 174
Villers-le-Sec 125
Vire 63, 166, 203
Viré 115
Virieu 170, 192
Viry 104, 125
Visargent 157, 168
Vitré 87, 91, 164s.
Vitry 174

Vitteaux 76
Viviers 157
Vivonne 178
Voiron 170
Vonnas 102, 187
Vouziers 186
Vuillafans 109

Walincourt 54
Waly 167
Wassigny 44
Watten 175
Wesserling 101
Wihr-au-Val 112

Yssingeaux 173
Yvetot 186

EDITORA VOZES
Editorial

CULTURAL
- Administração
- Antropologia
- Biografias
- Comunicação
- Dinâmicas e Jogos
- Ecologia e Meio Ambiente
- Educação e Pedagogia
- Filosofia
- História
- Letras e Literatura
- Obras de referência
- Política
- Psicologia
- Saúde e Nutrição
- Serviço Social e Trabalho
- Sociologia

CATEQUÉTICO PASTORAL
Catequese
- Geral
- Crisma
- Primeira Eucaristia

Pastoral
- Geral
- Sacramental
- Familiar
- Social
- Ensino Religioso Escolar

TEOLÓGICO ESPIRITUAL
- Biografias
- Devocionários
- Espiritualidade e Mística
- Espiritualidade Mariana
- Franciscanismo
- Autoconhecimento
- Liturgia
- Obras de referência
- Sagrada Escritura e Livros Apócrifos

Teologia
- Bíblica
- Histórica
- Prática
- Sistemática

REVISTAS
- Concilium
- Estudos Bíblicos
- Grande Sinal
- REB (Revista Eclesiástica Brasileira)

VOZES NOBILIS
Uma linha editorial especial, com importantes autores, alto valor agregado e qualidade superior.

PRODUTOS SAZONAIS
- Folhinha do Sagrado Coração de Jesus
- Calendário de mesa do Sagrado Coração de Jesus
- Agenda do Sagrado Coração de Jesus
- Almanaque Santo Antônio
- Agendinha
- Diário Vozes
- Meditações para o dia a dia
- Encontro diário com Deus
- Guia Litúrgico

VOZES DE BOLSO
Obras clássicas de Ciências Humanas em formato de bolso.

CADASTRE-SE
www.vozes.com.br

EDITORA VOZES LTDA.
Rua Frei Luís, 100 – Centro – Cep 25689-900 – Petrópolis, RJ
Tel.: (24) 2233-9000 – Fax: (24) 2231-4676 – E-mail: vendas@vozes.com.br

UNIDADES NO BRASIL: Belo Horizonte, MG – Brasília, DF – Campinas, SP – Cuiabá, MT
Curitiba, PR – Fortaleza, CE – Goiânia, GO – Juiz de Fora, MG
Manaus, AM – Petrópolis, RJ – Porto Alegre, RS – Recife, PE – Rio de Janeiro, RJ
Salvador, BA – São Paulo, SP